读写教室丛书

批注：
让阅读有迹可循

夏伍华 等

著

上海教育出版社
SHANGHAI EDUCATIONAL
PUBLISHING HOUSE

序 言

2021年春季学期开学后不久,浙江师范大学的张振新教授找到我和钟晨音老师,希望我们去浙江省绍兴市上虞区崧厦街道中心小学(以下简称"崧厦小学")推广"读写教室"项目。我开始时有点顾虑,因为以前去过上虞,印象中金华到上虞的交通很不方便,况且又是一所乡镇小学,师资力量可能达不到"读写教室"研究的要求。不过,张振新教授的一句话引起了我的兴趣:"这所学校的夏伍华校长虽然已经出了很多成果,但是他还想在语文教育研究上再下功夫,决心要做出点成就来。"一位当地颇有名望的校长下决心要做点研究性项目,这无疑又为"读写教室"的研究提供了一个可以大胆探索的实验基地,何乐而不为?

2021年4月30日,在夏伍华校长主持下,项目组召开崧厦小学"读写教室"项目研究的第一次研讨会。我介绍了"读写教室"的主要理念与研究现状,钟晨音老师介绍了陈鹤琴先生在20世纪30年代编写的《儿童国语教科书》中所采用的大单元编写体例,我们很想在研究这个体例的基础上提出具有"读写教室"特点的大单元教学理念和范式。这次会议结束前还举办了一个"读写教室"揭牌仪式。此后我们请夏伍华校长的团队参加了第二届全国"读写教室"研究共同体的网络年会,还请了时任浙江师范大学附属衢州白云学校副校长的陈红梅到学校开课做讲座,让老师们初次了解了读写工具的设计和应用。我和钟晨音老师进一步介绍了国际阅读策略发展的最新趋势等研究成果,同时崧厦小学也让我们现场指导语文以及拓展性课程的设计与教学。经过半个学期的接触和一个暑假的斟酌,最后我们决定选择批注这一阅读策略在新学期进行深度学与教的尝试。

众所周知,批注是我国语文教育史上的一种重要的读书方法,前人在这方面积累的经验不胜枚举。这个方法在当今的语文课堂上也很常见。借助中国知网,我们发现东北师范大学附属中学的孙立权老师从1999年开始就明确提出

"批注式阅读"的教学理念,并开始在自己任教的班级进行"批注式阅读"实验。后来他将这个"批注式阅读法"提升为"启迪灵性的语文学习方式",并以此为书名出版了他的"批注式阅读"教例集(2004年6月由长春出版社出版),还将其作为"东北师范大学附属中学'语文教育民族化'实验成果"的一部分,这项研究至今仍在进行。20年前在温州带中文专业本科生实习时,我就听说过有位叫谷定珍的老师,他曾在温州的初高中做批注方法的教学指导,且形成了较为系统的一套学习方法,这项成果在浙江省内颇有影响。再近一点说,就以上虞区所在的绍兴市而言,也有尝试过批注课堂且非常成功的老师,例如绍兴市柯桥区实验中学的丁丽娟曾将她的批注教学经验写成《请君莫奏前朝曲 听唱新翻杨柳枝——新课程理念下的传统批注式阅读探微》一文发表在2006年第8期的《教学月刊(中学版)》上。她认为,批注式阅读本质是主动探究,是与文本、作者最直接的对话,是广泛的吸纳和真实的吐露。这种兼感性的体验、感悟与理性的思辨、评论于一体的批注式阅读就是一种较全面的、整合度高的、符合语文学科特点的、能全面提升学生语文素养的学习方法。这些成果都很有价值,有一定的系统性,也能得到推广,但归根结底,都是传统的精英教育背景下的产物,永远只有一小部分学生能够成功掌握,成为精通的批注者,大多数的学生连入门也做不到。

如何将批注经验转化为批注策略,如何将这些个人的教学经验转化为标准化且人人都可以复制和操作的普及性专业知识,更重要的是,如何将这些批注策略扎实有效地传授给我们的学生,并通过科学的学习设计让每一个学生从开始时的批注新手成长为入门的批注能手甚至精通的批注高手,这些是我们一直在思考并试图解决的问题。从研究的方法论来说,要解决这些问题,首先需要对"批注"这一阅读行为的本质与价值进行重新思考,即回到问题的原点。我们搜索了国内外研究批注的成果,惊喜地发现了由美国科罗拉多大学丹佛教育与人类发展学院学习设计与技术专业副教授雷米·卡里尔和斯坦福大学教育研究生院助理教授安特罗·加西亚合写,2021年4月由麻省理工学院出版社出版的《批注》一书。该书不但将批注视作在文本上附加的笔记,而且将其视作一种阅读、思考、写作以及交际的综合性文体,指出了批注在学术活动以及日常生活中的重大意义,更重要的是提出了提供信息、分享评论、激发对话、表达力量以及辅助学习这五大功能,这大大丰富和加深了我们对批注本质与功能的认识和理解。

钟晨音老师和他的研究生一起研读了这本书,并和项目组成员进行了交流。夏伍华校长在此基础上提出了与语文教学情境相适应的批注策略五大功能。其次,我们需要寻找新的更加适切而有效的教学法。于是,我们对批注策略教学的课堂形态进行了研讨,提出以大尺寸的纸张为批注策略学与教的重要载体、以批注资源与工具支持学生学会批注、以"批注圈"为课堂组织方式的设想。我和钟晨音老师至今还记得我们看到夏伍华校长第一次运用大尺寸的纸张展示《芦花鞋》一课的批注教学成果后的兴奋和激动,我们终于发现了批注教学的独特课堂形态特征,也第一次真切意识到批注策略的教育潜能。夏伍华校长甚至提出了二次批注、三次批注的全新设想,再配合我提出的颜色编码,最终批注策略的社会学习功能与增进深度理解的独特价值得到了清晰而透彻的阐述。我们甚至还琢磨出了将批注策略泛化为一次全校范围的"批注嘉年华"活动,并探索出了将该活动上升为办学特色的可能路径。由此,我们得以第一次全面而清晰地认识和理解了批注策略的本质与功能,并有理由自豪地宣称——我们找到了批注策略研究的未曾开垦过的野地,并且收获了丰硕的成果。

批注策略是我国古代语文教育的宝贵遗产,因此非常有必要从历史的角度追本溯源,明了曾经走过的路径,这就涉及我国古代语文教育史、古代文献学、古代文论以及训诂学等诸多学科领域。于是,我们邀请了北京大学古典文献专业毕业的李二民先生给我们做了古籍点评与私塾教育关系的专题报告,为我们打开了古代批注经验的宝库。我们惊讶地发现,最迟在南宋,我国就已经有相当成熟的系统化批注教学经验,例如对批注符号、字体与用笔颜色的细致规定。更重要的是,吕祖谦、谢枋得以及朱熹等评点大家对古文词句、篇章、构思以及写法等方面的示范性评注是当时学生理解古文经典以及学习科举作文的必修课程内容。我们在此基础上进一步搜索相关研究成果,初步勾勒出了我国古代批注教学的历史轮廓,并对批注符号、位置、字体和颜色等做了进一步的应用研究,收到了意想不到的效果。

我们运用学习科学的最新成果来研究批注策略的学与教。关于批注策略该如何教,语文课本里似乎有很好的范例,中国知网上的教研文章一搜一大把,似乎没有多少研究的空间。可是,从我们对小学生批注习惯和能力的调研来看,结果并不理想,甚至令人担忧。于是,我们开始关注浙江大学教育学院盛群力教授关于国际上学习科学的最新译介成果，并得到了盛教授的热情指点。其实，就在我们项目组成立后不久，学校就邀请了国内"读写教室"研究与实践经验丰富的陈红梅校长及其团队成员前去执教示范课，他们毫无保留地提供读写工具制作的经验和成果，项目组的老师们开始制作他们的教学海报，课堂教学形态发生了明显变化。盛教授的鼓励让整个项目组增强了信心，夏伍华校长经常在各种场合将盛教授的"教策略，越教越聪明"挂在嘴边，成了小语界学习科学的忠实验证者与热情推销员。我们通过课题研究发现，批注策略可以借助读写支架式工具，运用扶放有度的教学方式高质量、高效率地由教师传授并被学生掌握，项目组成员所教班级的学生批注出了经验，批注出了作家的写作奥妙，批注出了自我写作的规律性认识。这正是我们想通过批注策略学与教的研究想要看到的结果，正所谓"种瓜得瓜，种豆得豆"！

通过本课题研究，我们发现不但学生的读写能力得到了明显增强，而且项目组成员也通过研究提升了自己的教学能力，获益匪浅。崧厦小学党支部副书记姜丽凤老师原先不是项目组成员。有一次在夏伍华校长安排的人人都要过关的校内研讨课中，她选择了小学语文统编教材六年级上册《有的人——纪念鲁迅有感》一课作为批注策略教学的展示课，采用了我提出的"联结＋批注"多阅读策略的教学方法，整节课分别从三个角度引导学生进行批注：从课文内容上理解鲁迅的品质；关注对比、反复的写法，加深对鲁迅的感悟；质疑、探究该作品讴歌鲁迅，题目却为"有的人"的原因。一节课下来，她惊喜地发现，孩子们对课文的理解变得更有深度，思维变得更有高度、更灵活、更清晰，阅读也变得更有广度。而且在工具支架的帮助下，课堂上学生们举手的次数逐渐增加了，交流也更为自信了。此后一个单元共历时两周的批注式阅读，更加让她尝到了成功的喜悦。她在《我与批注的不解之缘》一文中反思道："批注课堂以学习为中心，学生的阅读变得更个性化，课堂的自由度变得更大，这对教师解读文本的功力、学识的广度、教学的智慧均提出更高的要求。"巧合的是，就在她整理自己该单元的教学案例时，《北大语文论丛》编委之一的李二民先生让我们提供一篇阅读策略教学的案例，于是她的成果很快吸引了编辑的目光，后经过严格的反复修改，她的论文被商务印书馆《北大语文论丛（第 1 辑）——语文阅读策略：理论与实践》收录，在语文教育研究界产生了全国性的影响。

这本关于批注策略深度学与教的专著是我们"读写教室丛书"的成果之一。它只是一个开头，今后将会有更多阅读策略深度学与教的研究成果问世——我们试图最终建立起能培养独立而成熟的读写者的阅读策略网，乃至从小学到高中的一贯制阅读策略体系。

　　本研究成果当然还有不足之处，甚至还有更多未加探索或者需要进一步研讨的空间。有的时候理想很丰满，但是现实却总是有那么一点的骨感和无奈。不过，在我们再一次回顾曾经走过的不平凡的研究道路，享受教研的探索之乐时，这一切的遗憾，就都显得那么无关紧要了。

王国均

2024 年 5 月 15 日

目 录

第一章
重新认识批注的本质与教学价值

在我国，"批注"有着悠久的历史，也是一份宝贵的文化遗产。批注进入语文课本，既是语文教育发展之必然，也是当代语文教学的应有之义。随着阅读策略2017年进入语文课本，批注这一传统的方法是否有可能像预测和提问那样上升为一种读写策略，并且让绝大多数学生能牢固掌握和熟练运用，就成为一个值得研究的课题。本章试图以常规的教育研究方法论为指导，回到原点，梳理批注历史，聚焦批注能力这一关键问题，发现此前未曾认识与理解过的批注本质及其教学价值。

第一节　我国古代批注的历史经验

北京教育学院的倪燕老师曾经对我国的批注式阅读教学进行过反思研究。她认为，从总体来看，目前的相关研究对批注式教学的含义、分类及其作用有了较为明确的认识，对其教学实施流程有了较为具体的论述，一种基本的教学模式初步呈现。这个评价是十分确切的。但是，现实往往就是历史的延续，现实来自历史。本节意在简要梳理国内批注研究以及批注教学实践的历史成果，为今后与国际上的研究进行比较与对照，以及将传统批注经验进行现代转化打下基础。

一、批注方式的早期流变

中国社会科学院文学研究所王学泰先生在《再说传统读书》一文中指出，古人小学阶段就开始识字。先秦的"小学"除了学习些初级的礼仪外，就是识字。两周秦汉以来识字课本编纂的目的相对较为单纯，就是为了识字。按照传统的教育程序，"识字"之后就是"句读"。我国古代浩瀚的典籍是没有标点的，古人读书要自己断句。正确断句，是读懂古书的基础。《礼记·学记》记载："比年入学，中年考校。一年视离经辨志……"这里的"离经"，就是指能准确地点断经书。杨泽林在《句读源流》一文中利用考古资料发现，春秋晚期的侯马盟书有一部分誓辞出现了一些标记符号，形式为短横"一"，粗大一点的置于誓文之末，表示句子的完结，相当于今之句号。他还总结了自春秋至汉代的句读演变过程：一是后世所用的标点符号，在东周、秦、汉时期大都已经出现；二是秦汉时期的人已注意到写文章加句读的必要性，并在读和写的过程中作了各种尝试，但他们的实践又往往带有初创的特点，带有一种随意的色彩。汉代经学盛行，学者们研读经典，讲究章句，随手在字旁打上符号进行句读。到了唐朝，人们开始在句读经典时，在文本旁打上小圆圈"〇"。五代刻书即用这种符号，一直到宋代。

由于语言会随着时间推移而变化，后人在阅读前人的作品时就需要借助注疏才能解决文字古今异音、异形与异义问题，于是训诂学应运而生。东汉著名经学家、训诂学家郑玄对古代儒家经典进行了全面的整理和注释，遍注群经，成就卓著，对后代学术发展影响十分深远，成为汉代经学的集大成者。孔子的"述而不作"，唐代儒学大师孔颖达所谓的"然则诂训者，通古今之异辞，辨物之形貌，则解释之义尽归于此"，这些做法和说法展示了对书面文字精确"解码"的重要性和必要性，而这种注文和疏解的传统至今仍然在语文课本的课文注释中保留着。

在中国传统阐释实践中，除了上述训诂之学外，也同时存在着义理之学。中国社会科学院大学阐释学高等研究院的张江认为，春秋以来，训诂与义理、阐释与诠释这两条路线长期共存。到了两汉时期，出现了以著名学者刘歆和马融为代表的"古文经学"和以董仲舒、公孙弘为代表的"今文经学"。前者或以今词释古词，或以本名释异名，力图通过训诂解决经典阅读困难的问题，由此建立重文献考据的学术风格；后者则重在阐发文本的"微言大义"，即以重新解释的方式，引申发挥自己的思想，目的是为政治服务。汉末学者郑玄兼采古文经学和今文经学成果，兼用形训、声训、义训，训释词语，诠次章句，或循文立训，或旁稽博采，建构起一种综合型的诠释模式。

班固的《汉书·艺文志·诗赋略》则对前人的诗赋进行了分类，许多学者认为这种分类其实是一种分级品评。这种对文学作品的评价方式至南朝,被钟嵘的《诗品》一书发扬,成为我国古代文学批评的典范。

由此可见,早在一千五百多年前,我国就已经基本形成了在句读基础上进行注疏、诠释与品评的传统,它为科举教学领域的点评以及当今语文课堂上广泛采用的批注方式奠定了坚实的基础。武汉大学张秋娥在其博士论文《宋代文章评点研究》中对这一传统进行了进一步的梳理和阐述,她认为,"读书中的句读、标记等是'点'之始端,笺注训诂、诗文品评传统等是'评'之源头",这一结论是对隋唐之前我国批注传统的精准概括。

二、批注经验成熟期

近代教育家唐文治在《国文经纬贯通大义》例言中指出了圈点的特质及其教学价值:"圈点者,精神之所寄,学者阅之如亲聆教者之告语也。"这种鉴赏本质与教学价值在宋代得到了充分彰显。张秋娥在其博士论文《宋代文章评点研究》中指出,宋代国家偃武崇文政策的影响,宋人读书认真的风气的促发,南宋选编诗文集子、品评求"法"风气的促成,科举考试的激发,名人雅士重视古文、经义教育的风尚的促进,评点形式自身特点的促动,繁荣发达的宋代印刷术、刻书业的推动等,是促成宋末评点兴起的重要因素。其中,科举取士制度的完善不但巩固了儒家经典的主流地位,更是直接导致评点方式进入古代语文教育。自唐代开始,科举考试成了国家选拔人才的主要途径,宋代在革除唐代科举弊病的基础上建立了一套相当完整、严密的科举制度,这是促进评点产生的直接而关键的动力之一。同时,由于宋代科举规模远过于前代,科考范文读本便应运而生,恰值印刷出版技术有了长足进步,因而南宋书坊间出现了不少专供考生参考的文章选本。这为评点形态的制度化提供了历史契机。

张秋娥还认为,宋代文章评点文献中蕴含着文学批评、文章学、文体学、修辞学、文献学等诸多方面的内容,其发展大致可分两个阶段:宋孝宗时期,吕祖谦首开评点之先河,确定了评点体例和思想,此为第一阶段。宋理宗时期至宋亡,文章评点著作接连出现,多元发展,特点各异,此为第二阶段。

南宋著名理学家和文学家吕祖谦的《古文关键》被誉为现存评点第一书,东华理工大学的徐国华在《作为评点文学名家的汤显祖》一文中曾提及黄宗羲对该书在历史上的学术地位的评价:"文章行世,从来有批评而无圈点。自《正宗》《轨范》肇其端，相沿以至荆川《文编》、鹿门《大家》，一篇之中，其精神筋骨所在，点出以便读者，非以为优劣也。"中山大学中文系吴承学则引用《四库全书总目》中《苏评孟子二卷》的提要："宋人读书，于切要处率以笔抹。故《朱子语类》论读书法云：'先以某色笔抹出，再以某色笔抹出。'吕祖谦《古文关键》、楼昉《迂斋评注古文》，亦皆用抹，其明例也。谢枋得《文章轨范》、方回《瀛奎律髓》、罗椅《放翁诗选》始稍稍具圈点，是盛于南宋末矣。"《古文关键》被视作评点文体形成的标志性著作。

从中山大学吴承学描述《古文关键》的"点抹"来看，吕祖谦的点评以"笔抹"为主，也有少量的"截"与"点"，而未见用"圈"。其中，"抹笔"用得最多，可以看出评点者重在揭示纲目关键与句法之佳处。"点"则用得不多，主要为提醒读者注意，近于现在的着重号，尤其注意文中多次出现的重要字眼。如：韩愈《获麟解》一文中有八个"知"字、四个"祥"字，字旁都特别加上"点"；在《原道》评点中特别点出文中十余处"为之"二字。

开圈点类评点体例之先河，且使其体制格式趋向完备的重要人物是南宋末年的诗人、《重订千家诗》的编者谢枋得。根据沈杰在《谢枋得〈文章轨范〉简论》一文中的统计，《文章轨范》对选文所采用的评点共有五种格式：（1）既无圈点，也无批注；（2）有圈点，无批注；（3）有行批，有总评；（4）无行批，有总评；（5）有行批，无总评。从评的角度看，根据中山大学中文系陈望南的《谢枋得和〈文章轨范〉》一文的统计，谢枋得对所选古文所做的批注，有大量夹评，也有总评。夹评之中，多是为文的技巧，如文章的起承转合、章句结构等，亦间以注音、释义与解释典故等。夹评都从小处着眼，讲究为文技巧的细节。如韩愈《后廿九日复上宰相书》的夹评，为说明韩文的起伏顿挫，即在文中夹注以"九字句""十二字句"等，在整段结束之后则有较详细的夹评："此一段连下九个'皆已'字，变化七样句法，字有多少，句有长短，文有反顺，起伏顿挫，如层澜惊涛怒波。读者但见其精神，不觉其重叠，此章法、句法也。"这样的夹评，在全书中随处可见。这种高超却平易的夹评对欲参加科举的考生理解文意，特别是学习写作技巧大有裨益。又如谢枋得对韩愈《送孟东野序》的处理，他在文中圈出全部"鸣"字，继而作了总评："此篇凡六百二十余字，鸣字四十，读者不觉其繁，何也？句法变化凡二十九样，有顿挫，有升降，有起伏，有抑扬，如层峰盛峦，如惊涛怒浪，无一句懈怠，无一字尘埃，愈读愈可喜。"这样的总评仍从小处着眼，专讲一"鸣"字，说明文章的句法和文法。除了局部细节放大式的总评之外，他也有从大处入手的总评，指出文章的整体风格特征，或揭示遣词造句的师承源流，每每切中肯綮，令人豁然开朗，确实对后人的阅读和写作起到了很好的示范和引领作用。

张秋娥曾对现存三十多部宋代文献的评点形态进行过全面、细致而深入的分析与归纳，厘清了宋代文章评点中所用评点符号的种类、形状与作用，初步分析和总结了宋代文章评点的形态系统，详见下面的两张表。

宋代文章评点形态归纳表

	点										评					
	点	长抹	短抹	小圈	围圈	界划	截	括弧	框	空心点	总评	首评	夹批	旁批	尾评	眉批
古文关键	○	○	○		○	○					○	○		○	○	
东莱标注三苏文集	○	○			○	○						○				○
崇古文诀	○	○	○	○	○	○	○	○	○		○			○		
文章正宗	○	○		○			○				○					
古文集成	○	○		○	○			○			○					
妙绝古今文选	○										○			○		
经济文衡	○	○									○		○	○		○
批点分类诚斋先生文脍	○	○	○	○	○			○			○			○		
蛟峰批点止斋论祖	○			○							○		○			
批点分格类意句解论学绳尺											○	○	○		○	
文章轨范	○	○	○	○	○	○					○				○	

	点									评					
	点	长抹	短抹	小圈	围圈	界划	截	括弧	框	空心点	总评	首评	夹批	旁批	尾评	眉批
刘辰翁评点	○	○	○	○						○			○		○	○
总计（人）	11	11	9	9	6	5	3	3	1	1	4	10	9	4	7	3

注：此表为浙江师范大学王国均根据张秋娥"宋代文章评点形态表"改编。

"点名""点符"与作用整理表

点名	点符	作　　　　用
点	、	标示表意有力、精妙有法的字
长抹	｜	标示主意、要语或文章中的照应、转换等行文方法
短抹	｜	标示文中转换、表意得体，议论精妙之处
小圈	。	1. 标示关键字或精彩句 2. 和点、短抹配合使用，标记精华的语言、反复使用的字词
围圈	○	标示字眼或重要字、词
界划	∟或┐	标示段落、层次
截	—	划分段落层次
括弧	（）	标示关键字词，多用于标示重要人名（在文中的关键词前后使用）
框	□	表示尊讳
空心点	○	文章警语

　　张秋娥的研究不仅论述了其中以阅读为主的修养论、为写作而讲阅读的阅读论（如作品阅读法、作家阅读法、比较阅读法等），而且论述了其中所包含的立足意义而讲表意法的写作论（如强调文章立意，点明用字方法、组句方法、结构方法、行文方法、文章体格、创新技巧、修辞方式、写作弊病等）。由此可以看出，宋

代的评点方式已经形成了比较完备的体系。

除了评点方式完备外,《文章轨范》对批注及其教学更有借鉴价值的是对笔墨颜色的巧妙利用。多种笔墨色彩的应用,使得批注的方式更能刺激读者的视觉,便于读者识别、梳理和交流多层次的信息和意义,能够让读者的效率更高,事半功倍。朱熹就喜欢用这种多色批注方式进行阅读,他在《朱子语类》中是如此描写自己的阅读姿态的:"先将朱笔抹出语意好处;又熟读得趣,觉见朱抹处太烦,再用墨抹出;又熟读得趣,别用青笔抹出;又熟读得其要领,乃用黄笔抹出。至此,自见所得处甚约,只是一两句上。却日夜就此一两句上用意玩味,胸中自是洒落。"这种多色批注方式目前在国外的教学中经常使用,在中小学课堂上甚至会利用便利贴式的批注以促进学生之间的相互交流,形成协同的策略阅读教学模式。

三、批注成为蒙学课程期

到了元代,儒学教育家程端礼在《程氏家塾读书分年日程》中将谢枋得的这种评点方式加以发展,形成了一种叫"广叠山法"("叠山"是谢枋得的号)的批注体系,该体系完美地配合了其所设定的各个学习阶段的所读之书和需习之业,成为蒙学课程不可分割的重要部分。根据沈杰的梳理,程端礼批注的凡例符号有"截""抹""圈""点"四大类,其中"截"又分"黑画截、红画截、黄半画截"三种,"抹"又分"黑侧抹、青侧抹、黄侧抹、黄中抹、红中抹"五种,"圈"又分"红侧圈、黄侧圈、黑侧圈、红圈、黄正大圈"五种,"点"又分"红倒点、黑倒点、青倒点、黄倒点、黄正大点"五种。"广叠山法"看起来也许十分烦琐,但对分析文章的篇章结构、艺术技巧还是有作用的。它示范并引导学习者从写作的角度,像作家那样去揣摩和分析具体的作品,这就是一种示范在先、容易上手、行之有效的阅读方法。云南师范大学教育学部的李长吉和王鉴认为,程端礼的《程氏家塾读书分年日程》从课程思想理论基础到课程基本理念,从课程内容体系到课程学习方法,从课程顺序到时间安排,从教材选择到督促检查,呈现了构成课程论著作的各个元素,为我们呈现了完整的课程论著作面貌。作为一种学生读书时需要掌握的系统而成熟的阅读方法,批注成了完整课程论中的一个重要组成部分,标志着古文评点进入了语文教育领域。

四、古代批注遗产的当代启示

批注从汉代人对先秦经典的注疏、解释，到宋元科举与蒙学教育中系统而持久的教学实践，历经千年才逐渐成熟，这确实是一种经过历史考验被证明可靠且有效的读写方法。

第一，批注从对经典文本的不自觉注疏和解释到自觉而个性化的文学评点，再到蒙学领域系统而规范的文章学评点，既是一种历史发展的必然，又体现了其强大的读写实用功能。

第二，古人的批注，既是解读高手的手迹，从现代观点来看，也是阅读产生反应时留下的印记，同时又是阅读新手需要接受、揣摩并掌握的典型范本，因此具有双重的读写教学功能。

第三，古代经典的文章批注方式与现在语文课堂常用的批注方式有很多相似之处，由此可见，当前的语文课本很好地继承了我国古代的批注遗产。

第四，批注的符号系统虽然比较完整且规范，但是批注的教学一直采用点拨和启发的方式，这种方式成为我国古代科举制度下精英式教学的典型范式。

第二节　批注：从阅读方法到阅读策略

小学语文统编教材在四年级编入了以"批注"方法为语文要素的阅读单元，这是对我国传统语文教学经验的合理继承。本节将在此基础上，援引国际上批注教学研究的新成果，结合项目组成员的教学实践，思考小学语文课堂批注教学的现状，并进一步探讨将这一阅读方法上升为阅读策略的可行性。

一、目前批注教学存在的问题

当前对批注及其教学的研究，热闹而单调，丰富而贫瘠。说前者，是指发表文章数量可观，然而学生使用的批注方式和方法相对单一，活力不足；论后者，教师的教学方式和方法众多，但是大多数缺乏学习科学的指引，无法复制和推广。具体来说，问题主要表现在教材编写与教学实施两个方面：

第一，学生已有知识和经验不足。批注法教学在四年级上册第六单元才设置,此前只有零星的圈画要求,提供了旁批样式,但未提对批语的具体要求。因此,项目团队对学情的基本判断是,学生对批注这一阅读方法只有零星的经验,由于缺少后续巩固,大多数学生到四年级时已经遗忘。四年级上册的批注方法单元的第一篇《牛和鹅》提供了几处批注范例,杭州天长小学的陈怡和段红老师将其归纳为三个角度的三类批注,即"有疑问""写得好"和"有体会"。这三个角度都不是单纯事实与知识的识记,而是涉及归纳、概括、应用、评价等高阶思维的阅读活动。教材要求第一篇课文就将这三类批注整合起来,应该是基于学生具备以下基础技能的考虑:(1)熟悉各个批注符号的含义并能熟练圈画、点批;(2)能熟练做"有疑问"类的批注;(3)能熟练做"写得好"类的批注;(4)能熟练做"有体会"的批注;(5)能熟练做"有疑问"类和"写得好"类的复合式批注。在这样一个连续的学习过程之后,才可以达到《牛和鹅》一课中提出的三个角度的整合式批注的要求。现行课本虽然提供了实例支架,但是无奈这三个角度的整合式批注对大多数学生来说,还是大大超出了他们的认知负荷,成了一项不可能完成或即使完成也是一团糟的任务。

第二,教学实施方面的缺憾。在平时的教师在职培训中,只有少数教师在四年级之前就有意识地让学生学习过批注,并在该单元结束时仍然让学生巩固并不定期地维持批注的习惯。大多数教师的做法是,教学批注单元时认真教批注,该单元教学结束过后就把批注打入"冷宫",还有极少数教师不教批注。不教批注的又有两种情况,有的认为不需要教,有的则反映不知道该如何教。此外,一些教师在教批注时为批注而批注,缺少阅读目的的提示与介入;学生也不知道完成批注任务所需的细致程度,缺少灵活变通的意识。浙江省宁波市鄞州区教师进修学校的周步新曾经创造性地提出过批注策略的"认知地图",形成了三个学段学生批注能力的发展连续体系,目的是让学生具备熟练而独立的批注阅读能力,这是目前我国小学批注阅读教学中比较完整而成熟的研究成果。然而,即便实现了这样大的突破,对批注及其学与教的原理的理解仍然是比较单薄的,这种理论思考深度的欠缺限制了批注潜能的发挥,项目团队能看到学生批注能力的阶梯式发展,但看不到批注所应散发出来的光芒。

二、批注本质与特点的再认识

关于语文教学中的批注本质,国内目前主要有这三种思考:一是多维对话观，如陈怡和段红认为批注策略是把学生对文本的预测、疑问、联想、启发、感悟、评价用批注的形式呈现出来，以此激发学生阅读兴趣，促使学生与文本进行深入对话，以实现文本意义的再创造的方法；二是个人审美体验观，如周步新认为批注是学生将已有的知识储备、情感体验、社会阅历融入文本，与文本、作者、教者建立联系，通过知识与经验的重组建构，获得独特的审美体验的过程；三是读者互动观，即将批注看作是文本细读的行为，其目的是培养"独立而成熟"的读写者，如崧厦小学夏伍华校长引用了雷米·卡里尔与安特罗·加西亚合著的《批注》的最新研究成果，发现了批注的五大价值，即"留下印记，使思维过程可视化""引发对话，促进思维迭代升级""赋能学习，增强角色参与体验""共享评论，多方观点透明化"以及"激发表达欲望，师生交流平等化"。这些观点改变了教师们原先把批注看作是个人阅读反应的看法，从而确立了批注的社会互动性，由此初步建构出"多维、多样、多联"这一批注策略教学的实施路径，这是一个重大突破。

自从批注这一阅读要求进入课本以来，将学生的独立批注过程看成一个完整的学习环节，将学生在课本上所作的批注看作是思考留下的印记，或者将批注行为看作是学生个体可视化的阅读反应等基本观点已经得到大家的认同。但在崧厦小学的实践表明，这些基本观点还有待进一步探讨。项目团队认为不能将学生的批注看作是封闭、静态而完美的"独唱"，而要将其视为开放、动态而不断丰富的"大合唱"。也许，有必要进一步细分批注这一行为，即文学批评语境中的批注与中小学课堂情境中的批注：前者以文学批评者的天赋和学识为凭借，目的是体现批注者的个性与才情；后者则以各自独立完成的批注作为基础，目的是通过小组与全班范围的批注交流与碰撞，多角度乃至最大限度地理解课文并产生更深刻的新成果。语文课堂以互动为基础，而互动的前提是独立思考，这才是批注方法或策略的根本属性；学会批注，仅仅是批注教学的初级阶段，而要做到完整的批注学与教，必须深入了解由这一根本属性所生发的对批注特点的新理解。

第一，批注的开放性。这个开放性特点有两个思考角度。从文本本身来说，自进入公众视野，它就丧失了部分独立性，除了作者所赋予的意义之外，还有读者和编者所赋予的意义，批注就是这种赋予意义的权力和能力的体现。这一点自不待言。从学生角度来看，每位学生结合自己的已有知识和经验，都提供了部分的理解成果，这些成果有自己的亮点，也必然有考虑不到的盲区。就像《盲人摸象》这一寓言所揭示，只有将众人的批注进行多角度的分类整理，最后才能得出当时、当地情境下最接近完美的结论。参与批注的学生越多，经过讨论之后达成的共识也将越多。这就是批注的空间迭代效应，这种效应正是当前提倡的学习共同体指导研究所追求并迫切需要的。

第二，批注的历时性。文本产生之后，批注就有了空间，从此开始经受时间的考验。古代典籍如果不经过历代专家的整理、注疏，后人经常连最基本的字面意义都不能准确理解。当然，这是从长远而宏观的历时性角度而言的。语文课堂上经历的时间则要短暂得多，有时是一两节课的短时连续性批注实践，最多就是一本书的持续性批注活动；有时还可以是经过一段时间的冷静，然后在适当的时间点重读批注。越是经典的文本，随着学生知识的积累、阅读经验的丰富以及理解能力的增强，越会催生更新、更丰富、更深刻的想法。这还只是从学生的角度来说的。如果从文本的角度看，一篇课文可以经历不同班级之间批注成果的承递，也可以经历每个年度同级学生批注的不断承递，从而使学生对课文的理解和发现越来越丰富。这就是批注的时间迭代效应。

第三，批注的差异性。这里的差异性并不是指个人由于已有知识或经验所造成的个性化解读，而是指学生运用批注的角度、方法或策略的不同而造成的阅读结果的不同，这种差异性是利用批注方法或策略的综合性而故意设计出来的。对大部分学生来说，全面而熟练地批注课文需要经过长期历练且在课内外花费很长时间才能做到。此前学生需要经历"从一个角度、用一种方法或某个策略来进行批注"到"从少数几个角度、用少数几个方法或策略进行批注"的学习过程。当学生学会从两个或两个以上的角度、用两种或两种以上的方法或策略进行批注时，教师就可以利用合作学习的机制进行批注的差异化教学，差异的层面从"全班统一"到"组内统一，组间差异互补"，再到"先组内差异，后组间互补，或再分组互补"，于是"批注圈"的教学方式就有了实现的可能。在共同努力下，崧厦小学的老师们已经初步摸索出了"批注圈"的课堂教学方式。在"批注圈"课堂里，批注的差异不是学与教的负担，更不是需要遏制甚至消灭的对象，而是能产生更新、更丰富、更深刻的批注的宝贵资源。

三、批注策略连续体的构建

"阅读策略连续体"是美国孟菲斯大学罗伯特·库特提出来的概念,指的是一个市区或一个学区内公立学校整齐划一式的课堂教学里渗透于识字、阅读理解、阅读流畅性以及词语发展等学习领域的,基于课程标准的,用于帮助教师监控他们自己的实践并步调一致地实施阅读活动的连续性策略序列。其实,这个序列可以形象地表述为"螺旋式上升"的模型,亦即由各子策略构成的各阅读策略按一定顺序反复使用并不断提升其难度的轨迹,其中含有两条线索:一条是各阅读策略之间的先后顺序,另一条是单一阅读策略下属的子策略的先后顺序。前者表现为横向的发展明线,后者则表现为纵向的提升暗线。就批注策略来说,也存在纵横两条发展的线索。由于这里主要探讨批注策略的学与教,因此首先讨论批注下属子策略的先后序列问题。

第一,批注策略的"识字—理解—笔记—读书报告"纵向连续体。我们在阅读教学的研究中发现,每一个阅读策略都包含一片广阔的新天地。即使像批注这样单个阅读策略的使用,也能表现出相当的复杂性。换言之,每一个阅读策略都包含一系列子策略,这些子策略构成了一个完整的内容序列。为了配合语文课本的教学进度,项目团队对批注子策略序列进行了年段化的细分。团队起初设想从二年级开始设置批注起始单元,研讨时发现有的老师在一年级就让学生用画圈来识记容易拼错的字母、容易读错的字音,以及容易写错的偏旁、部首或者笔画,还用它来培养认真看清练习题要点的良好习惯。于是,项目团队在一年级就开始设置批注策略的起始学习单元。此外,项目团队认为应该拓展高年段的批注要求,使学生的批注能力继续得到提升,不但应让他们的批注从细腻走向简约,而且要让他们利用丰富而简约的批注整理出读书笔记,进而形成读书报告。

第二,"X+批注"策略的横向连续体。一位良好的阅读者是能自信而娴熟地运用各种阅读策略和阅读工具来获得意义、解决问题以实现阅读目的的读者。因此,阅读理解实际上是一种多阅读策略共同参与的活动,每一个策略都有其独特的价值和功能,而批注仅仅是其中的一个策略,这就涉及批注策略与别的阅读策略的配合。从横向的角度来看,各阅读策略的起始难度是不一样的。有的阅读策略,如预测、提问和图示,在学前师生共读甚至亲子共读中就可以学与教,而批注的起始难度较大，在一年级就设置的批注策略主要不是用来阅读理解并生成意义的，而是辅助识字教学，培养看清学习要点的意识和习惯的。在教学中自然要先学会相对容易的阅读策略，后面再增加"批注"的学习。陈红梅老师率先在四年级上册第一至第五单元结合语文要素做了"X＋批注"的"多阅读策略"教学尝试，然后在第六单元加入了扶放有度的批注教学与指导，取得了良好的教学效果。这里需要特别指出的是，一旦学生学会了"批注"策略，就可以主动在批注的基础上调用和组合已经学过的阅读策略，形成"X＋批注"的策略组合。学生能调用并组合的阅读策略越多，则其阅读理解所能产生的意义也必然越多。

四、批注从阅读方法到阅读策略所需填补的空白

从学习论的角度说，阅读方法是一种程序性知识，具有可操作、可复制和迁移的特点，而阅读教学就是阅读理解行为程序性知识的掌握和应用，它是阅读策略的基础；阅读策略则是一种目的性知识和条件性知识的复合体，即知道"有什么用""为什么用""在何时何地、何种情况下或何种任务中需要用何种（一个或几个）方法获得意义或解决问题"的策略性知识。关于批注方法这一程序性知识的研究已经比较成熟，目前欠缺的，是目的性知识与条件性知识的研究成果。具体有待深入研究的问题如下：

第一，对各年段学生自然状态下批注能力的调查。这是批注教学与研究的起点，以此了解学生批注意识、习惯与能力的现状，并通过对比实验证明批注对学生阅读理解能力的促进作用。

第二，批注的适切性研究。前已有述，每一种阅读策略都有其独特的价值和功能，而每一种文体又有不同的文体特征和功能，究竟哪些文体的批注空间较大，哪些又比较窄小？如果能把这个问题研究清楚，就可以进行单篇以上的单元、整册、年级以及学段的批注活动的知识点和能力点的合理规划，将有力地减少重复性的学与教，让每一次策略的运用都助力意义的理解，真正落实减负增效的教学要求。

第三，利用学习科学的最新成果，开发批注策略的教学资源，特别是读写工具，可助力学生的学与教师的教，提高批注课堂的教学质量与成效。项目团队在崧厦小学初步尝试了应用批注海报、批注便利贴或书签、课文大尺寸批注纸以及一系列学习任务单与评价表，研究了批注颜色和方位的最优化系统，开发出批注

微课的一些样例,探索了"批注圈"课堂的可行性,取得了初步而明显的成效,但要形成系统的工具和完备的资源,还需要付出更多努力。

第四,基于批注的"圈点—批注—笔记—探究"读写链的研究。批注不仅仅用于阅读理解,还可以延伸,与笔记以及探究结合,成为写作和跨学科阅读以及项目式读写学与教的有力工具。

第五,批注策略的教学与指导方式的确定。批注策略与别的阅读策略一样,需要采用显性教学的原理以及直接而简明的示范技术,从"我批注,你们看"到"你们(全班)批注,我帮",再到"你们(小组)批注,我帮或看",最后"你(阅读困难者)批注,我帮或看",扶放有度,把每一个学生培养成独立而成熟的读写者。

第六,批注成为一种学校文化的可能性。既然批注具有开放性、历时性与差异性,那么它是否可以成为班级内学生之间反复交流与分享思想观点的工具?是否可以成为班级之间、年级之间、全校师生之间乃至家校之间分享思想观点的工具?学校又是否可以培植这样的批注文化,进而形成"批注嘉年华"这样的庆祝活动?这将是批注这一阅读策略带给语文教学的又一意味深长的思考。

第三节　批注策略的教学价值

古人云:"读文无批注,即偶能窥其微妙,日后终至茫然,故评注不可已也。"批注式阅读是饱含中国文化意蕴的阅读方式,是以主动探究为特征的语文实践活动,是有思考、有深度、有个性且快乐的语文学习方式。

自 2021 年起,项目组在王国均教授读写团队的指导下,结合乡村学校实际,以"活教育"理念为引领,以"读写教室"为载体,在不同年级进行了批注式阅读的教学探索。这项研究开阔了项目团队的视野,深化了项目团队对批注策略教学价值的认识。

传统阅读中的批注,更多是一种将疑问、感受、理解、评论等提炼和固化的技术手段。批注阅读是运用批注细读文本的阅读行为,批注策略教学的核心价值是发展思维,培养学生独立而成熟的阅读素养。雷米·卡里尔和安特罗·加西

亚撰写的《批注》一书提出了很多崭新观点。借鉴此书的观点,结合实践探索,项目团队发现,作为策略的批注有以下五方面的价值:

一、留下印记,使思维过程可视化

知识可视化是将知识通过一定的图解方式展现出来,它是建构和传递知识复杂的内在关系的手段,是促进知识创造和传递、整合思维的有效方法。基于可视化理论的课堂,借助可视化工具,学生能够从不同角度接触语言知识,并把目标语言知识和表征形式对应起来,辅助学生对知识的理解与记忆、传递与创新。在批注教学中,当添加到文本中的批注得到很好的利用时,批注就被读者视为有价值的。批注呈现出批注者思维的痕迹,从而照亮文本。因此,批注与文本互动可能是"一次生动的相遇"。从这个意义上讲,学生和教师的批注是师生亲密贴近文本的过程。批注的符号、批注的角度等一套批注式阅读的要素,好比脚手架一般,让学生的阅读在一条相对确定的轨道上进行。批注能使课堂更好地面向全体,为每个学生个性化学习创造可能。

《蟋蟀的住宅》是四年级上册的课文,学生利用提问策略来学习。A同学针对课题提了四个问题:"蟋蟀的住宅在哪里?""住宅的构造是怎么样的?""作者为什么把蟋蟀的巢穴称为'住宅'呢?""蟋蟀的住宅是谁建造的?"B同学针对课题只提了一个问题:"一般昆虫住的地方叫巢穴,为什么蟋蟀的就称为住宅呢?"比较两位同学的提问,不难发现,两人都能抓住关键词语提问,其中A同学的问题呈现出提问策略实施过程的完整性,B同学能抓住核心问题学习课文,呈现出不同的特点。

四年级上册《一个豆荚里的五粒豆》是提问策略单元第一篇课文,重点是如何针对课文内容提问,难点是如何针对全文提问。在小组交流后,两个小组整理出小组问题清单,如下表所示。

蒲公英小组的问题清单　　　　　　　　　记录人:杭伊曼

序号	问　　题	角　　度
1	为什么豌豆变成什么颜色就认为世界变成什么颜色?	
2	为什么小女孩看着这粒豌豆身体就变好了?	

序号	问　　题	角　度
3	为什么母亲说这粒豌豆苗像一个小花园？	
4	为什么小女儿眼里充满了感激？	
5	水沟里的豌豆真的是最了不起的吗？	
6	小女孩为什么说太阳照在身上很暖和呢？	
7	豌豆为什么像一个囚犯？	
8	第二粒豌豆为什么觉得自己很配飞进太阳里呢？	
9	它们为什么会觉得自己要被打开了呢？	

啄木鸟小组的问题清单　　　　　　　　　记录人：朱妍一

序号	问　　题	角　度
1	豌豆没有帮助小女孩，为什么她眼里充满感激？	
2	为什么小女孩看着小豌豆便会健康呢？	
3	小女孩为什么会觉得今天的阳光很温暖？	
4	为什么小豌豆能使小女儿对生命产生希望？	
5	为什么小女孩觉得豌豆所形成的是小花园？	
6	为什么小女孩觉得这天就像一个节日？	
7	为什么青苔把豌豆裹起来像一个囚犯？	
8	它们为什么会觉得外面发生了一些事情？	
9	作者为什么只重点写一粒豌豆？	

　　学生从提问角度梳理这些问题后发现，针对全文的提问，蒲公英小组有三处（2、4、5），啄木鸟小组有四处（1、2、4、9）。通过两个小组的交流，学生发现了针对

全文的提问比较少,也比较难。这些可视化的问题梳理和发现,为课堂攻克"如何针对全文提问"的难题打下了基础。

二、引发对话,促进思维迭代升级

在西方思想传统中,所谓"伟大的对话",是指学习者参与了一个持续和迭代的过程,这一过程中,学习者之间互相引用,思想在先前见解上不断提升,智力在探索中不断完善。在这样的视角下,批注不但激发对话的火花,而且创造对话。用德里达的话说,批注是"表示一种话语支撑在另一种话语上的符号",对话可能因为批注而变得更具有互动性,教育可能因为批注而变得更加生机勃勃。

这在梳理批注和二次批注的课堂中体现得尤为突出。教师引导学生对批注成果集中梳理、思辨,思维从低级走向高级,课堂走向深度学习。学生之间通过批注进行对话,会产生新的观点、想法和发现,思维便迭代升级。

三、赋能学习,增强角色参与体验

具身认知理论认为,人类大脑中存在一个广泛的镜像神经元网络系统,自身活动的执行以及观察他人有目的的身体活动,都可以触发镜像神经元的特征反应。具身认知理论强调,"身体及其所处环境共同作为认知活动发生的基础。认知最好的展开与发生,在于身体、心智以及环境所构成的认知系统,自组织地生成与涌现"。在"先学后教""少教多学"的视域里,批注是学生发自内在的精神解放,是个体的权利责任、兴趣爱好和理想追求,是独立思考、质疑探究、自主建构和批判创新,还是相互沟通、积极对话、相互欣赏、共同提高的过程。有效的批注工具和符号为学生自主学习打下基础,如在词语下面画波浪线,为关键想法编号,书写页码,相互参照,圈圈关键词语和句子,在页边、页眉和页脚写问题和想法等。利用补白式批注、评价式批注、提问式批注学习多角度批注文本,读者以评论者的角色走进文本,增强了参与体验,是有效的语文学习方式。

如在教学《芦花鞋》一课时,教师以"批注达人评比"为载体,精心设置"批注达人评比卡",开展"批人物特点""梳写作特色""谈我的发现"等批注活动,在具身体验中理解文本,发展思维。

特别有意思的是,学生在梳理语言特色时,通过数据整理发现了作家的写作秘密,探寻出文本的表达规律。

四、共享评论,多方观点透明化

批注具有差异性特点。当学生运用不同批注的角度、方法或策略而造成阅读结果不同时,这种差异性为学生发展创造了条件。一般学生想全面而熟练地批注课文需要经过长期的历练,需要经历"从一个角度、用一种方法或某个策略来做批注"到"从少许几个角度、用少许几个方法或策略进行批注"的学习过程。当学生学会从两个或两个以上的角度、用两种或两种以上的方法或策略进行批注时,教师就可以利用合作学习的机制进行批注的差异化教学,于是"批注圈"的教学方式就有了实现的可能。"批注圈"是评论共享的活动方式。"批注圈"中有讨论组长、篇章解读者、联结者、批注收集者、总结概括者等不同角色,可以通过共享评论让各方观点透明化。在这一过程中,学生对文本的理解一步步深入,促进了思维的发展。

如教师利用"批注圈"开展《青铜葵花》整本书阅读。一是读前分享,讨论阅读路径和方法。如分小组制作海报,聚焦提问和解疑角度,在班级墙报上分享,让阅读者提前了解整本书阅读的路径和方法。二是读中分享,"批注圈"让思维结构化。通过"批注圈"不同角色的交流、分享和碰撞,学生能初步学习从人物特点、细节描写、修辞手法、表达特色等不同角度提升《青铜葵花》整本书阅读的品质。三是读后分享,拓展迁移选择和判断能力。如在学习了《牛和鹅》的词语批语法后,以小组为单位制作"词语批语法"海报,然后在学校大厅里展示,组织四年级学生参与评论,选择自己最感兴趣的海报,在便利贴上写下自己的评语,然后有选择地贴在相应的海报上。学生会从不同角度选择并评论海报,海报制作者也能从不同角度吸收不同的观点。多方观点的碰撞让思维更加丰富、深刻。

五、激发表达欲望,师生交流平等化

批注让学习者成为真正的主体,能充分发挥主体性、能动性,激发学生表达的欲望,促进师生平等交流。批注式阅读充分保证了学生与文本对话的权利,使学生能以自己的原初经验、情感态度及思维视角去观照文本,获得属于自己的阅读体验。这在批注海报中体现得特别明显。

《芦花鞋》学习中,有一个小组的集体发现让人欣慰:"我发现作者用各种修辞手法使文章生动形象。""我发现作者通过环境描写突出青铜淳朴善良的品质。""我发现作者对人物进行语言、动作、神态描写，更加有趣。""我发现青铜很勤恳、吃苦耐劳、坚韧不拔。"这些结构化的发现，展现出了学生的思维视野。特别是对文中比喻句的寻找和验证，同学们各抒己见，不断地挑战文本、挑战自己、挑战老师，当交流走向深入，教师、学生在其中都能得到不同程度的发展。

第二章
批注策略的教学体系与课堂形态

前一章已经在理论上阐释了批注从经验与方法走向策略的历史依据和转化路径，接下来就有必要用批注策略的教学体系来指导实践。小学语文统编教材不但在四年级设立了专门的批注单元，而且在整套教材中也分布着批注的样例。项目组需要在研读课本批注单元和样例的基础上进行课程层面的批注系统顶层设计，细化批注子策略系统，增加批注单元数量和类型，并向前与向后延伸、拓展批注的应用范围，从而使批注策略的教学体系成为既能持续地促进学生读写能力提升，又能丰富语文课堂教学样态的"加速器"。

第一节　批注策略的教学体系构建

小学语文统编教材编排了阅读策略单元，体现出小学语文教学越来越重视学习科学，越来越强调培育学生学习的主动性，以及学会学习、主动参与的能力。批注有利于学生放慢阅读脚步，进入细读状态，聚焦细节，捕捉课文空白点或矛盾点，能留下思考的痕迹，与课文和作者多维度对话，发现课文背后的表达规律，便于教师了解课前预习习惯和课中思考能力，为后续的写读书报告和研究性学习打下基础。

一、批注策略的教学序列

斯普瑞格和斯图亚特的"精熟模型"告诉我们，专长的形成要经历从新手到专家的四个阶段，该模型重点关注意识和能力两个维度。

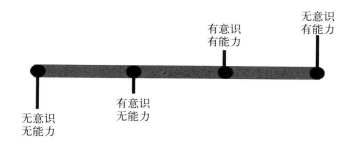

如上图所示,在第一阶段,学生处于无意识、无能力阶段;第二阶段是随着知识和经验的积累学生逐渐达到有意识、无能力阶段;第三阶段是有意识、有能力阶段,在这个阶段,学生具备充足的能力,但还没有达到深思熟虑、谨慎行动的程度;第四阶段是无意识、有能力阶段,在这个阶段,学生对本领域的知识和能力达到自动化、本能化的掌握程度,不需要意识来调控自己的思想和行动。批注策略教学序列构建参照了"精熟模型"理论,结合小学语文统编教材编排体例,根据儿童年龄特征,由浅入深、循序渐进地设置了小学生批注能力水平层级目标。

以下是在崧厦小学实践基础上摸索出来的小学生批注策略教学层级表。

小学生批注策略教学层级表

批注要素	起 始 级	初 通 级	精 通 级
批注空间	批注基本区间确定与应用	采用双重编码技术批注,对文章内容多角度批注	便利贴的巧用和读书笔记的应用
批注工具	批注符号、涂色笔	三色笔、批注海报	思维导图、批注量表
批注内容	字、词、句的意思及用法	段、篇的意义及表达效果	多文本意义
批注话头	基本交际技能,追求参与度	丰富多样,追求理解深度	简洁明快,追求娴熟度
批注步骤	四步批注法	七步批注法	八步批注法
批注评价	侧重批注标记的应用:位置适当,书面整洁,字体端正	侧重批注内容:找准批注点,理解正确完整	侧重批注语言和思维:通顺流畅,简洁明了
X＋批注策略	联想＋批注,图示＋批注	预测＋批注,提问＋批注	推敲＋批注,联结＋批注

从上表可以看出,批注能力是多维的。项目组需要利用批注空间,开发批注工具,引导学生依据批注步骤,借助批注话头,对照批注评价标准,整合其他阅读策略,理解一个文本以及多个文本的意义,从而提升学生的批注能力,逐步成为独立而成熟的读写者。每个批注要素确定了起始级、初通级和精通级的批注能力水平层级标准,由此形成多维策略教学序列。不同文体有不同的批注角度,不同课型有不同的批注方式,不同年段也有不同的批注重点,这一能力水平层级的确立为多维进阶式批注策略体系构建奠定了基础。

批注策略内容和重点的学段分布

学段	批注内容和重点							
	题目	标点	字	词	句	段	篇	整本书或类文阅读
一至二年级	圈出关键词	句号、问号、叹号	逐字逐句读课文,圈出生词	动词、形容词、数量词、语气词、副词等	重音、停顿、节奏等			
三至四年级	预测和提问	冒号、引号、破折号	给生字做注释	有新鲜感的词、难理解的词等	修辞句、形式特别的句式	总分、总分总、分总等结构	外貌、动作、语言、心理、神态描写	迁移运用批注方法,由教材的篇引向整本书或类文阅读
五至六年级	质疑,换题目	顿号与逗号、分号与句号		有感情色彩的词	风趣的语句、个性化的语句等	前后照应、伏笔、铺垫等	叙事抒情、借景抒情、场景描写、细节描写、静态描写、动态描写	迁移运用批注方法,由教材的篇引向整本书或类文阅读

如上表所示,可针对不同学段特点和重点展开批注策略教学,第一学段落实"字词批注策略",第二学段实践"句段和不同文体批注策略",第三学段落实"篇

章和自主深度批注策略",分阶段渗透"提示性批注""质疑式批注""感受式批注""评价式批注"等批注方法。如题目批注中,第一学段"圈出关键词",第二学段学会"预测和提问",第三学段能"质疑,换题目",呈现出由易到难,从低级到高级的趋势。

需要特别说明的是:

第一,我们提前了批注策略的起始年级。这一安排参照了珍妮·查尔教授的阅读发展阶段理论,以及美国出版的《奇迹·读写教室》的配套资料《读写伴侣》——该书的第二单元就设计了图示、批注、推论以及联结等阅读策略的学习内容。从国外的研究和实践看,在小学起始年级就开始阅读策略教学可行且有价值。我国小学语文统编教材不仅在四年级上册设置了"批注策略"单元,而且批注策略在各年级中都有所渗透与运用。提前学习批注的起始年级,有利于更好地把批注策略教学显性化和体系化。

第二,根据尝试的实践经验,从批注空间、工具、内容、话头、步骤、评价和多策略等七个维度,按照批注策略能力水平层级,由易到难进行设计,以期达到培养独立而成熟的读写者的目标。

第三,批注策略的学习与运用,既有单独的学习微课支持,又结合统编教材课文内容,在具体的教学过程中融入批注策略,使批注策略的教学和统编教材的学习有机整合,不加重学生的课业负担。当然,批注策略的学习与运用要经历一个由慢到快的过程,前期速度会很慢,到后期学生阅读的速度、能力会有质的飞跃。

二、批注策略的教学要点

王国均教授提出:"批注是任何有意与文本交互以增强读者对文本的理解、回忆和反应的行为。批注策略是运用批注细读文本的阅读行为,其实质是一套程序性知识。作为策略教学的'批注',其核心价值是发展思维。关键在学习与运用批注方法的过程中,培养学生独立而成熟阅读的素养。"小学阶段批注策略的教学应注意以下几点:

(一)要善于捕捉恰当的批注点

教师要有一双慧眼,善于从单元语文要素、文本特点、作家特色风格中捕捉最有价值的批注点,串起批注线。如小学语文统编教材四年级上册第六单元,单元语文素养有三个：一是学习用批注的方法阅读文章；二是从人物的动作、语言、神态中体会人物的心情；三是记一次游戏，把游戏过程写清楚。《牛和鹅》侧重对批注角度的初步认识，难点是对写法批语的学习与运用。该文最大的特点是作家善于运用人物动作来表达人物心情，因此在词语批注法的教学中，教师可以第3自然段为例，引导学生抓住动词，想象画面，体会心情，写下批语。《一只窝囊的大老虎》则以人物的心理变化为特色，抓住了人物的心情，也就抓住了批注入口。

（二）要灵活运用多联的批注策略

多联的批注策略，其实就是"X＋批注"的多阅读策略教学。按照王国均教授的观点，所谓"多阅读策略教学"，是指教学生同时运用多个阅读策略来解读课文，实现文本理解的最优化和最大化。在《读写教学的最佳实践》一书中，凯西·布洛克和迈克尔·普雷斯利宣称："阅读理解不是一个孤立的过程，而是一个意识和元认知过程的网络式共振，最新的教学方法已经发展为在一节课上教授多种策略。……我们对这些课堂教学提供支持以后发现，即使是幼儿园的学生在一周的直接指导后也可以使用多种策略，其结果通常比对照组的成绩要高得多。"陈红梅在小学语文课堂教学实践中对此进行了深入的探究，形成了"提问＋批注""联结＋批注""预测＋批注""联想＋批注""推敲＋批注""图示＋批注"等一系列的"X＋批注"的操作策略，打开了实践视野。

需要注意的是，每篇课文的多阅读策略各不相同，即使是同一篇课文，在不同课时的教学中，基于批注的多阅读策略也会不一样。如《牛和鹅》第一课时的起始课，可抓住题目，进行"预测＋批注"的多策略教学；在呈现和分析课文五处批语时，采用"梳理＋批注"，引导学生发现规律，画出思维导图，形成多角度的批注内容。第二课时是主导课，可回顾批注角度，通过"联结＋批注"，让学生展示批注角度海报，说出制作的思路；在词语批注学习过程中，可充分运用"联想＋梳理＋批注"策略，突破词语批注的难点。第三课时是运用课，让学生从四个不同的角度给写"我"心情变化的内容写批语，综合运用"联结＋想象＋梳理＋批注"策略，在练习中提升运用的熟练度，进而养成多阅读策略的习惯。

（三）要积极引发多向对话

引发深度的、积极的、具有互动性的多向对话，是实现批注教学价值的重要基石。首先是要与文本直接对话，让学生自主阅读时能边读边思，使思维外显，把自己的所思所想用"批注"的方式及时留下印记，展示自己的思考痕迹与对文本的感受。其次是与自己对话。学生应学会质疑问难，提出问题，引起深层次思考。再次是与同伴对话。将个性的思考通过批注展示、交流，并与群体共享。最后是观点之间的对话。即将自己的批注与同伴的批注对照，引发新的思考，从而进行二次批注。如教学《蟋蟀的住宅》时，通过预学单让学生对自学文本进行批注，在交流预学成果的基础上，引导学生从课文题目入手，提出问题："为什么作者把蟋蟀的洞穴称为住宅？"最后引发出一系列的问题："蟋蟀的住宅是怎样的？""蟋蟀的住宅是怎样建造的？""作者是怎样观察蟋蟀的？""作者描写蟋蟀的住宅的语言有什么特点？"这样，在不断的交流与对话中引导学生思考、再思考，从而实现学生、教师、教科书编者、文本之间的对话。

三、批注策略的教学愿景

批注策略的课堂教学，颠覆了以往传统课堂教师作为主角唱戏，学生被动学习的模式，改为以素养导向的课堂为价值追求，真正把学生放在课堂的中央，引导学生运用批注策略自主研读文本，在生生互动、教师支持中不断丰富、完善学习成果，提升阅读能力和思维能力。

（一）从单元走向全覆盖

小学语文统编教材在四年级上册第六单元设置了"批注策略"，这一单元的语文要素之一是"学习用批注的方法阅读"，旨在引导学生运用批注的方法进行阅读，在发现问题、探索问题、解决问题的过程中加深对课文的理解。前期学情调研显示：第一学段，学生对批注不了解，不知道什么是批注，不知道需要用什么符号。教师需要设计一整套操作简单、可行性强的符号，结合合适的批注工具，指导他们在规定的地方进行批注。第二学段，学生对批注有一定的认识，在学习过程中已经有意识地在做批注，但没有形成系统的批注操作方法，批注所用的工具也不统一。第三学段，学生的批注方法单一粗糙，助力阅读效果不佳，批注语言肤浅，缺乏深度思考，主动运用批注的意识不强，缺乏主动性，对语言形式关注不足。因此，不应仅仅在"批注策略"单元中进行批注策略的教学，而应结合学生年龄特点与统编教材的具体内容，对"批注"进行全学段的体系性构建，这既是对"批注"这一中国传统读写经验的传承，也有利于引导学生自主、积极有效地学习语文,进而探索阅读策略教学的新模式。

（二）从单维走向多维

为使传统的批注经验适应现代学校教学的需要,项目组试图构建多维的"批注教学魔方"。这一多维的"批注教学魔方"包括以下维度：知识维度(字、词、句、篇、修辞、逻辑等),方式维度(圈、点、钩、画、注、批、涂等),页面维度(页眉、页脚、页边、行间等),策略维度("X＋批注"的多阅读策略),思维维度(解释性、评价性、批判性等),过程维度(如读前、读中、读后的批注用不同颜色标出),课堂情境维度(个人、同伴或小组、教师的批注用不同颜色标出),课外情境维度(年级、学校)等。这样的多维魔方,为立体化学习创造可能,为批注策略教学新样态的探索提供平台。

（三）从低阶走向高阶

批注是与文本、作者、编者乃至他人的对话;批注是一种书面阅读反应方式("笔谈");批注是思考以后留下的痕迹;批注具有历时性,对经典可以再解释;批注具有共时性,是一种社会参与方式。在时间轴上,批注贯穿了课前预习、课堂学习、课后拓学等环节;在操作层面,教师使用批注策略从扶到放,引导学生逐渐走向多维、多样、多联;在能力发展上,学生经历从批注新手、批注能手到批注高手的成长过程。批注是独立读写者的必备能力,其最终目标是培养独立而成熟的读写者。

第二节　批注策略的单元教学关联

近年来,随着学科核心素养的提出,大单元教学成了热门话题,各地、各校都在掀起一场规模宏大的大单元教学热潮。语文学科大单元教学要求教师结合学生的身心发展水平和语文知识水平,按照教学目标与核心素养的要求重新划分单元主题,将碎片化知识整体呈现在学生面前,从而帮助学生更好地掌握语文知识点,以此提升小学语文教学的实效性。

批注策略教学,旨在引导学生在学习和运用批注方法的过程中,培养独立而成熟的阅读素养。浙江大学盛群力教授指出："解决问题靠策略，教策略，越教越开心，越教越聪明。"学生们在日常学习中都会用到一些批注，比如在文本旁边圈圈点点、批批画画。批注作为一种学习工具，有利于学生的学习。在此基础上，要使批注工具演进为批注策略，需要依托大单元教学优势，基于学生已有批注经验，循序渐进地进行大单元教学，使学生形成运用这些阅读策略的自觉，从而培养其阅读能力。本节就如何实施批注策略大单元教学作一简要梳理。

一、批注四大单元类型

不同学段有不同的批注教学特点和重点，而且我们也不能脱离统编教材，另起炉灶进行批注教学，以免加重学生的课业负担。我们联系批注策略大单元教学的学段差异与要求，对统编教材相关单元进行单元内容的重构，从而实现多向的教学目标。

序号	单元类型	教学重点	重构单元
1	"批注识字"大单元	批注空间、批注工具	二年级上册第二单元
2	"批注角度"大单元	批注角度、批注评价表	四年级上册第六单元
3	"X＋批注"大单元	批注话头、"X＋批注"策略	四年级下册第四单元
4	"读书笔记"大单元	精批、批注圈、反复批注	五年级下册第二单元

低段是识字的重要学段，也是培养学生批注意识和技能的关键学段。从低段起便对学生进行批注教学，不仅能够有效帮助学生识字，还能对学生依托批注的学习能力的提升起到重要作用。"批注识字"大单元教学在致力于落实单元识字目标的基础上，使学生能够对批注空间有较合理的定位和较全面的认识，能够较熟练地根据需要使用各种批注工具，做到规范、稳定，并能基于同伴交流和师生互动进行二次批注。这一阶段的大单元教学是"批注式"阅读的基础。结合二年级上册第二单元作为识字单元的独特价值和契机，"批注识字"大单元教学可以与之进行单元重构。

中段学生已经有了一定的批注意识和技能，所以需要在此基础上进一步开展"批注角度"大单元教学，以此让学生较熟练地知晓批注的不同角度，能灵活运用各种批注策略进行自主的"批注式"阅读,并能基于同伴交流和师生互动进行"多次批注",实现自我的不断提升。这一阶段是"批注角度"大单元教学的关键。结合四年级上册第六单元这一批注专题单元,"批注角度"大单元教学可以与之进行单元重构。

中段后半期,有条件也有必要实施基于多种阅读策略的"X+批注"大单元教学,能够依托多阅读策略和批注话头进行较科学的批注,从而凸显学生学习的主体地位,激发学生的学习兴趣,提升学生的思维深度,为培养"独立而成熟的读写者"提供关键助力。结合四年级下册第四单元"体会作家是如何表达对动物的感情的"的语文要素,"X+批注"大单元教学可以与之进行重构。

高段批注策略大单元教学的主要目标是让学生进一步学会精批,养成记读书笔记的习惯,并能自发地形成"批注圈",在与同伴的共同交流中产生对文章新的思考与体悟,在反复批注中不断地完善与提升。这一阶段的大单元教学是"批注式"阅读的自主深度应用。结合五年级下册第二单元这一古典名著阅读方法学习单元,基于对"四大名著"等古典名著阅读的倡导,高段批注策略大单元教学可以与之进行单元重构。

二、批注策略的单元连续体系构想

前已有述,批注策略存在一个"识字—理解—笔记—读书报告"的纵向连续体系,项目组试图紧密结合语文课本的单元编写体例,将其与单元语文要素、读写要求、教学内容和教学进度进行匹配,形成课文序列线、语文要素序列线与批注策略发展序列线三线合一的单元连续体系。这种单元连续体系有两种关联方式,一是直接关联式,二是间接关联式。

(一)直接关联式

所谓直接关联式,是指批注策略在单元前后之间的连续承接。这种承接方式一般在批注学习的起始阶段进行,目的是用小步子的方式密集而连续地强化并巩固学生的批注意识、行为和习惯,且能基本保证让全体学生掌握。以二年级上册八个单元的整体构想为例,项目组将低年级学生最容易做到的涂色批注设定为批注起点,按照由易到难的原则,进行整个学期的单元教学设计,形成以批注符号应用为主线的批注策略连续体系框架,具体见下表。

二年级上册批注策略连续体系框架

单　元	批　注　符　号	功　　　用
一	涂色	字词句的标注
二	画圈	字词的标注
三	画圈	字词的标注
四	画线	句子的标注
五	标序	句子的标注
六	画框	字词句的标注
七	加点	字词句的标注
八	打星	字词句的标注

项目组在该框架的基础上,结合各单元语文要素、读写要求和教学进度,细化教学内容,调整教学环节。以下呈现的是前四个单元的教学内容整合设计成果。

二年级上册第一单元教学内容

课程要素		在常规教学中利用涂色批注学习活动强化阅读理解与识字教学			
篇　目		小蝌蚪找妈妈	我是什么	植物妈妈有办法	快乐读书吧
涂色批注	零起点（A层）	用颜色笔标注表示动作和样子的词语。（任选一种）	用颜色笔标注表示形状和颜色的词语。（任选一种）	又快又准地用颜色笔标注表示动作和植物名称的词语。（任选一种）	学生根据兴趣和能力选择某一类或几类词语涂色,并在交流课上分享。
	初通者（B层）	用颜色笔标注表示动作和样子的词语。	用颜色笔标注表示形状和颜色的词语。	又快又准地用颜色笔标注表示动作和植物名称的词语。	

篇　目	小蝌蚪找妈妈	我是什么	植物妈妈有办法	快乐读书吧
涂色批注 学习策略满一年者（C层）	① 用颜色笔标注表示动作和样子的词语； ② 提问；（学习提问满一年者） ③ 预测。（学习预测满一年者）	① 用颜色笔标注表示形状和颜色的词语； ② 提问；（学习提问满一年者） ③ 预测。（学习预测满一年者）	① 又快又准地用颜色笔标注表示动作和植物名称的词语； ② 提问；（学习提问满一年者） ③ 预测。（学习预测满一年者）	① 学生根据兴趣和能力选一类或几类词语涂色； ② 学生用提问和预测理解童话； ③ 在交流课上分享。
备　注	颜色的规定：① 表示动作的词语；（红色）② 表示样子或形状的词语；（黄色）③ 表示颜色的词语；（蓝色）④ 表示名称的词语。（绿色）			

二年级上册第二单元"识字"教学内容

课程要素	在常规教学中利用"画圈＋涂色"批注学习活动强化识字写字教学			
篇　目	场景歌	树之歌	拍手歌	田家四季歌
画圈＋涂色批注 各层次的学生（A、B、C层）	① 用颜色笔标注表示动物或其他物体名称的词语； ② 用画圈标注经常或固定与之搭配的量词。（以扶为主）	① 用颜色笔标注表示植物或其他物体名称的词语； ② 用画圈标注表示样子或颜色的词语。（以扶为主）	① 用颜色笔标注表示动物或其他物体名称的词语； ② 用画圈标注押韵的字与带韵脚的词语。	① 用"涂色＋画红圈"标注四个季节的名称；（以扶为主） ② 用颜色笔标注表示动物或其他物体的名称的词语； ③ 用画圈标注句末的押韵字或带韵脚的词语。
备　注	颜色的规定：① 表示样子或形状的词语；（黄色）② 表示颜色的词语；（蓝色）③ 表示名称的词语；（绿色）④ 押韵的字词。（淡绿色）			

二年级上册第三单元教学内容

课程要素	在常规教学中利用"画圈＋涂色"批注学习活动强化阅读理解与识字教学			
篇　目	曹冲称象	玲玲的画	一封信	妈妈睡了
画圈＋涂色批注 — 零起点或初通者(A、B层)	用颜色笔圈出表示动作的和可以用"减一减"来理解的词语,结合课后练习,以扶为主。	又快又准地用颜色笔圈出表示心情的词语和出现次数最多的一个字。	① 又快又准地用颜色笔圈出表示心情的词语; ② 又快又准地用颜色笔标注表示事件的词句。	① 又快又准地用颜色笔圈出表示样子的词语; ② 把带"了"字的词语圈出来,再联系以前学过的课文,看看哪些课文没有用到一个"了"字。
画圈＋涂色批注 — 学习策略满一年者(C层)	① 用颜色笔圈出表示动作的和可以用"减一减"来理解的词语,结合课后练习,以扶为主; ② 提问;(学习提问满一年者) ③ 预测。(学习预测满一年者)	① 又快又准地用颜色笔圈出表示心情的词语和出现次数最多的一个字; ② 提问;(学习提问满一年者) ③ 预测。(学习预测满一年者)	① 又快又准地用颜色笔圈出表示心情的词语; ② 又快又准地用颜色笔标注表示事件的词句; ③ 提问;(学习提问满一年者) ④ 预测。(学习预测满一年者)	① 又快又准地用颜色笔圈出表示样子的词语; ② 把带"了"字的词语圈出来,再联系以前学过的课文,看看哪些课文没有用到"了"字; ③ 提问;(学习提问满一年者) ④ 预测。(学习预测满一年者)
备　注	颜色的规定：① 表示动作的词语;(红色)② 表示样子或形状的词语;(黄色)③ 表示颜色的词语;(蓝色)④ 表示名称的词语;(绿色)⑤ 表示心情的词语;(紫色)⑥ 反复出现的字词;(橙色)⑦ 表示事件的词语;(粉红色)⑧ 可以用"减一减"理解的词语。(灰色)			

二年级上册第四单元教学内容

语文要素		在常规教学中利用"画线＋画圈"批注学习活动强化识字写字教学			
篇　目		古诗二首	黄山奇石	日月潭	葡萄沟
画线＋画圈批注	零起点或初通者（A、B层）	① 圈出两首诗中表示动作的词语； ② 用斜线或下划线标出朗读节奏。	用下划线标出奇石的神奇之处。	① 用下划线标出描写日月潭颜色和样子的词句； ② 用下划线标出描写日月潭不同时间的美的句子。	用下划线标出描写葡萄颜色和制作葡萄干的场所及过程的句子。
	学习策略满一年者（C层）	① 圈出两首诗中表示动作的词语； ② 用斜线或下划线标出朗读节奏； ③ 提问；（学习提问满一年者） ④ 预测。（学习预测满一年者）	① 用下划线标出奇石的神奇之处； ② 提问；（学习提问满一年者） ③ 预测。（学习预测满一年者）	① 用下划线标出描写日月潭颜色和样子的词句； ② 用下划线标出描写日月潭不同时间的美的句子； ③ 提问；（学习提问满一年者） ④ 预测。（学习预测满一年者）	① 用下划线标出描写葡萄颜色和制作葡萄干的场所及过程的句子； ② 提问；（学习提问满一年者） ③ 预测。（学习预测满一年者）

　　这里有必要说明的是：第一，二年级的课本还没有出现单元语文要素这一项，于是项目组将其设计为"在常规教学中利用批注学习活动强化识字写字教学"，以"涂色"批注为基础，在教学中逐步增加新的批注符号的应用，而已学过的批注符号不再需要教师讲解，自动转为可以让学生独立而熟练地运用乃至最终精通的批注能力。到二年级上学期结束时，学生就能灵活而熟练地运用常用批注符号进行标识和辅助理解。第二，为了增加这个单元教学内容连续体的适用性，项目组设想了三个层次的教学班级：A层针对的是批注新手，即"无意识，无经验"的学生；B层针对的是初通批注的学生；C层针对的是学习策略满一年，已经能熟练使用涂色批注的学生。这样，可以对所有的教学班级进行针对性教学。第三，在第一单元完成后，A层学生在初步树立批注意识且能比较精准地进行涂

色批注后,到了第二单元,就可以与 B 层合一,顺利过渡到新批注符号的正常学习进程中。

项目组老师们在尝试中发现,与别的未经批注符号使用指导的学生相比,经过指导的学生在课本上留下的学习印记更多,识字速度和质量明显提高,更有利于后面的复习。更重要的是,他们能够自主发现或者只要稍稍经过老师的提醒就能发现课文运用词语的特点和规律,甚至还能举一反三。例如,项目组老师在执教第 4 课《曹冲称象》时,借助课后练习 3 中的两组例句进行教学。教师先利用第一组句子向全班学生示范自己如何用减一减(即减去一个字或者一个词)来理解两句有何不同,再让学生尝试对比理解第二组句子,然后放手让学生到课文中找一找还有没有可以用"减一减"进行比较理解的词句。经过教师的点拨,大部分学生初步学会了"减一减"的妙处。项目组老师们一致认为,这就是一种高质量的语言实践活动。

(二)间接关联式

所谓间接关联式,就是间隔一个及以上单元的复习批注策略的方式。随着学生对批注符号、批注空间的熟练应用,没有必要在后续的所有单元都采用批注策略,甚至到了第三学段,要实现从"学会批注"到"以批注学得更多更好"(即学会把批注整理成笔记与利用笔记撰写读书报告)的飞跃,这就需要用到这种间接关联的单元设计方式。现以六年级上册第八单元的设计为例,该单元的语文要素是"借助相关资料,理解课文主要内容",并在《好的故事》的练习题后面附加了冯雪峰的《论〈野草〉》与李何林的《鲁迅〈野草〉注解》的两段选文资料,这两则资料只能对理解《好的故事》的内容有帮助,对理解另外三篇课文的帮助不是非常直接和明显。项目组老师们在进一步思考和研讨之后,认为这个单元应该被理解为唯一可以从多个视角走近一位伟大作家的研究性学习活动单元,对语文要素中"相关资料"的理解还可以更为宽泛,且正好可用这种宽泛的视域来更加全面而精准地了解和理解鲁迅的人格和精神。于是,经过反复讨论,项目组老师们决定创建"'走近鲁迅'主题图书资料库"项目,筹建"鲁迅主题图书教室"。下面两表是该项目图书资料的分类编码表与第八单元教学内容设计。

"走近鲁迅"主题图书资料分类编码表

主题书(资料)	编 码
鲁迅眼中的鲁迅	A
传记作家眼中的鲁迅	B
鲁迅亲人眼中的鲁迅	C
鲁迅学生眼里的鲁迅	D
外国友人眼里的鲁迅	E
鲁迅朋友或同行眼里的鲁迅	F
鲁迅对手眼里的鲁迅	G

六年级上册第八单元教学内容设计

学习阶段	准备（一个月）	借助A、B类资料理解	借助A、B类资料理解	借助C、D类资料理解	借助E、F、G类资料理解	单元学习成果展示
学习内容	主题图书	少年闰土	好的故事	我的伯父鲁迅先生	有的人——纪念鲁迅有感	小组合作学习成果展评
完成内容	每类指定读物的批注与笔记	A、B类阅读笔记	A、B类阅读笔记	C、D类阅读笔记	E、F、G类阅读笔记	
备注						

　　具体实施思路如下：1. 在学期期中前开始设置"鲁迅主题图书教室"，根据"'走近鲁迅'主题图书资料分类编码表"购买图书，选择直接相关的内容片段，复印阅读资料，每类至少选出一份全班共读资料，其余图书供有兴趣和能力阅读的学生自选，满足其个性化阅读需要；2. 针对每类图书或资料设计相应的批注任务单和笔记整理任务单，供学生自行安排资料的阅读顺序，教师定期督促检查学生的阅读进展和各类书籍的阅读任务单完成情况；3. 提前预热，在一个月前利用20分钟左右时间，利用教学海报等，向学生布置第八单元的学习任务，讲明进

程与具体要求，并定期督促检查；4. 进入第八单元教学时，每篇课文都需要结合相应类型的阅读笔记，让学生利用已有阅读经验，实现新旧知识间的多角度联结，拓宽学生视野；5. 单元结束后，进行学习成果的展示与交流，运用评价表对小组合作学习成果相互进行评价。

项目组姜丽凤老师将这一思路用到《有的人——纪念鲁迅有感》一文的教学中，她的教学流程如下：1. 解读教材，选择合适的多阅读策略。2. 共同梳理，唤醒已知的阅读策略。3. 有序指导，运用"联结＋批注"阅读策略。该环节下又设计了三个步骤——（1）课前预习：搜集资料，尝试批注；（2）课中练习：链接资料，学会批注；（3）课后复习：分析资料，巩固批注。她在反思中认识到，"联结＋批注"策略可以让学生的感悟更有深度，阅读更有广度，思维更有高度。由此可见，这种关联式单元设计不但可行，而且是落实"识字—理解—笔记—读书报告"这一纵向批注策略连续体系的有效方式。

第三节　　批注策略的课堂形态

课堂形态是指在课堂教学过程中，各种教学要素组合在一起所呈现出来的状态特征，是基于不同的教学方式产生的教学表现形式，是在长期的教学活动中所形成的教学理论、目标、内容、结构、途径、方式和风格等方面的综合体系，是课堂教学文化的外显。

一、批注策略课堂教学的基本特征

批注策略的课堂教学，是以学生为中心，使学生在一个完整、真实的学习情境中产生学习的需要，运用批注策略，通过成员间的互动、交流即合作学习，亲身体验从提出目标到达成目标的全过程的课堂教学形态。批注策略课堂教学最显著的特征体现在以下四个方面：

（一）可视性

美国著名教育家埃德加·戴尔曾提出著名的"经验之塔"，奠定了视听教学理论体系的基础。可视化教学是利用人的表象认知系统，以视觉空间为基础，在教学中运用技术将教学内容重构为有内在联系的图片、图像、视频等学习环境或资源，为学习者的知识建构与能力转化提供低成本、高效益的支持。在此基础上，加拿大心理学家艾伦·佩维奥提出基于长时记忆的"双重编码"理论，核心观点是：同时运用视觉、语言的形式呈现信息，可以增强信息的回忆与识别。在教学中，按照"双重编码"理论，将教学内容科学合理地转化为适应学生主动学习的可视化内容或环境，可以大幅度提升学习者学习的速度与效益。

在批注策略的课堂教学中，学生阅读文本时，往往会以文字、符号、图示的批注形式，用三色笔、便利贴在文本适当的位置做上标记、写下批语，表达阅读的感想，彰显思维的过程，使其可读、可看、可议、可学、可用。学生可以选择用波浪线画出中心句，用三角形标出关键词，用不同颜色的三色笔涂出人物的语言、动作、神态、心理、外貌的描写，写下对文本内容、写法及主旨的发现，用便利贴呈现多次批注的异同，从中进行分析总结，还可以用图示方式梳理课文内容等。独特醒目的可视化的工具与标记，易于激发学生学习尝试的兴趣，再加上批注的书面呈现方式，留下了读者思考的印迹，有利于理解和记忆，提高信息加工、传递的效能，方便学生阅读、品评，为引发对话、共享评论提供载体。

（二）互动性

日本东京大学佐藤学教授将学习比喻为从已知世界到未知世界的旅途。在这个旅途中，项目团队同"新的世界"对话，同"新的他人"对话，同"新的自身"对话。学习的实践是对话的实践。学习不仅引导我们从独白的世界走向对话的世界，而且通过这种对话性实践，为我们提供了构筑起学习共同体的可能性。因此，佐藤学积极推进以学为中心的教学，倡导在教室内创建学习共同体，让每个儿童相互探究、相互交流、相互启发，推进活动的、合作的、反思的学习，构建在教学中培育起来的相互倾听关系、相互应答关系、协同学习关系。

批注策略课堂教学的互动性主要体现在三个方面：第一，学生与文本的互动。学生基于已有的学习经验，结合同伴交流的收获、教师的点拨，自主阅读文本，有所感悟、理解。第二，学生与同伴的互动。在小组合作学习、全班交流活动中，学生各自分享初步的理解，相互碰撞，启发补充，弥补个体差异，共享个人思维成果，让感悟得到丰富和完善。第三，学生与教师的互动。教师在课堂上深入观察每位学生，主要以任务学习单的形式引导学生学习，组织学生交流各种各样的意见或发现，及时点拨，给予正确的引导、评价，开展多样化的学生互动。

（三）生成性

以皮亚杰和维果茨基为代表的建构主义学习理论认为，学习是一个意义建构的过程，是学习者基于相对良好的学习情境，通过伙伴协作和教师帮助，利用必要的学习资料实现意义建构，体现学生对知识与技能的主动探索、主动发现、主动建构等过程。在学习方法上，主张运用探索法和发现法，注重学生在课堂上真实自主生长。教师的作用在于激发学生的学习动机和兴趣，在学习过程中创设情景、提供线索、组织协作学习，并进行方向的引导和支持，让学生对知识进行理解、重组和整合。

批注策略的课堂教学遵循建构主义学习理念，强调以学生为主体，赋予他们学习的权利和责任，鼓励他们积极分享、主动表达、自主获取知识。学生往往带着已有的知识经验、情感态度进入课堂，批注的阅读体验是在课堂中动态产生的，师生互动、生生互动也是随机展开的。学生通过身临其境的方式参与自我理解、知识创建和意义建构，逐步获得对学习内容、过程、方法的自我顿悟，这使得批注策略的课堂教学具有鲜明的现场性、生成性。

（四）迭代性

美国心理学家卡罗尔·安·汤姆林森以心理学及脑科学的相关研究成果为基础，提出了差异教学理论。其核心思想是对所有学生的学习需求进行相应的教学，从学生不同的水平、兴趣和风格出发，设计差异化的教学内容、过程与结果，最终促进所有学生在原有水平上得到应有的发展。

批注策略的课堂教学是在尊重、照顾并利用学生个体差异的基础上展开的。同样的教材内容，在阅读过程中，不同群体的学生、同一群体的不同学生往往会从不同角度、层面进行多样化的理解。课堂上，利用学生的差异性，组建学习共同体，在初步阅读、首次批注的基础上，开展四人小组合作学习，让平时最少发言、最需要帮助的学生先交流。一位学生分享完毕，其他小伙伴分析批注、发表意见，一起评议修改。小组内交流二次批注后，全班再进行展示分享，对文本进行更深层次的探究感悟，让不同层面的学生批注和思维不断迭代升级，便于更灵活、更有创造性地迁移运用至其他文本，实现深度学习。

二、批注策略课堂教学的要素

课堂是一个系统,由多种要素构成,要素就是事物的核心组成部分。佐藤学认为,课堂教学由学生、教师、教材、学习环境四个要素构成。在批注策略课堂教学中,最具特色的就是开放灵活的环境、丰富恰当的资源和有趣实用的工具。

(一) 开放灵活的环境,拓展批注的空间形态

意大利著名教育家洛利斯·马拉古齐说过,环境是学生学习成长的第三个老师,教室是学生最主要的学习生活场所,而学习的刺激来自整个环境。创设丰富且有情境性的批注环境,对于激发学生兴趣,提高学生阅读能力非常重要。

1. 灵活性。课堂上,学生可以独立自主地阅读批注,也可以根据学习共同体的需要,灵活安排课桌椅的空间布局,如圆形、矩形、U 形、月牙形等排列方法,创建"合作式学习空间",为不同学习方式提供适宜的桌椅摆放可能性,便于交流讨论。在小组附近或集体中心地带,可以摆放移动式、抽拉式批注书写板,可以随时将阅读批注进行展示分享,也适合采用画廊漫步或分组阅读的方式进行探讨。

2. 多功能性。为助力批注策略教学,除了要注意教室桌椅、板报的自由调度外,还要充分利用墙壁四周、窗栏、黑板两旁的瓷砖区等,布置阅读角、工具栏、成果分享区,使教室的空间最大限度发挥它的价值和功能。如工具栏摆放三色笔、便利贴、剪刀、双面胶等;阅读角提供批注策略需用的书籍资料、工具书,分类做好标识;成果分享区主要陈列批注学习的成果,如学生制作的海报、优秀批注范例、批注的读书笔记等,学生还可以在同读一本书的基础上,对共享文本进行批注或对先前的批注进行批注接力。

(二) 丰富恰当的资源,搭设批注的有力支架

丰富恰当的资源,是保证批注策略课堂教学实施的基本条件。在批注策略课堂教学的实践中,我们逐步探索出对批注空间、批注符号、批注话头、批注评价表等资源的合理开发与运用的方法,为高效阅读搭设了有力的支架。这些资源在开发时具有以下特点:

1. 规范性。如批注空间,总体要做到舒适合理,撰写批注要有针对性,宜写在有感而发的页面、词句、插图附近;批注符号是按照约定俗成的习惯设定的一些圈、点、勾、画等符号,便于真实展示学生阅读思考的过程,也便于交流和分享。

2. 支架性。如批注话头，作为一种思维和表达的启动工具，主要是帮助学生在批注分享阅读思考成果时，更清晰流畅地发表自己的意见，提高交流讨论的质量和效果。可将话头进行系列化、序列化、结构化的整合，制作成翻翻卡、迷你书、书签等新奇有趣的掌上物件，能随时随地促进批注的交流与完善。

3. 导向性。如批注评价表，是增进学生阅读理解的助推器。批注前，将评价表前置，使学生明确优秀批注的要求；批注时，评价表用于指导学生进行阅读思考；批注后，让学生在个人自评、生生互评、师生共评的基础上不断反思，深入探究。

（三）有趣实用的工具，提供批注的实践支持

工具是批注策略学习的一种外部支持，目的在于让学生在批注工具的协助下自主地学习探究，监控和调节自身的学习过程，促进阅读和思维能力的发展。批注课堂上使用较为广泛的有批注便利贴、批注三色笔、批注海报、批注图示、批注学习单等。这些批注工具具有以下特点：

1. 操作性。如批注三色笔是利用颜色变化的视觉效应增进阅读理解的工具，可对不同的词性、不同的描写方法、不同的写法、不同的角度等用不同颜色荧光笔涂画。多次批注也可用各色便利贴加以区分。这种直观形象的色彩对比，便于学生加深理解、总结经验、发现规律。

2. 直观性。如批注学习单是教师根据学习目标和内容设计的，用于引导学生用批注策略完成学习任务的工具。它将学习过程显性化，有效提升学生的学习能力。

3. 共享性。如批注海报和图示是通过图文结合的方式，把批注的步骤、"X＋批注"多阅读策略的路径、不同文体的批注妙招等批注策略的运用方法，经过梳理、归纳和完善，用直观形象的方式加以呈现，便于交流和共享，促进学生思维结构化和进行共同体式学习的工具。

三、批注策略课堂教学的实施样态

批注策略的课堂教学中，教师往往遵循扶放有度的原则，为学生提供精准的扶放指导，提升学习力。扶放有度的教学模型是由美国学者弗雷和费希尔提出并逐渐完善的，是一种通过支架式教学框架来转移认知负荷的教学模式，能有效地实现从教师主导到学生主导的转换，具体包括四个循环运作的阶段——教师

示证、教师辅导、同伴协作与独立表现。教师示证是明确课堂教学目的、示证策略与技能，让学生出声思考，从而为学生后续加深学习做好准备的过程；教师辅导是通过策略性使用提示、线索、提问来引导学生产生新的理解的过程；同伴协作是学生一同探究、讨论、分享与解决问题的过程；独立表现是学生运用之前所学得的技能与知识解决问题的过程。

使用批注策略的课堂教学，总体按照扶放有度的方式推进，但根据教材文本和学生特点的不同，又有明显的差异，体现出各自不同的阶段性侧重点，课堂教学活动的着眼点聚焦在教师提供指导和学生主动参与力度的变化上。如第一阶段主要以教师示证辅导为主，是初级样态的课堂；第二阶段半扶半放，逐渐由教师辅导过渡到同伴协作、尝试独立完成；第三阶段以学生独立协作完成为主，慢慢发展形成自主探究、分享交流的"批注圈"。三个阶段形成一个完整、系统的序列，既有密切的联系，又呈现螺旋式上升的趋势。

（一）初级版：以扶为主的起始样态

解读低年级统编教材，从课后习题、课堂作业本等可以了解到，这一学段已经涉及圈圈画画等相关的批注阅读要求。再看低年级学生，由于自身年龄特征和心理特点，形象思维占主导地位。相比抽象理性的概念，他们更容易接受生动形象的图画、符号等内容。因此，批注策略课堂教学在初级阶段的教学目标重在激发学生批注的兴趣，培养学生的批注意识和习惯，让其会做简单的圈画标注，为后续的批注策略学习奠定基础。低年级学生的学习能力不强，在教学中还是以教师引导为主，以字词句的辨识式批注为教学重点，过程中要强化批注方法的指导。

基于以上认识，初级批注的课堂内容应定为圈画标注，主要学习用涂色笔、简单的批注符号圈画涂抹文中的关键词句，尝试标注朗读语气、重音、停顿的记号等，逐渐学会梳理文本中的关键信息，养成边读边思边批注的良好习惯。

相应地，此时的批注教学应以扶为主，以教师示证和辅导为课堂教学的主脉络，学生在教师示范下一步步模仿，逐渐习得批注的方法。低年级学生识字少、书写慢，往往用口头表达的方式展示自己批注的思考过程。教师在讲解过程中，让学生出声思考显得尤为重要。教师分解步骤要合理，讲述要简练清晰，还可辅以图示、肢体语言，帮助学生理解和模仿。同时，要关注学生参与的表现，了解前期示范的有效性,调整下一步的教学。当然,随着学生练习次数的增加和批注熟练程度的提升,教师的示范和辅导在时间和方式上也可作适当的调整。

除此之外,在中高年级关于批注子策略学习的起始课中,也可采用以扶为主的课堂教学。

(二)升级版:扶放并重的多策略批注教学

到了四年级,小学语文统编教材中有了批注策略单元,明确指出学生要运用批注的方法进行阅读,同时对整本书阅读有了一定的要求。可见,随着年级的升高,批注策略学习已由简单的圈画感受过渡到复杂的词语和句子品析、对文本结构或写法的领悟、对作者创作意图的解读等更高的层次,意在锻炼学生的阅读技能,提升其高阶思维能力。这一阶段的学生开始由形象思维向逻辑思维慢慢过渡,抽象思维的能力逐渐增强,适合进行批注策略的系统性学习。此阶段批注课堂教学的目标为通过教师引导、同伴协作,教会学生批注时的思考方法,让其在阅读时能有针对性地进行批注,表达自己对文本的深入理解,提高阅读能力和思维能力。

单一的批注阅读策略显然已不能实现对统编教材文本的深入探究,批注与其他阅读策略的融合成为一种必然。到了高段,学生的知识储备、学习经验更加丰富,阅读水平也比低段有所提升。在阅读中遇到问题时,他们会尝试自我反思、自我调整阅读方式,"X+批注"多阅读策略也成为一种可能。如"联结+批注""提问+批注"等多阅读策略遵循了以皮亚杰和维果茨基为代表的建构主义学习理论,以联结、提问等叠加的策略为媒介,以批注启思,以分享激思,强调知识的迁移、方法的获得,是深度融入文本内部的、经过独立思考的输出,促进学生对课文加深理解,最终实现有深度的独立自主学习。当然,"X+批注"多阅读策略还可以进行三级细化、叠加、融合,实现多阅读策略的灵活自如运用。

升级版的批注策略课堂教学内容涉及面较为广泛,例如:能找准批注点涂画词句,从多角度撰写批语;利用话头库表达自己的思考过程,积极参与小组交流,并能用二次批注、三次批注加以完善;根据评价表对自己或同伴的批注进行有效评价;主动运用"X+批注"多阅读策略深入感悟文本;将批注策略制作成海报,与伙伴分享交流等。

因此,这一阶段的批注策略课堂教学是扶放并重的形态,逐渐由教师示范、辅导向伙伴协作、独立学习过渡，为高段"批注圈"的学习搭设梯子。在课堂环节，应把重心放在教师辅导和伙伴协作上。在辅导环节，教师要时刻关注学生实际情况，合理把握扶的力度，适时采取提问、点拨、启发等策略，引发学生进一步思考，鼓励他们回顾并尝试运用学习的方法与技能。在协作学习环节，教师要合理调配资源，使小组中的能手和新手互补，基本做到力量均衡。在交流过程中，教师应巡视观察，对学习能力相对薄弱的小组及时给予帮助和指导，以期顺利地从教师主导转向学生主导。

（三）高级版：以放为主的"批注圈"教学

小学语文统编教材五年级下册编排了"四大名著"单元，要求学生掌握阅读名著的方法，指引学生阅读整本名著。六年级安排了外国名著节选单元，以激发学生阅读外国名著的兴趣。这都对高年级学生的独立阅读能力提出了更高的要求。高年级学生学习经验、知识储备更加丰富，也会对文本有自己独特的见解，这使得"批注圈"的学习成为可能。

高级形态的批注策略教学课堂的教学目标为，在教师辅导、同伴协作与独立学习中，让学生掌握较为系统的批注策略，学会在积极主动的阅读活动中建构语言、发展思维、培育语文素养、提升自信心，并获得终身学习必备的关键能力。根据此目标，这一阶段的批注策略的课堂教学可以开展以放为主的"批注圈"学习活动，在引领的同时给予学生一定的时间和空间进行自由批注，鼓励学生积极展示和交流。

"批注圈"以合作学习为理论基础，学生根据自身探究的兴趣爱好，自由组合小组，选择合适的文学作品，并根据批注的角度、内容等设置不同角色，如人物放大镜、字词小行家、描写小侦探、修辞小达人、共情小能手、结构追踪者等，再挑选一个角色，聚焦文学作品进行鉴赏，把所思、所感、所得批注下来。在完成各自的阅读批注后，学生在小组内交流探讨，把阅读成果绘制成批注海报，然后再进行组间碰撞，与其他小组共享海报，开展批注接力，既可以写同一主题下不同的见解，也可以对同伴的批注进行批注，丰满感悟，提升思维和学习能力。当然，协同学习并不意味着放任不管，教师应该在学生批注时提供及时的支持。

批注策略的课堂教学以培养独立而成熟的读写者为终极目标，采用先扶后放、扶放有度的方式，由浅入深、循序渐进地推进批注策略的学习，契合《义务教育语文课程标准（2022 年版）》（以下简称"新课标"）精神，贴合小学语文统编教材，也符合小学生年龄特征和学习实际，充分激发了学生自主阅读的内驱力，提升了学生的阅读能力、思维能力、合作能力，让语文核心素养得到综合提升。

第三章

批注策略的教学资源开发

"新课标"提出："课程资源的使用要以促进学生核心素养发展为目的，多角度挖掘其育人价值，……教师要多角度分析、使用课程资源，善于筛选、组合课程资源，利用课程资源创设学习情境，优化教与学活动，提高教学效益……"

认知负荷理论告诉我们，外部的认知负荷来自教学的方式和结构，会将学生的工作记忆资源从要学习的核心信息中抽离出来。为了提高学习效果，必须首先减少外部负荷，以释放工作记忆资源，然后将这些已经释放的资源分配给内部负荷。批注课堂尽量提供有效支架，避免冗余效应，利用双重编码，保持信息在空间上、时间上的紧密联系。

批注策略教学有效开发批注资源，为高效阅读搭设有力支架。本章将列举批注符号、批注话头、批注微课、批注空间、批注评价表等五种批注资源，结合具体案例解读各种批注资源的概念、种类、功能及具体应用方式。

第一节　批注符号

符号是交流和表达思想、情感、意义的重要工具，其应用由来已久。在历史长河中，批注符号可追溯到古文字阶段。据考古发现，春秋末年晋国的"侯马盟书"的部分誓辞中出现了标记符号，形式为短横"一"，细小一点的用于句子中间，表示短暂的停顿；粗大一点的用于誓文之末，表示文意的完结。朝代更迭，批注符号在不同的文化背景下细化、扩充。宋元以后，"点""抹""圈""截"等成为成熟的批注手段，批注符号功不可没。历史的洪流推动教育革新，批注符号的出现、沿袭以及创新,不仅是读写经验的累积,更是学习建构的创造。由此观之,样态丰富的可视化的批注符号无疑是批注策略中的重要资源。

一、概念及种类

批注符号,指的是因约定俗成而选定的一些圈、点、勾、画的符号。这些符号可帮助学生在运用批注策略学习时,对文中的重点、难点、疑点或深有体会之处做出相应的标记。在集体训练时,批注符号应相对统一,待学生学习能力发展成熟,可形成有个人特质的批注符号体系。

以下是较适合小学生使用的批注符号,在初次使用时,一般辅以教学微课指导。

常用批注符号一览表

种类	名　　称	符　号	用　法　说　明
标示类符号	顺序符号	①②③……	用于标明批注几个方面内容的先后顺序
	停顿符号	/	用于标记句中语意分割处
	层次符号	//	用于划分意义段
解释类符号	着重符号	△ ○ □	用于标记特别需要引起注意的字词
	颜色符号	荧光笔色	用于标记特别需要区分的内容
	品句符号	＝＝＝＝＝＝	用于标记起结构性作用的句子
		〜〜〜〜〜〜	用于标记描写生动细腻的句子
评价类符号	疑问符号	?	用于标记有疑问的词语或句子
	感叹符号	!	用于标记引发感叹的词语或句子

标示类符号指向对文本结构的把握,如用"①②③……"标注自然段的序号,用"/"和"//"划分句、段语意。解释类符号涉及识记、理解、应用、分析层面,如用"○"在初次阅读时圈出生字,通过重点识记或者查阅工具书扫清阅读障碍;用"△"标明需要提升理解的字词;用"□□□"框出主要人物、事物;用不同的颜色分

析不同的内容；用"———"或"〜〜〜〜"画出值得积累应用的句子；用"＝＝＝"画出关键句。评价类符号对应鉴赏评价和提问质疑，分别在有关词句后打上"！"和"？"。

不同年段的学生使用的批注符号各有侧重。一般情况下，随年级的升高，使用量越大，自由度也越高。在教学实践中，师生可与时俱进补充实用且富有新鲜感的批注符号。

二、功能及价值

使用符号进行批注的过程，是学习者描述理解、表达思考的过程，能简洁而高效地展现其读、思、记的阅读历程。用眼看、用脑想、用笔写的生动的体验过程，有助于激发学生阅读兴趣，便于学生读后梳理和二次阅读提升，是海量阅读的辅助手段，更是培养其发现问题、解决问题能力的有效途径。

批注符号在具体教学情境中具有以下功能：

第一，便于师生互动。批注符号具有外显性的特点，能够很真实地反映学生读写的感受和思维。在读写教学前，教师可根据学生自主使用的批注符号，了解学生阅读理解的起点，从而设定终点目标；在读写教学中，教师可据此了解其困难点，从而有针对性地优化教学设计；在读写教学后，教师可根据呈现的反馈进行教学评价，并进一步确定后期教学目标和具体读写任务，最终实现教师和学生的良性互动，保障学生的主体地位。

第二，利于深度学习。批注符号具有过程性的特点，使用批注符号，其实是为后续更深层次的学习提供支架。学生借助批注符号，抓住能表现课文关键内容和主要情感的词句，梳理并整合自己的思考和感悟，进行主题探究或写作迁移，促成深度学习。

第三，促进检查反思。批注符号具有持续性的特点，能及时记录学生在阅读时多个瞬间的思考，帮助学生进行思维的自我校准，实现读写检查。学生再次阅读时借助批注符号，更容易熟悉文本内容，减少重复的无效读写，反思自己曾经的阅读理解是否存在偏差，从而在已有批注的基础上进一步深入，实现读写反思。

在批注策略整体推进中，批注符号的认知度和认可度逐渐提高。

三、案例展示

案例一：批注句式，把握语调

适用学习任务：句式学习。

适用对象：低段学生。

应用解读：用批注符号帮助学生学习问句，建立问句朗读模型，掌握问句的语气、语调，使其学会关注疑问词、问号，培养语感。

案例呈现：小学语文统编教材一年级上册《比尾巴》片段。（以下案例未做说明时，默认为小学语文统编教材课文。）

师：请小朋友们边听老师读边观察，期待你们的大发现哦！谁的尾巴长？谁的尾巴短？谁的尾巴好像一把伞？谁的尾巴弯？谁的尾巴扁？谁的尾巴最好看？

生：老师，我发现这些句子里都有一个"谁"。

师：小眼睛亮亮的！我特地把"谁"读得重重的，这样，听的小朋友就知道问的是"谁"了。我们可以在这个字的下面画一个△，跟着老师一起来画一画，读一读。（师生边画边读。）

生：老师，我还发现每一句话后面都有个"小钩子"。

师：你说的"小钩子"就是它，我们把它叫作"问号"大家亲热地叫叫它的名字。

生：问号。

师：我们在提问题的时候就要用到问号。再听老师读，看看这一次又能发现什么？谁的尾巴长？谁的尾巴短？谁的尾巴好像一把伞？谁的尾巴弯？谁的尾巴扁？谁的尾巴最好看？

生：每读到问号的时候，语气都是这样的。（做出上扬的手势。）

师：真是会听、会思考、会表达的孩子，我们就来记录这位小朋友的发现。（在黑板上画"↗"。）小朋友到课文中去找一找问号，帮它画上小提示"↗"，找到一个问号画一处，可不能落下任何一个哦！

师：一起来看看刚才我们画的符号。（投影展示评析。）

师：小朋友们是那么细心！刚才我们一起完成了一项特别有意义的语文活动——批注，相信有了批注符号的帮助，我们的学习会更加有乐趣！

案例二：批注词句，表达理解

适用学习任务：词句理解。

适用对象：中段学生。

应用解读：对词句的感受是在阅读过程中自然产生的，以特定符号批注，展现的是个人简洁有力的品析行为。词句品析的积累，恰恰是文意感悟的源泉。

案例呈现：三年级上册《铺满金色巴掌的水泥道》片段

师：读了课文，你们知道什么是"金色巴掌"了吗？

生：我知道"金色巴掌"就是法国梧桐树的落叶。

师：你从哪发现这个秘密的？

生：课文第7自然段里有一句话是这样写的——"每一片法国梧桐树的落叶，都像是一个金色的小巴掌，熨帖地、平展地粘在水泥道上"。

师：你真会理解，找到了关键句！张秋生爷爷想得多妙啊！大家美美地读一读这句话。

（生朗读）

师：可以像老师一样在"都像"这个关键词的下面加上小圆点哦！（示范批注：都像。）

（生批注，师指导圆点的位置、大小。）

师："水泥道像铺上了一块彩色的地毯"，这里也有个"像"字，我们也在这个"像"字下面加上小圆点吧！（指导批注：像。）这回，张秋生爷爷是把什么想成彩色的地毯呢？小组批注并交流。

（小组批注，师指导。）

生：我们组认为是水洼里小小的蓝天和金黄金黄的梧桐树叶组成了彩色的地毯。特别是水洼里小小的蓝天，蓝色和黄色是对比色，放在一起很艳丽。

生：我们组认为这彩色的地毯里还可能有其他树的叶子，比如红色的枫叶，或者半绿半黄的梧桐树叶，虽然没有写出来，但是生活经验是这样告诉我们的。

生：上一组同学说得很有道理，"彩色"肯定不止两种颜色。

师：多么美的画面！还有那棕红色的小雨靴像两只棕红色的小鸟，在愉快地蹦跳着、歌唱着……

案例三：批注感受，提出疑问

适用学习任务：情感体会。

适用对象：高段学生。

应用解读：情感蕴含在场景和细节描写中。添加的批注，应结合了个人的情感体验和阅读的经验。

案例呈现：五年级上册《父爱之舟》片段。

师：父亲的爱是小摊上那一碗热气腾腾的豆腐脑，父亲的爱是用几片玻璃和纸屑糊的珍贵的万花筒。父亲的爱还藏在哪些场景的细节中？请你在这些细节旁边用"♡"符号批注。

生：父爱是粜稻、卖猪为"我"凑学费。我在这个细节旁边画了一颗"♡"。读到这里，我非常感动。

生：父爱是半夜加钱为"我"换房的心意。我在相关句子旁边画了颗"♡"。

生：父爱是为"我"缝补棉被的背影。这是我最感动的地方，我也画个"♡"。

师：父爱是回忆中的一个个场景，父爱是点点滴滴的细节，从这些具体的细节中，我们又读出了更深层次的内涵。这几个细节都跟什么有关？父亲对"我"的希望是什么？

生：父亲希望"我"好好读书。

师：父爱是望子成龙的殷切期望。同学们，读着这些细节，联系我们自己的父亲，想一想，父爱还是什么？

生：父爱是无微不至的关爱与温暖。

生：父爱是父慈子孝的心心相印。

生：父爱是孕育希望的摇篮。

生：父爱是指明航向的灯塔。

四、特别提示

为了更好地让学生形成良好的批注习惯，兼顾学生的阅读批注体验，建议指导低段学生用铅笔练习使用批注符号。教师示范要严谨，对位置、大小等作具体的说明。中高段学生可逐步过渡为使用三色笔批注，但是教师还是要指导学生符号标注的过程,指令清楚,循序渐进,力求呈现清晰效果。使用批注符号,要融合教学任务,层层推进,达成教学目标,不能为了批注而批注。

批注符号具有主观性,就算是同样的符号,用法也是不尽相同的。例如,同样是圆圈,有的学生习惯圈生字,有的学生喜欢圈连续动词,关键在于每个学生都需要选择一套自己常用的批注符号,且在使用过程中将符号的用途固定下来,这样才能通过符号顺畅地传递阅读感受,或没有障碍地理解之前标记的含义,不至于陷入思维混乱和沟通低效的尴尬境地。统一批注符号持续训练的要义也正在于此,毕竟建立专属于个人的批注符号系统是一个长期的过程,是学习能力内化后的外部表征。

第二节　批注话头

"新课标"在"课程目标"中指出:"语言运用是指学生在丰富的语言实践中,通过主动的积累、梳理和整合,初步具有良好语感;了解国家通用语言文字的特点和运用规律,形成个体语言经验;具有正确、规范运用语言文字的意识和能力,能在具体语言情境中有效交流沟通⋯⋯"

在教学实践中不难发现,阅读理解能力相对较弱的学生很多时候不知道怎样规范准确地表达,极少举手发表自己的观点,越到高段,这种情况越明显。如何引导学生积极地思考,规范、准确地表达,进行有效的交流沟通呢?批注话头打开了一个新的视角,将其运用于批注教学,可为学生的思维与表达提供支架,是批注策略教学中的重要资源。

一、概念及种类

话头是指谈话的头绪或开场白,或打开话题的话。批注话头指的是阅读批注的头绪,是用于阅读批注时引出某种观点、议论或事情的提示性语句,为学生阅读批注提供范例和支架,从而系统地、循序渐进地培养学生主动阅读思考、主动表达的能力。

以下是适用于小学生的四类批注话头。

(一) 提问的批注话头

提问不仅是学生在阅读思考的体现，更是一种阅读策略。敢提问、会提问是一种重要的学习方法，更是一种宝贵的学习能力。在阅读过程中学会提问，能促进学生创新思维、求异思维的发展。提问批注话头为学生批注提问提供范例，促使学生在阅读中多角度思索、质疑问难、进行表达。

1. 提问课题的批注话头

课题类型	批注话头提示 （适用于一至三年级）	批注话头提示 （适用于四至六年级）
以事件命题	① 是谁做……？ ② 为什么要……？ ③ ……结果……？	① 谁怎样做……？ ② ……的起因可能是……？ ③ ……的经过也许是……？ ④ ……的结果或许是……？
以事物命题	① ……（人、物）有什么特点（品质）？ ② ……（人、物）长什么样？ ③ 写了……（人、物）的什么事？	① ……有什么特点？也许是以……来比喻……的人？ ② 作者可能会以……来揭示……的道理？ ③ 作者想通过描写……来表达……的情感？ ④ 作者想通过……来赞美……的品质？ ⑤ 作者可能会运用……描写手法来描写……？

2. 提问关键词句的批注话头

提问内容	批注话头提示 （适用于一至三年级）	批注话头提示 （适用于四至六年级）
关键词语	① ……是什么意思？ ② ……和……有区别吗？ ③ ……换成……等词可以吗？	① ……能换成……吗？为什么？ ② ……能删除吗？为什么？ ③ ……表达出作者……的情感？
关键句子	这个句子是……（总起句、总结句、过渡句）吗？有什么作用？	① ……含着……的意思？ ② ……这句话在文中起……作用？ ③ ……运用了……的手法，写出了……，表达了……的情感？ ④ ……表现了人物……的特点？ ⑤ ……描写了……，表达了……？

（二）赏析的批注话头

赏析是欣赏并加以评论分析，是语文学习的一个重要方面。通过鉴赏与分析得到理性的认识，既受到艺术作品的形象、内容的制约，又受到自己的思想感情、生活经验、艺术观点和艺术兴趣的影响。赏析批注话头，为学生赏析标点符号、关键句等提供思维与表达的助力。

1. 赏析标点符号的批注话头

标点符号	批注话头提示（适用于三至六年级）
问号	① 用于疑问句末尾，表示……的语气。 ② 用于反问句末尾，表示……的语气，表达……的情感。 ③ 用于设问句末尾，表示……的语气，表达……的情感。
叹号	① 用于感叹句末尾，表示……的语气，表达……的情感。 ② 用于反问句末尾，表示……的语气，表达……的情感。 ③ 用于语气强烈的祈使句末尾，表示……的语气，表达……的情感。
破折号	① 用于声音延长的拟声词后面，表示……。 ② 用于话题突然转变，表示……。 ③ 用于解释说明的部分，表示……。
省略号	① 引文的省略，表示省略了……。 ② 列举的省略，表示省略了……。 ③ 用于话语中间，表示……断断续续。 ④ 语义的省略，表示……。
引号	① 用于行文中直接引用的部分，表示……。 ② 用于需要着重论述的对象，表示……。 ③ 用于具有特殊含义的词语，表示……。

2. 赏析关键句的批注话头

关键句类型	批注话头提示（适用于三至六年级）
过渡句	这是一个过渡句，起承上启下的过渡作用，承上部分是……，启下部分是……，使得文章结构紧凑连贯。

关键句类型	批注话头提示(适用于三至六年级)
总起句	这是……(全文、段落)的总起句,总领……(全文、段落),下文围绕总起句主要写了……。
总结句	这句话总结……(全文、全段),点明了……表达了作者……的思想感情。

(三) 写法的批注话头

写作方法包括表现手法、修辞手法、说明方法等,是指在文学创作中塑造形象、反映生活所运用的具体方法和技巧。写法批注话头为引导学生体会写法提供了支架。

1. 常用表现手法的批注话头

表 现 手 法	批注话头提示(适用于三至六年级)
对比	这里把(用)……和……进行比较,鲜明地突出了……的……特征。
衬托	作者以……来衬托……,突出了……的……特征。
借景抒情	通过描写……(自然景象),表达了作者……的思想感情,情景交融。
托物言志(象征)	作者通过歌咏……(动物、植物、物品等)的……特性,委婉曲折地表达了作者……的志向(情感)。
侧面(间接)描写	作者间接地描写了……,从侧面烘托出……的性格特点等,使……的特点更加鲜明突出。
联想	作者由……想到了……,使……。

2. 常用修辞手法的批注话头

修辞手法	批注话头提示 (适用于一至三年级)	批注话头提示 (适用于四至六年级)
比喻	作者把……比作……,生动形象地写出了……的……特点。	作者把……比作……,生动形象地写出了……的……特点,表达了作者……的情感。

修辞手法	批注话头提示 （适用于一至三年级）	批注话头提示 （适用于四至六年级）
拟人	作者把……当作人来写，使……鲜活起来了。	作者把……当作人来写，使……更生动形象，表达了作者……的情感。
排比	作者运用排比的修辞手法，来写……（人、景、理等），将……（人、景、理等）刻画（描写、说明）得……。	作者运用排比的修辞手法，来写……（人、景、理等），将……（人、景、理等）刻画（描写、说明）得……，增强了语言的气势和表达效果，表达了作者……的情感。
反复	……（词语或句子）反复出现了……次，强调了……。	……（词语或句子）反复出现了……次，强调了……，强烈表达了作者……的情感。
设问	作者运用了设问的修辞手法，……（几）问……（几）答。	作者运用设问的修辞手法，……（几）问……（几）答，引起读者思考，强调了……。
反问	作者运用反问的修辞手法，加强语气，突出了……。	作者运用反问的修辞手法，加强语气，突出了……，表达了作者……的情感。
夸张	作者故意把……说得……（大、高、小、少……），突出了……的……特点。	作者故意把……说得……（大、高、小、少……），突出了……的……特点，鲜明地表达了作者对……的……情感（态度）。

3. 常用说明方法的批注话头

说明方法	批注话头提示（适用于三至六年级）
举例子	这里列举了……的事例，真实有力地说明了……。
列数字	这里用……（具体数字）从数量上说明了……（事物）的特征，更准确、更具体地说明了……。
作比较	这里将……和……进行比较，突出了……的特征，鲜明地体现了……。
打比方	这里以常见的……（事物）比喻说明不常见、不太熟悉的……（事物），具体生动地说明了……。

（四）交流的批注话头

讨论交流会让不同程度的思维相互碰撞,往往会激发创造的火花,从而拓宽学生的思路,产生不同的见解。交流批注话头旨在为学生沟通交流表达方式提供范例,使批注交流更为有效。

1. 小组交流的批注话头

小组交流环节	小组中一位组员	小组中其余组员
第一次批注交流批注话头提示	① 我的想法是……,请大家补充。 ② ……的问题,我还没明白,请你们帮助我一下。 ③ 我的想法是……,你赞同吗?	① 我同意你的看法,我还有补充……。 ② 我不同意你的看法,我认为可能是:……。 ③ 对这个问题,我是这样思考的:……。不知道对你有没有帮助?
第二次批注交流批注话头提示	① 你的批注中对我的观点进行了补充,让我……。 ② 读了你的批注,我觉得你的观点很有道理。我再整理一下我的批注:……。 ③ 谢谢你,你的批注对我很有帮助,启发了我……。	① 读了你的第二次批注,我觉得……,为你点赞! ② 谢谢你对我的观点的肯定,但我觉得你的批注这样修改会更好些:……。

2. 常用于点评的批注话头

点评内容	批 注 话 头 提 示
习作点评	① 你的标题……。 ② 你……的描写,深深打动了我! ③ 读你的文章,我仿佛……。 ④ 我觉得你如果这样描写可能会……。 ⑤ 你在习作中的用词……。 ⑥ 你的习作,语言……。

点评内容	批注话头提示
阅读批注点评	① 你的思考非常独到,你的批注让我想到了……。 ② 你的批注很有启发性,让我……。 ③ 你的批注很有说服力,我……。 ④ 读了你的批注,我……。 ⑤ 我觉得你的批注……。

二、功能及价值

批注话头的使用,让阅读表达水平较弱的学生能借助"批注话头"这一支架,在阅读理解中学会多角度思考,并连贯地、有条理地、精准地展示思考结果,提升他们的思维品质和表达能力。

批注话头在具体教学情境中具有以下功能:

第一,提升学生思维品质。在阅读理解过程中,运用批注话头可以起到提醒和明示作用,使学生的思考内容从"文本说了什么"到"文本是如何说的",再到"文本为什么这样写",不断深入。

第二,帮学生学会主动思考。提问的批注话头能循序渐进地培养学生提问和主动思考的能力,并让学生对问题的表述更加精确、清晰。

第三,帮学生学会对话分享。讨论交流是合作学习的重要环节,是同学之间分享阅读思考成果与经验的一种必备的语言技能。有了交流的批注话头的支持,学生的讨论就有了强有力的依靠,能保证批注交流的深度、质量以及效率。

三、案例展示

案例一:体会修辞手法的作用,表达理解

适用学习任务:体会修辞手法的作用。

适用对象:低段学生。

应用解读:赏析句子要从修辞入手,看句子或词语是否运用了某种修辞手法,如果使用了修辞手法,就结合对应的修辞手法体会句子的妙处。批注话头的提示,能促进学生准确理解,既记住概念,也掌握其特征。

案例呈现:二年级下册《彩色的梦》片段。

师：同学们，这"一大把彩色的梦"是什么呢？

生：彩色铅笔。

师：是呀，是彩色铅笔，可作者说他们躺在铅笔盒里聊天，一打开，就在白纸上跳蹦。谁才会聊天呀？

生：我们人类。

师：对呀，我们人类才会聊天，铅笔居然也会聊天，看来作者是把铅笔当作人来写了。你读着这个句子有什么感觉呢？

生：我觉得铅笔活了起来，像人一样会聊天、会跳蹦，真是活泼可爱。

师：说得真好，让我们把自己的感受用批注的方式写下来。老师想这样批注——作者把铅笔当作人来写，铅笔会像人一样聊天、跳蹦，使我感到铅笔是那样活泼可爱。请同学们来读一读老师的批注，看看老师是不是把刚才同学们的感受写明白了。

（学生朗读。）

生：老师写得很好。

师：谢谢同学们的夸奖。那就请大家读读课文，找一找课文中还有和这句一样写法的句子吗？请你用波浪线画下来，并在旁边批注你的感受。我们可以用这样的句式来批注——作者把……当作人来写，……会像人一样……，使我感到……。

（生阅读批注。）

师：请同学们来分享一下自己的批注吧！

生：我找到了"在葱郁的森林里，雪松们拉着手，请小鸟留下歌声"。作者把雪松当作人来写，雪松会像人一样拉着手，还会请小鸟唱歌，使我感到雪松是有生命的，它们手拉手，相亲相爱，还对小鸟很友好。

生：我也找了这一处。我觉得作者也把小鸟当作人来写，小鸟会像人一样唱歌，使我感到小鸟活泼可爱。

师：同学们真聪明，一学就会。以后，我们在阅读时，遇到这样的写法，就可以用这样的句式来批注自己的感受哦！

案例二：理解说明方法的作用，表达体会

适用学习任务：体会说明方法的作用。

适用对象：中段学生。

应用解读：说明文是以说明为主的一种文章体裁。它要求对事物的性质、特点、成因、功能等方面做客观的、科学的说明。不管是做阅读理解还是写文章，都要求掌握说明文的说明方法及其作用。常用说明方法的批注话头能提醒学生不同说明方法在说明事物时所起的不同作用，特别能让阅读表达水平较低的学生借助"批注话头"这一支架，精确、清晰地理解并表达。

案例呈现：四年级下册《纳米技术就在我们身边》片段。

师：同学们，《纳米技术就在我们身边》是一篇科普文。读了课题，你想知道些什么呢？

生：纳米是什么？纳米技术又是什么？为什么说纳米技术就在我们身边呢？

师：那么，作者采用了哪些说明方法来向我们揭晓这些问题的答案呢？咱们先来重温一下关于说明方法的批注话头提示（出示表格），下面就请大家先仔细阅读并借助批注话头提示作批注，等一下我们再来交流探讨。

说明方法	批注话头提示(适用于三至六年级)
举例子	这里列举了……的事例，真实有力地说明了……。
列数字	这里用……（具体数字）从数量上说明了……（事物）的特征，更准确、更具体地说明了……。
作比较	这里将……和……加以比较，突出了……的特征，鲜明地说明了……。
打比方	这里以常见的……（事物）比喻说明不常见、不太熟悉的……（事物），具体生动地说明了……。

（学生阅读，批注。）

师：请把自己初步研读后的批注成果与大家分享一下，我们一起来探讨交流一下。

生：作者在介绍纳米时用"十亿分之一米"准确地说明了纳米的小。

生：我觉得作者在这里还运用了作比较的方法，将"纳米"和"米"进行了比较，突出了纳米小的特征，鲜明地说明了纳米是非常非常小的长度单位。

生：作者还运用打比方的说明方法，用常见的"把乒乓球放在地球上"来比喻"把直径为 1 纳米的小球放到乒乓球上"，具体生动地说明了纳米这个长度单位的小。

生：作者运用举例子的说明方法，举了"未来的纳米缓释技术，能够让药物效力缓慢地释放出来，服一次药可以管一周，甚至一个月"的事例，真实有力地说明了纳米技术就在我们身边，可以让人们更加健康。

生：我也找到一处文段运用了举例子的说明方法，作者举了"冰箱里如果使用一种纳米涂层，就会具有杀菌和除臭功能，能够使蔬菜保鲜期更长"的事例来说明纳米技术就在我们身边。

……

案例三：阅读课题，多角度提问

适用学习任务：阅读课题，预测提问。

适用对象：高段学生。

应用解读：用批注话头引领学生针对课题进行多角度提问，让学生敢提问，会从多个角度提问，促进学生创新思维、求异思维的发展。

案例呈现：五年级上册《鸟的天堂》片段。

师：同学们，本课是以什么来命题的？

生：是以事物名称来命题的。

师：是的。看到"鸟的天堂"这一课题，你想知道些什么呢？是作者的写法，是文章的内容，还是作者渗透在字里行间的情感？请你在便利贴上书写你的问题。你可以借助批注话头的提示，也可以自由表达。

（教师出示提问的批注话头提示。）

课题类型	批注话头提示
以事物命题	① ……有……特点？也许是以……来喻……的人？ ② 作者可能会以……来揭示……的道理？ ③ 作者想通过描写……来表达……的情感？ ④ 作者想通过……来赞美……的品质？ ⑤ 作者可能会运用……的描写手法来描写……？

（学生书写问题批注。）

师：这里有三个展台，分别是"写了什么""怎样写的""为什么写"，请大家把自己所批注的问题贴在相应的展台中。

（学生贴问题批注。学生主要提出了以下一些问题：

1. 写了什么

"鸟的天堂"在哪里？

"鸟的天堂"里的鸟多吗？

"鸟的天堂"里生活着哪些鸟？

作者看到的"鸟的天堂"是怎样一番景象？

被称为"鸟的天堂"的地方是怎么成为"鸟的天堂"的？

《鸟的天堂》主要写了什么？

2. 怎样写的

作者用这个标题有什么好处？

作者是怎样描写"鸟的天堂"的？"鸟的天堂"有怎样的特点？

作者是否会运用一些修辞手法来描写呢？

这个单元要求初步体会课文中的动态描写和静态描写，作者是否会对"鸟的天堂"进行动态描写或者静态描写呢？

3. 为什么写

作者写"鸟的天堂"是想表达自己怎样的情感呢？

作者写"鸟的天堂"是想赞美些什么呢？

师：同学们从三个不同的角度批注了不少问题。看来，提问的批注话头激活了大家的思路，大家不仅借用话头来表达，还有自己的创新，赞！

四、特别提示

为了使批注话头更好地起到支架的作用，教师首先要选择好技能练习的起始文本，用典型的例子去帮助学生进行理解运用，多加强示范。然后，让学生在相似的文本中进行适当练习，实现"由帮到扶再放"的过渡，使其得到持续的练习，最终自主灵活地迁移运用。

教师们在教学中，可根据实际情况调整文中列举的一些话头。

第三节　批注微课

微课最早见于南希·阿特韦尔的"读写教室"课程模式,是专门教授学生特定技能的短时教学环节。一系列的微课可以构成一个课程单元。它的侧重面不广,即为学生提供一种技能或概念上的指导,然后学生可以将其与随后的大课联系起来。批注微课侧重于讲解批注策略如何运用,一节微课教授一个批注策略。批注微课既具有一般微课的共性,还有其特殊性。

一、主要特点

一是批注微课具有微课的共性,即规模小、时间短、内容少。从规模上说,微课的教学规模没有一定的限制,教师可以根据教学的需要或者实际情况,将一个大班拆分成几个小组,依次对每个小组进行教学;也可以将个别学生按照水平的高低组合起来一起授课。从时间上说,微课在教学时间上有严格的限制,一般是5～15分钟。从内容上说,微课的教学内容较为简单,在教授一种概念或技能时,可以设计一系列的微课系统,通常一节微课只教授一项内容,便于学生掌握。

二是批注微课有其独特性,内容上专注于教授批注策略,包括批注的符号、批注的位置、批注的角度等一套批注式阅读规则,更注重引发学生与文本的对话,进而创造对话,促进思维迭代升级。在表现形式上,"读写教室"理念下的微课是师生互动式的,专门教授学生特定技能,帮助学生逐步学会独立运用批注策略。目前,我们已经开发了文言文、诗歌、小说三种文体的"批注策略指导""批注策略运用"微课,从批注空间、工具、符号、角度、话头、评价六个方面安排微课内容。

二、功能及价值

微课是课堂教学的一种有效补充形式。学生自主批注前,教师可先运用微课领着学生回顾前面学到的批注策略,做到前后知识点的有效衔接,再通过具体的例子引出本课的学习内容。教师在示范中,要有针对性地给出具体方法,使学生得到批注的支架,在完成自主批注时能有方法可循。微课有以下优势:

第一,重复播放。微课能重复播放,在减轻教师重复讲解的工作量的同时,帮助学生更好地内化批注阅读技能。

第二，一课一得。一节微课通常只教授一个小知识点，通常为批注中的小知识、小技巧，有助于学生掌握。

第三，学以致用。微课在开始时会提醒学生注意教师的示范，结束时会设计迁移运用的任务，打通"学"与"用"之间的联系。

三、前期准备

在制作批注微课前，教师需要根据教学对象、教学文本确定合适的微课内容。项目组根据低、中、高三个学段的要求由易到难进行设计，形成螺旋式上升的批注指导序列，教师可以参考这个序列，制作相应微课。在教学过程中，要关注学生的接受度，及时调整微课内容。

在批注空间的微课中，低段主要教授批注基本区域的确定与应用；中段教授如何采用双重编码技术批注，重点在于对文章内容的多角度批注；对高段学生，则指导如何巧用便利贴和使用读书笔记。在批注工具的微课中，向低段学生简要介绍批注符号和工具，向中段学生介绍三色笔和批注海报，对高段学生的指导则侧重于思维导图和批注评价表。

就各年段批注重点来说，主要涉及题目、字、词、句、段、篇、整本书或类文阅读等内容，但这些内容并非每个年段都涉及。以对题目的批注为例，低段学生只需圈出题目中的关键词，中段学生需要对题目进行预测和提问，而高段学生则需要质疑题目或换题目，思维难度逐年段增加。低段重点对字词句进行批注，中、高段则依据语文要素的习得情况，加大对段、篇、整本书的批注。

在使用微课前，教师还需通知学生准备好学习微课所需要的批注工具，如三色笔、便利贴等，帮助学生梳理批注策略。

四、微课的基本结构

简介引入：用一两句话简洁回顾上一节微课的知识点和学习步骤。

板块一：解释说明/讲清要点。

告知本节微课的知识点，说明重要性或批注策略点的用处。

板块二：样例示范/过程演示。

1. 展现学习步骤，可以用出声思考法作示范，边做边讲清楚教师（学习伙伴)是怎么思考出来的;也可以结合海报或书签,帮助呈现或提炼策略学习过程。

2. 提示还可以在哪些环节迁移运用这个策略学习知识点。

注意:有的策略是比较容易掌握的,可以直接由学生练习(而后再说明批注阅读步骤),教师不必示范。

板块三:练习检测/巩固迁移。

1. 进入课文内容学习环节,进行运用。

2. 迁移其余课文相关语段的阅读,设计题型,实时检测。

小结提点:用一句话总结本次批注策略学习要点。

五、微课案例展示

案例一:巧用三色笔,读好长句子

适用年级:小学一年级。

制作人:陈飞娅。

微课内容:

师:欢迎小朋友们来到批注小课堂。三色笔是我们的批注好工具。关于美食的内容,我们可以先去找一找有特点的词或短语。可以用蓝色批注表现好看的词句,用绿色批注表现好闻的词句,用黄色批注表现好吃的词句,这样这些词就跳到我们眼前了,让我们读的时候特别有感觉。例如,青青的粉团、黑黑的芝麻,阵阵清香,甜甜润润,回味无穷。让我们把它们连起来读一读。

(师范读,生朗读。)

师:看到长句不心慌,三色笔儿来帮忙,圆点批注动态词,停顿符号作用强,轻重快慢我掌握,生动朗读棒棒棒!

微课分析:

根据一年级小朋友的学情,低段批注微课的时间较短,内容主要包括三色笔的简单运用教学、词语批注教学等。在本微课中,陈老师以提升朗读能力为目标,运用三色笔标出重点词语,用铅笔画出朗读停顿,通过两次朗读示范,展示批注在朗读中的作用,指导方式简单易懂,使学生能较快地理解并运用。

案例二:联结多策略,梳理四步骤

适用年级:小学五年级。

制作人:姜丽凤。

微课内容：

师：同学们好，今天这堂课我们将随着清少纳言的文字去欣赏春天黎明的天空之美。读读第一小节，找找哪些词语写出了黎明的天空之美。

生：我找到的是"鱼肚色、微微的红晕、红紫红紫"。

师：这些是表示色彩的词语，可先用红色笔涂出来。这组词语写出了天空颜色是怎样变化的呢？当我们想象画面时，可以借助一些图文资料。请看这三张图片，鱼肚色是哪一张呢？

生：鱼肚色是第2张图片，因为鱼肚色是白色中带有一点灰色。我以前看见过鱼的肚子，就是这种颜色。

师：你联结了生活中的经验来帮助理解，这是一种好办法。

生：老师，第1张图是红紫红紫，第3张图是微微的红晕。因为红紫红紫是红得发紫，颜色很深，而微微的红晕是一点点的红色。

师：是呀！文中写东方的天空先是泛起了——鱼肚色，接着染上——微微的红晕，最后飘着——红紫红紫的彩云。这三种颜色的顺序可以调换吗？

生：不可以。因为天空颜色是由浅到深变化的。

生：老师，我找到的是一组动词——泛着、染上、飘着，也写出了天空的颜色变化之美。

师：这组动词可用蓝色笔涂色。此时，我们可以联系学过的动词换一换，推敲推敲。

生：我读出了天空的颜色变化是缓慢的。

生：我从"飘"字体会到了天空颜色变化的轻盈。

师：现在，让我们闭上眼睛，随着文字展开想象。你的脑海中浮现出了怎样的画面？

生：我看到了天空开始是鱼肚色的，慢慢地，一层一层染上淡淡的红色，后来越来越深，出现红紫红紫的彩云。我觉得天空的颜色变化比较柔和，很秀丽。

生：老师，我感觉画面很美丽，有点壮观，因为颜色比较深。

师：到底是壮观还是柔和呢？我们不妨联系描写日出的写景散文《海上日出》来比较阅读。请大家重点关注文中涂成蓝色的动词进行思考。

生：《海上日出》中，"终于冲破、完全跳出、射得人眼睛发痛"这些词组写出了太阳力量很强,感觉很壮观。《四季之美》中,天空变化的过程很轻、很慢,感觉很柔和。

生:《海上日出》写的是整个日出的过程;而《四季之美》写的是日出时朝霞的颜色变化,描写是很细微的。

生:《海上日出》写到太阳忽然发出了夺目的亮光,说明变化很快,很壮观;《四季之美》写的景物则是慢慢发生变化的。

师:同学们都很会思考,发现两篇文章写出了不同的动态之美。其中,写出了壮观之美的是《海上日出》,写出柔和之美的是《四季之美》。现在,我们可以把品味到的意境之美用批语写在第一小节左边。

(教师示范批注,学生批注。)

师:我们可以概括一下批注的学习流程,就是一涂词语,二想画面,三品意境,四写批语。当我们想象画面或品味意境时,还可以联系图片资料、生活经验和已学课文。这就是"批注小宝典"的四步学习法。请你们拿出学习单,按照学习单的提示,交流清少纳言是怎样写出夏天夜晚的动态之美的,将批语写在红色贴纸上。下节课我们再进行交流。

微课分析:

在批注策略中,还可以联系其他阅读策略,丰富学生的阅读体验。在本微课中,姜老师依托课文《四季之美》,梳理了批注的四个步骤,即"一涂词语,二想画面,三品意境,四写批语"。她还将《四季之美》与《海上日出》进行对比阅读,让学生感受不同的描写效果。

案例三:学整本书批注,提升阅读技能

适用年级:小学四年级。

制作人:朱丹骅。

微课内容:

(一)回看阅读之路,引出批注策略

1.《青铜葵花》内容理解题抢答

师:上周,我们计划着一起阅读《青铜葵花》,不知道大家读得怎么样,老师想来考考大家。

(1)青铜家住在什么村庄?(大麦地)

（2）大麦地最富有人家的孩子叫什么名字？（嘎鱼）

（3）青铜用什么方式让葵花答应去上学？（抽银杏）

（4）油麻地镇上的照相馆是谁开的？（刘瘸子）

（5）青铜在海边割茅草时认识的男孩是谁？（青狗）

（6）奶奶去世前留给葵花的是什么？（玉手镯）

2. 引出批注

师：看来，同学们对这本书的故事情节已经很了解了。有些同学读完书后，书上都是标记；有些同学读完书后，书上仍旧保持原样。你看，这位同学圈圈、点点、写写的方法，我们叫什么？

生：这叫批注。

师：是呀，我们在学习四年级上册第六单元时，专门学习过批注的角度。你能说一说吗？

生：做批注时，我们可以从疑问、写法、感受、启发四个角度写下自己的批注。

师：你这么熟悉，在日常阅读中应该经常用批注这种方法吧！

3. 交流批注的好处

生：是的，读完文章，做完批注，再重新读一下，可以加深对文章的理解，会有新的收获。

生：我们同学之间也可以互相交流自己做的批注，了解别人对文章的想法，丰富自己对文章的理解。

（二）梳理批注策略，完善批注阅读导图

1. 听听同龄人的介绍

师：那么，你们在阅读时，怎么做批注呢？

生：在阅读前，我需要准备好批注用的文具——三色笔、便利贴、尺子。三色笔的颜色要淡一些，不能把字完全盖住。便利贴可以贴在需要写批注但缺乏空间的地方。尺子可以帮助我们画出直线和曲线。

师：你说得可真棒，每种文具都有专门的用途。

生：那我来说一说批注的位置吧！我觉得在阅读过程中，只要是书的空白处，都可以写下批注，比如写在页眉的叫眉批，写在两侧的叫侧批或旁批，写在一段文字后或者页面的底部的就叫尾批。虽然这些地方都能写批注，但我们要注意就近原则。比如对一个词语的理解，我们最好就写在词语旁边，如果写在页面的顶部或尾部，找起来就比较麻烦。

师：看来，你已经是批注能手了。确实，我们在写批注时，最好让写下的批语和被批注的内容在同一视觉区域内。准备好了文具，知道了批注的位置，我们就可以根据情况找位置写下自己的批注了。

生：我想说一说自己是怎么提出疑问的。在四年级上册第二单元，我们学习的是"阅读时尝试从不同角度去思考，提出自己的问题"。这里的"不同角度"提问，可以是针对课文内容来提问，可以是针对课文的写法来提问，还可以是针对从课文中得到的启示来提问，联系生活经验来提问。你们看，这是我做的提问角度的海报。

师：谁来说说如何针对写法做批注？

生：在批注写法时，我通常关注人物的动作、语言、神态、外貌描写，体会人物的心情以及人物的品质。

生：是的，你刚才说的是人物描写，还有景物描写，如动态描写和静态描写；还有场面描写，如用点面结合的方法来写。

师：同学们说得可真棒！你们说的这些写法，我们在语文课本中都会学到。你们看，老师梳理了教材中关于描写方法的内容——

教材单元	语　文　要　素
四年级上册第六单元	通过人物的动作、语言、神态体会人物的心情。
四年级下册第七单元	从人物的语言、动作等描写中感受人物的品质。
五年级上册第七单元	初步体会课文中的静态描写和动态描写。
五年级下册第四单元	通过课文中动作、语言、神态的描写，体会人物的内心。
五年级下册第七单元	体会静态描写和动态描写的表达效果。
六年级上册第四单元	读小说，关注情节、环境，感受人物形象。
六年级下册第四单元	关注外貌、神态、言行的描写，体会人物品质。

师：我们把这些语文要素罗列出来后，屏幕前的你也会发现我们的语文教

材在不断地引导我们关注这些描写方法。

生：老师，我还打算用不同的颜色和标记。

师：真是个好主意！也有同学根据批注的四个步骤给自己的感受和启发，设计了海报。大家可以按下暂停键，看一看他们的想法。

2. 形成我的批注阅读导图

师：同学们，你也可以在阅读前，给自己画一张批注导图，用不同的笔、不同的符号、不同的颜色标记出你想批注的语句，然后写下你的批注。

微课分析：

相较于单篇阅读，整本书阅读的批注指导内容更加丰富，如回顾已学技能、教授新技能和唤起学生使用新技能的需求。在形式上，微课可以增加互动环节，以增加微课的交互性。本微课的重点在于利用海报梳理批注方法。本微课面向四年级学生，结合统编教材安排四年级正式提出"批注"一词，因此本微课讲解了"什么是批注"，以唤醒学生对"批注"的记忆。而对于学生而言，经常梳理习得的技能，能帮助其建构批注阅读策略网络。所以，本微课又将教材中对"描写方法"进行批注的内容做了系统的梳理。最后，还安排了批注阅读导图欣赏，帮助学生建构批注策略网络。

六、特别提示

"读写教室"理念下的微课与一般意义上的微课不同，它是一种师生互动式的课程，是一种专门为教授学生特定技能而生的短时教学环节，也是学生独立运用阅读策略的重要过渡工作。批注微课应或坚实或灵活地体现"学习责任传递"和螺旋式上升的教与学的原理，即"我做，你们看"—"我做，你们帮"—"你们做，我帮"—"你们做，我看"—"你做，我看"。在教师示范后，要预留 2～4 分钟时间让学生尝试练习，最终实现每一位学生（特别是那些基础能力弱的学生）都能够比较熟练地掌握批注阅读策略。

第四节　批　注　空　间

早期印刷品通常只有文字或图像，内容占满整页。随着时间的推移，人们开始针对空间和排版元素进行创新，对页面空间的安排也随之发生了变化。人们使用标点符号、页边距、分段、字体大小和颜色以及空白引导读者与页面进行交互。由此，批注空间探索有了可能性。

为了让批注变得有序又有规则，从而大大提高交流与教学的效率，批注空间标准的建立显得尤为重要。

一、概念及种类

读文章时遇到写得好的地方、有疑问的地方、有启发的地方、有感受的地方都可以做批注。文本页面中的天头地脚、行间空白处以及相对固定的可供标画或写批语的空白处，都是批注的空间。

以下是几个按空间划分的批注类别：

眉批：书页上方空白处或文章标题处的批注。

旁批：书页左右空白处的批注

里批：字、词、句周围的批注

尾批：段末或文章结尾处的批注

图批：页面插图处的批注

页面上方空白处一般批注文章的主要内容或主旨；题目附近一般批注对题目的理解；行间用圈、画、点等符号，批注相应的字、词、句；在页面左右两边对内容进行多角度批注；批注还可以放在插图中，与文章中的文字相结合，对图片进行批注；文章结尾处一般批注读后的感受、启示、疑惑等。

常见批注空间一览表

名称	所 在 区 域	批 注 内 容
眉批	书页上方空白处或文章标题处	文章的主要内容或对题目的理解
旁批	书页左右两边空白处	对内容进行多角度批注
里批	字、词、句周围	批注相应的字、词、句
尾批	段末或文章结尾处	批注读后的感受、启示、疑惑等
图批	页面插图处	与文章中的文字相结合，对图片进行批注

二、功能及价值

建立批注空间的标准是建立一种规则。不同的空间、不同的文体、不同的内容等，呈现不同的批注样态。批注空间的标准为小学语文批注教学提供了比较合理的批注规则，是批注策略教学中的基础部分。

批注空间在具体教学情境中具有以下功能：

（一）思维过程可视化更清晰

当添加到文本中的批注得到很好的利用时，它将呈现出批注者思维的痕迹，从而照亮文本。批注策略使阅读者的思维过程可视化，而批注空间这套阅读规则如脚手架一般，让学生在一条相对确定的轨道上行进，使思维过程更清晰、更有条理。

（二）对话共享评论更高效

在读写教学中，进行批注是师生亲密贴近文本的过程。批注不但是引发三者对话的火花，而且还是创造对话的土壤。特别是在二次批注和"批注圈"活动中，批注空间规则的建立，为课堂中高效寻找批注点、深入探讨批注内容、对话共享批注成果提供了时间保障。

（三）自主学习方向更明确

批注空间具有相对固定的特点，能够真实地反映学生的感受和思维。批注空间可根据不同文体的学习基本路径设定批注内容，形成基本范式，从而指导学生在自主学习中明确学习方向，基本掌握学习此类文本的方法，同时也更方便教师对学生的批注学习成果进行统计与评价。

三、案例展示

应用一：古诗学习中批注空间的开发

适用学习任务：古诗学习。

适用对象：低段学生。

案例呈现：

古诗学习基本步骤和批注空间及内容对应表

学习步骤	批 注 空 间	批 注 内 容
解题	古诗标题处——眉批	诗题的意思
读诗	诗句周围——里批	节奏划分线、朗读重音符号等
解诗	诗句周围——里批 书页左右空白处——旁批 页面插图处——图批	对关键字或疑难字、句的理解及感悟
品诗	书页左右空白处——旁批 古诗结尾处——尾批	对古诗内容的整体把握或情感体会

　　古诗对于启蒙教育具有重要意义,在历代皆备受重视。古典诗词教学常是开蒙识字之后的重要教学内容。学习古诗首先要解题,一般在古诗标题处可以批注诗题的意思。接着,要读读诗的内容,所以可以在诗句内画节奏划分线、朗读重音符号等。然后,到了解诗环节,可以采用里批、旁批、图批相结合的方式,批注对关键字或疑难字、句的理解及感悟。最后,将对古诗内容的整体理解或者体会到的情感写在书页左右空白处或结尾处。

1. 古诗二首

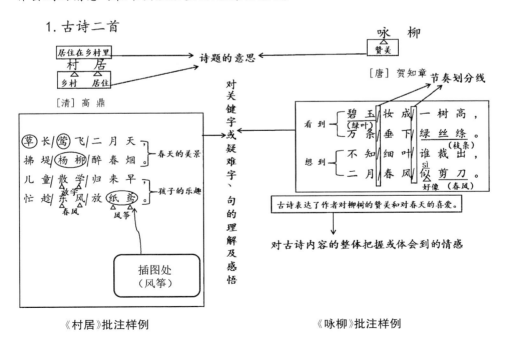

《村居》批注样例　　　　　　　　　　《咏柳》批注样例

应用二：童话学习中批注空间的开发

适用学习任务：童话学习。

适用对象：中段学生。

案例呈现：

童话学习基本步骤和批注空间及内容对应表

学习步骤	批 注 空 间	批 注 内 容
读题质疑	文章标题处——眉批	读题目后产生的疑问
随文预测	字、词、句周围——里批 书页左右空白处——旁批	对故事内容或结局的预测
概括内容	文章标题处——眉批	对故事主要内容的概括
感受形象	书页左右空白处——旁批 页面插图处——图批	对故事主角形象的总结及感受
体会真善美	故事结尾处——尾批	对故事意义的感悟

　　童话对第一、第二学段儿童的身心发展很有作用，因此，"新课标"在"文学阅读与创意表达"学习任务群第一、第二学段的学习内容中都提到了"童话"。

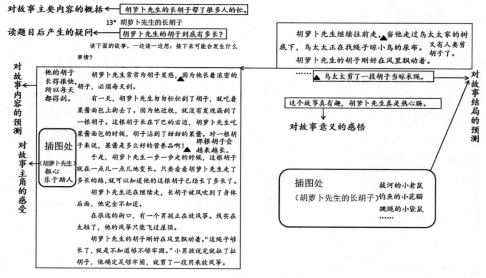

《胡萝卜先生的长胡子》批注样例

如三年级上册《胡萝卜先生的长胡子》，读到这个故事的题目，可以将读题后产生的疑问批注在文章标题处。接着，可以一边读故事一边预测。对故事内容或结局的预测适合放在书页左右空白处或文段周围。读完故事后概括出来的主要内容，建议批注在文章标题附近。可以在页面左右空白处或者插图处写下对故事主角的感受。最后，在文章结尾处写下对故事意义的感悟。

应用三：小说学习中批注空间的开发

适用学习任务：小说学习。

适用对象：高段学生。

案例呈现：

小说学习基本步骤和批注空间及内容对应表

学习步骤	批注空间	批注内容
梳理故事情节	文章标题处——眉批	对小说情节的把握与概括
关注环境描写	字、词、句周围——里批 书页左右空白处——旁批	对环境描写的品读
感受人物形象	文章结尾处——尾批 页面插图处——图批	对小说主角形象的提炼及感受

随着年级的升高，小说文本在教材中的出现频率也随之增加，而且逐渐从短篇向长篇，从长篇向整本书过渡。小说的学习也将为初小衔接学习做好铺垫。学习小说需要紧紧抓住"情节、环境、人物"三要素。如六年级上册《桥》，可以在标题处对小说情节进行梳理和概括，将对贯穿始终的环境描写的品读批注在页面左右空白处或文字间，对主要人物的形象提炼适合放在插图处或文章结尾。

四、特别提示

第一，批注空间的确定一般要遵循就近原则，以符合常规的阅读习惯。这样能使批注与所批注内容的联系更直观紧密，方便阅读者将批注与批注内容对应起来。这样一来，即使是翻阅很久之前的内容或者进行二次批注，也不用大费周章地去寻找相应的批注的位置。

第二，当书页空间有限时，课外拓展资料等可以用便利贴粘贴在文本适当位置处。因为随着年级的升高，学习内容的深度和广度在不断增加，单靠书页中的空白处来作批注显然是不够了。所以彩色便利贴（作用原理类似三色笔）的加入可以拓展批注的空间。当然，对于批注水平较高的学生来说，还可以用笔记本进行批注。

第三，当学生牢固建立批注空间规则后，可以尝试探索在批注空间中加入双重编码。编码可以起到直接而简明的提示作用。从双重编码的视角来看我们使用的语文课本，就会发现除了课文这一文本系统外，还存在另一套有意思的图示码系统。同样，在批注空间规则的建立过程中，如果能使用数字编码、字母代号编码或者颜色编码等双重编码系统，将批注空间与文体以及批注内容对应，将有利于丰富批注形式，提高批注效率。

第五节 批注评价表

评价作为完整的学习链中不可缺少的重要部分，不仅对批注成果起到总结、评价、完善的作用，还能以终为始，让学生能提前明确批注要达成的目标，便于在批注过程中不断学习对照、自我调控。

批注评价表作为一种自评互改的批注评价工具，强调针对性、阶梯性、过程性，符合新课程改革中"教—学—评"一致的理念，为学生批注策略运用能力的提升搭建了一个有效的支架，能激发学生进行批注评价的兴趣，培养批注阅读的自信心和能力，实现自主能动的批注式阅读。

一、概念及种类

批注评价表是对学生批注提供的用于学习对照、有效评价、交流分享、不断完善的标准，是促进学生深度阅读、协同学习、提升思维的结构化的支架。根据批注方式的不同，批注评价表一般可分为符号式批注评价表、图表式批注评价表和感悟式批注评价表。总体来说，批注评价表设计的原则是目标明确、层次分明、便于操作。

符号式批注主要是用一些简明的符号、鲜艳的色彩在文本的字、词、句、段旁边以圈、点、勾、画等方式做的标注。纯符号批注在低年级运用较多,除了提高学生的注意力、激发学生批注的兴趣外,更重要的是为了引导学生提炼文本的关键词句,发现词句运用的规律及作用。因此,符号式批注评价表在设计时,既要关注批注的标记,也要关注批注的理由。

符号式批注评价表

星级	批 注 标 记	批 注 内 容	批 注 表 述
一星级	批注符号、颜色基本合适,标注不够整洁。	批注的字、词、句基本正确,有一定的理解。	表述通顺,不够清晰、流畅。
二星级	批注符号、颜色合适,标注较为整洁。	批注的字、词、句正确,有较为准确的理解。	表述较为清晰、流畅。
三星级	批注符号、颜色合适,标注整洁。	批注的字、词、句正确,有深刻的理解。	表述非常清晰、流畅。

图表式批注主要采用箭头图、鱼骨图、台阶图、伞形图、表格等图示来展示阅读感悟。这种图表式批注主要用于文本内容的概括、结构的呈现、情节的梳理、思维的解析、资料的关联、主旨的总结等方面。在设计此类批注评价表时,重点关注内容梳理应简明扼要,形式选择得恰到好处,让批注内容与形式融为一体。

图表式批注评价表

星级	批 注 标 记	批 注 内 容	批 注 形 式
一星级	批注位置基本适当,批注不够整洁,字体不够端正。	内容梳理基本正确,但不够全面或语言不够简洁。	图示基本合适,不够清晰。
二星级	批注位置适当,批注较为整洁,字体较为端正。	内容梳理较为正确、全面,语言较为简洁。	图示较为合适、清晰。

星级	批注标记	批注内容	批注形式
三星级	批注位置适当,批注整洁,字体端正。	内容梳理正确、全面,语言简洁。	图示非常合适、清晰。

感悟式批注是读者在阅读文本时写下的真切的阅读感受、体验、理解,可以从提炼字词、品味语言、理解内容、分析作用、感受情感等多个角度加以品析。这类批注适用的文本较多,比较常用,在设计评价表时要重点关注批注点的选择和阅读理解感悟的思维过程。评价时,教师要引导学生大胆表达自己的想法,及时予以鼓励,不断补充完善,增强学生自主阅读的能力。

感悟式批注评价表

星级	批注标记	批注内容	批注语言
一星级	批注位置适当,批注不够整洁,字体不够端正。	找到批注点,内容理解较为正确。	语言通顺,不够简洁。
二星级	批注位置适当,批注较为整洁,字体较为端正。	找到批注点,内容理解正确,有一定的深度。	语言比较简洁、流畅。
三星级	批注位置适当,批注整洁,字体端正。	找到批注点,内容理解正确、深刻。	语言简洁、流畅。

二、功能及价值

批注评价表的使用应贯穿批注的整个过程,这样能充分发挥其在批注前的导向、批注时的对照、批注后的评议作用,实现效果的最优化。

批注评价表在课堂教学中具有以下功能:

第一,助学:指引批注学习的方向。学生在教师引领下学习批注时,评价表明确指出了学习的目标和方向。根据批注评价表中的标准,教师在示证和辅导阶段,用批注范例引导学生自己去探索、去发现,一步步梳理出批注的方法和窍门,自然而然总结归纳出批注的要求。在批注前,教师可以将评价表前置,以终为始,让学生仔细阅读,了解批注的要求,还可以讨论细化的标准,合理地加以采纳补充。这样,学生有了清晰的目标,明确了努力的方向,在批注时更有针对性,有的放矢,为下一步批注撰写做了良好的铺垫。

第二,助批:给予学生写批语的支架。批注评价表具有明确指向性,仿佛是一根拐杖,给学生写批语提供了有力的支架,指引着学生较快地明白需要努力的方向,以便自觉地对照评价表的要求,更准确地找到批注点,对文本进行自主阅读,展开自己独特的思考,从而写出个性化的阅读体会。在批注完成后,还可以根据对照评价表,自我反思,不断改进,让批注更能表达自己个性化的阅读收获。

第三,助评:提供批注评议的标准。自主阅读的批注是学生个体的解读,第一次批注后,可以按照评价表对这些批注进行生生、师生之间的交流分享、评议。可以先在四人小组内进行交流分享,大家根据评价表,对各自所做的批注进行展示、赏读及评价,集思广益后进行修改补充,做第二次批注。然后,进入全班汇报展示阶段,在小组推荐或毛遂自荐的基础上,小组代表上台交流,利用投影展示,发表自己的品读赏析,多层面、多角度开展对话,进行深入、充分的过程性研讨,对精彩之处予以肯定,对不足之处提出建议,逐步生成智慧的火花,在评议中完善批注,使阅读变得更有效。

三、案例展示

案例一:帮助发现规律,练习仿写

适用学习任务:词句学习。

适用对象:低段学生。

应用解读:引导学生关注结构化表达的词句,从批注、交流、评价中发现词句运用的规律及作用,提高语言表达能力。

案例呈现:二年级下册《彩色的梦》片段。

师:课文第二段读起来朗朗上口。请小朋友们自己读一读,你们发现了哪几个小句子的结构非常相似?

生:"大块的草坪,绿了;大朵的野花,红了;大片的天空,蓝了。"这三个小句子结构差不多。

师:我们先把这结构相似的三个小句子用红线画出来,然后拿起三色笔,分别用红色、黄色、蓝色涂出同一类的词语。老师先给大家做一下示范,我用红色涂出"大块""大朵""大片"这三个词语,因为这些词语都是表示大面积的词语。这样的批注可以得几星呢?让我们对照符号式批注评价表来评价一下。

（师出示评价表，请一位小朋友读读。）

生：老师批注时都用了红色，找到的三个词语都是同一类的词语，理由也讲得清楚，可以得三颗星。

师：谢谢你！现在请你们分别用黄色、蓝色涂出另外两类词语，同桌之间根据符号式批注评价表相互交流、评价。

生：我用黄色涂出了三个词语——"草坪""野花""天空"，因为这三个词语都是表示事物的。

生：我把"绿了""红了""蓝了"三个词语涂成了蓝色，因为这些都是表示颜色的词语。

师：（出示完整的批注。）小朋友们，现在你们发现这三个小句子都是怎么写的了吗？

生：这三个小句子都是先用表示大面积的词语修饰，再写事物，最后写颜色。

师：（出示两组词语，一组表示事物，一组表示颜色。）仿照这三个小句子的结构写一写。可以挑选老师给的词语，也可以自己思考。

案例二：帮助提炼信息，梳理内容

适用学习任务：厘清思路。

适用对象：中段学生。

应用解读：帮助学生学会提炼文本的关键信息，用形象生动的图表梳理课文内容，把握文本结构和写作思路，初步体会作者表达的目的。

案例呈现：四年级下册《母鸡》片段。

师：同学们，课前我们已经用绘制自己喜欢的图表的方式对课文的内容进行了梳理。现在请大家来交流一下。

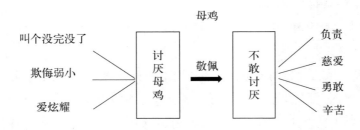

生：《母鸡》这篇课文是从两个方面来写母鸡的。前面写作者讨厌母鸡，主

要写了母鸡叫个没完没了、总是欺侮弱小、生了蛋就爱炫耀。后面写不敢讨厌母鸡，主要写了母鸡负责、慈爱、勇敢、辛苦四点原因。从作者讨厌母鸡到不敢讨厌的转变，可看出他对母鸡的敬佩之情。我用红、蓝两色分别表示作者对母鸡开始时和后来的态度，这样就更加清晰。

师：让我们对照图表式批注评价表来评价一下。

生：这位同学把批注写在课文的题目处，位置合适，内容梳理得也很正确，而且把作者对母鸡的不同态度用红、蓝两色分开标注，非常清楚，可以达到三星级。我还有个建议，可以把"勇敢"和"辛苦"调换一下，因为第7自然段写的是母鸡辛苦，第8自然段写的是母鸡勇敢。

师：你们同意吗？

生：同意。

案例三：帮助深入感悟，体会情感

适用学习任务：理解感悟。

适用对象：高段学生。

应用解读：帮助学生在评价过程中及时反思自己的批注，取长补短，提高批注质量，同时让学生进行思维的碰撞，加深对文本的理解感悟，提高阅读能力。

案例呈现：六年级上册《有的人——纪念鲁迅有感》片段。

师：刚才我们结合本单元课文和从《走近鲁迅》资料册中查找的资料，体会了鲁迅是个怎样的人，并把自己的感悟作了批注。现在我们来交流一下。

生：我感受最深的是"有的人俯下身子给人民当牛马"这一句。我结合已经学过的课文《我的伯父鲁迅先生》中鲁迅先生救助车夫的故事，体会到鲁迅是一个关心人民的人，他不会因为车夫是个拉车的不去管他，不仅给车夫包扎了伤口，还把药、钱给了车夫。

师：请对照感悟式批注评价表给这位同学打星，说说理由。

生：他的批注位置适当，书写可以再端正一些；在内容理解上，写出了鲁迅关心人民，理解正确，但还可以再深入些；在语言上也较具体，去掉第二句更简洁。我认为可以打一颗星。

师：我们可以联结哪些资料让理解更深入呢？

生：鲁迅先生有句名言——"横眉冷对千夫指，俯首甘为孺子牛"，从中我体会到鲁迅先生心甘情愿为人民服务的精神。

生：我想起鲁迅说的"无穷的远方，无数的人们，都和我有关"。再联系课文《我的伯父鲁迅先生》，可知鲁迅说的"人们"包括车夫、女佣等广大劳动人民。可见，鲁迅先生心中装的是人民，甘愿为人民鞠躬尽瘁。

师：现在对照感悟式批注评价表，你会对刚才的批注做怎样的修改？

生：结合课文中救助车夫的故事和鲁迅的名言，我感受到鲁迅先生甘愿为人民鞠躬尽瘁、无私奉献的精神。

师：真棒！你能根据评价表和大家的学习收获完善自己的批注，让理解更为深入。

四、特别提示

批注评价只是一种手段，一种方法，并不是目的。评价的目的是激发学生批注的兴趣，推进学生潜心会文、深度阅读，以此提升阅读能力。教师要抓住评价的契机，积极引导学生通过评价交流时的反馈，展开自我反思，再次与文本进行近距离的对话，知得知失，不断补充完善，以提高自己的阅读效率和批注质量。

在交流评价时，教师要引导学生认真倾听发言同学的阅读成果，既要尊重文本思想价值，又要珍视学生个性化见解，以肯定激励为主，发现他们批注中的可贵见解，及时给予适当的表扬与激励，同时用点拨的口吻引导学生发现不足，及时改进提高。在此基础上，提醒全体学生作二次、三次批注，有选择地修改和补充完善自己的批注。

小组评价时，要关注每一个学生，避免优秀学生"唱独角戏"的现象。一般来说，可以让平时较少发言、较需要帮助的学生先发言，其他小伙伴根据评价表发表意见，一起评议修改。这样能让每一个学生都参与交流，需要帮助的学生有学习请教的机会，大家在探讨中让理解由浅入深，最终实现由感到悟的飞跃。

第四章
批注策略的教学工具研制

　　批注工具是批注策略教学的一种外部支持，目的在于帮助学生在批注工具的支持下自主地学习探究，监控和调节自身的学习过程，促进阅读和思维能力的发展。批注课堂上使用较为广泛的是实物操作类批注工具、任务表单类批注工具和图文结合类批注工具。

　　实物操作类批注工具是指学生在学习中可以直接动手操作，利用不同颜色的视觉效应增进阅读理解的工具，常用的是三色笔便利贴。不同的词性、不同的描写方法、不同的写法、不同的角度等均可用不同颜色的批注工具，多次批注也可用颜色加以区分。直观形象的色彩对比，便于学生加深理解、总结经验、发现规律。

　　任务表单类批注工具是教师根据学习目标和内容设计的，引导学生用批注策略完成学习任务的表单，就是平常所说的学习单。学习单按学习过程来分，可分为课前预学单、课中导学单、课后拓展单；按学习特点来分，可分为品鉴式学习单、思辨式学习单、练笔式学习单等；按学习方式来分，可分为自主探究型学习单、小组合作型学习单、集体展评型学习单等。无论哪种形式，学习单都须紧扣目标巧妙设计，要能激发学生的潜能，提升学习能力。

　　图文结合类批注工具在此指海报和图示。海报通过图文结合的方式，把批注的步骤、"X＋批注"多阅读策略的路径、不同文体批注的妙招、整本书阅读的批注收获等，经过梳理、归纳和完善，用直观形象的方式清晰地呈现。图示主要用箭头图、鱼骨图、台阶图等图将文本的内容、结构加以简明地呈现。海报、图示的制作，促进了学生思维的结构化。

　　本章将列举批注便利贴、批注三色笔、批注海报、批注图示、批注学习单五种批注工具，结合具体案例解读批注工具的价值、种类及具体应用方式。

第一节　批注便利贴

1974 年，3M 工程师亚瑟·傅莱想到制作一种可以重复粘贴的便条纸，这样就不容易脱落，也不会损坏书本。他注意到他的同事早在 1968 年就发明了一种特殊粘贴剂，这种粘贴剂可以重复粘贴，还不会留下残胶。于是，他将粘贴剂涂在纸条的背面，当作书签贴在纸上，极大方便了翻页。经过不断改进，神奇的便利贴就这么诞生了。我们把便利贴引入批注策略教学，就是充分发挥其优势，架起阅读、思维、对话的支架，促进深度阅读，发展阅读思维。

一、概念及种类

批注便利贴是在引导学生运用批注策略进行学习时，根据阅读时遇到的问题，预测、联结相关资料或阅读发现等所选择使用的一种工具支架。教师可以利用批注便利贴灵活、便利、书写空间大等特点，来激活和凸显隐藏在文本中的"言语规律"，从而帮助学生及时捕捉和发现信息及规律，以便更好地完成学习任务。从内容的角度分，批注便利贴可以分为问题式批注便利贴、梳理式批注便利贴、发现式批注便利贴。

第一，问题式批注便利贴。四年级上册安排了提问策略和批注策略，问题式批注便利贴整合了提问和批注策略，以多策略推进阅读，并以便利贴的形式呈现。

第二，梳理式批注便利贴。通过联结作者信息、背景、相关联的文本、评论等，帮助读者深入理解文本。

第三，发现式批注便利贴。有时页面上无法撰写更多读者的发现，此时可在便利贴上补充阅读发现。

二、特点及功能

便利贴具有三方面独特的工具特点。

一是灵活性。便利贴正面留有可以书写的空白，背面带有黏性，它不受书页的限制，可以粘贴在书的任何地方。这种灵活性优势，有利于小组交流时灵活移动便利贴，使个人观点成为集体认识。

二是丰富性。比起书页空白处，便利贴可以书写的空间大，不受书页限制，可以批注想到的问题，可以批注预测的情节，也可以批注自己的发现，还可以粘贴与文本密切相关的补充资料，帮助拓展文本内容。

三是对话性。当个人批注便利贴用于小组或集体交流时，将方便学生梳理现象，发现规律，为深度对话创造可能，同时又为二次批注和思维迭代升级创造条件。

三、案例展示

案例一：问题式批注便利贴

适用学习任务：整本书阅读。

适用对象：四年级学生。

应用解读：四年级下册第二单元编排了多篇科普类文章。该单元"快乐读书吧"安排了科普类整本书阅读，是对单元主题学习的拓展和深化。批注便利贴的介入，可以使学生在阅读过程中不断提出问题、记录问题。在问题的引导下，学生自主有效地阅读，并通过阅读解决问题，从而提升阅读科普类书籍的能力。

案例呈现：四年级下册快乐读书吧中的《十万个为什么》片段——《会"生病"的纽扣》。

师：同学们，今天我们就要开启《十万个为什么》这本书的阅读之旅，让我们一起来阅读其中的一个片段——《会"生病"的纽扣》。我们要利用批注便利贴来帮助我们展开阅读。当读到这个题目的时候，你都产生了哪些疑问呢？请把你的问题批注在便利贴上。

（学生批注问题。）

师：哪位同学来展示一下自己批注的问题？

生：纽扣是什么做的？为什么还会"生病"？它生了什么"病"呢？它又是怎么得的"病"呢？

师：这位同学从文章内容的角度提出了自己的问题。赞！还有从别的角度提出的问题吗？

生："生病"这个词为什么要用引号呢？

师：这是从写法的角度批注的一个问题。赞！其他同学有没有不一样的问题呢？

生（齐声）：没有了。

师：那就让我们带着这几个问题仔细阅读，边读边思考，探寻一下答案并及时用横线画出来，把批注了问题的便利贴贴到这个内容旁边。如果你是结合文章的内容用自己的话来回答的，你也可以把答案写在批注了问题的便利贴上。

（学生自主阅读批注。）

师：经过阅读，你们的疑惑解开了吗？谁来展示一下你的批注。

（生1展示书本中所画的包含答案的语句。生2展示自己整理的问题答案："生病"的纽扣是用白锡做的，它真的会"生病"，而且还是一种"传染病"。这种"病"像瘟疫一样，让纽扣布满斑点，变得疏松，然后破碎，最后变成粉末。因为锡有两种形态，分别是白锡和灰锡，两者能够相互转化。只要在白锡里加入一丁点灰锡，让它处于低于一定温度的环境里，白锡就会变成灰锡。白锡做的纽扣就是这样得"病"的。生3展示自己根据文章内容进行的思考："生病"的引号表示特殊含义，它指的不是我们平常说的发烧感冒这样的病，而是白锡转化成了灰锡，最终变成了粉末这种现象。）

师：老师为你们点赞。你们掌握了一种阅读的技能——从不同的角度提出问题，然后深入阅读，解决问题。你们的阅读能力得到了提升，真棒！

案例二：梳理式批注便利贴

适用学习任务：关注表达，体会写法。

适用对象：四年级学生。

应用解读：在学生通读文本的基础上，可将便利贴贴在文本开头或者结尾处，梳理作者的写作特色。

案例呈现：四年级下册拓展阅读《青铜葵花》。

（一）批注梳理贴展示：

"写作小侦探"学习单

　　　　　班级：　　　　　　　　　　　　姓名：

1. 写下三个书中反复出现的场景：

我的理解：

2. 写下三处书中反复出现的环境描写：

我的理解（可写在便利贴上）：

"修辞变变变"学习单

班级：　　　　　　　　　　　姓名：

1. 我发现书中用了大量的修辞手法（统计次数，填在括号内）：

比喻（　　） 夸张（　　） 拟人（　　　） 排比（　　　）

2. 我摘录的三个精彩的修辞片段：

3. 我的想法（可写在便利贴上）：

（二）操作流程：

1. 选择其中一个项目开展统计及梳理；

2. "我的想法"部分可以单独书写便利贴；

3. 小组交流时，整理便利贴的共性内容，梳理新的发现。

《青铜葵花》是四年级下册第六单元《芦花鞋》的拓展阅读文本，通过梳理作家的表达方式和修辞手法，作家的写作风格逐渐显性化，学生也能更清晰地感受到作品的独特魅力。

案例三：发现式批注便利贴

适用学习任务：梳理和发现人物特点。

适用对象：四年级学生。

应用解读：利用批注便利贴灵活的特点，发挥批注的时空效应优势，通过在小组或者集体交流中展示个人便利贴，在展示过程中发现规律，实现深度阅读。

案例呈现：四年级下册《芦花鞋》片段。

师：你最喜欢哪个细节？为什么？请同学们带着你们的便利贴上来读一读，贴一贴。

生："他笑了笑，掉头朝那人追了过去"，体现出他为别人着想；把自己脚上的芦花鞋脱下来，忍着针刺般的寒冷，体现出他很坚强。

生：第一个细节是，青铜看到追上来想买芦花鞋的人因为没买到鞋而失望，于是产生了要卖掉自己鞋子的想法；第二个细节是，青铜看看天空和雪地，想着天晴了应该不会那么冷，就决定卖掉脚上的鞋子。

生：脚上针刺般的寒冷和脸上露出的笑容形成了鲜明的对比。

......

师：请大家仔细观察刚才几位同学的便利贴，这些内容集中在哪里？

生：第24和第27自然段。

师：是的，这些细节凸显了人物的动作、神态，展现出人物的内心世界。我们想一下，青铜当时在想什么呢？

生：当青铜放慢脚步，他也许在想"我该怎么办好呢"。于是他把目光落在了自己那双芦花鞋上。"可是如果我把这双芦花鞋卖了，那我自己的鞋怎么办呢？"他抬头看看天空，又低头看看雪地。但是，当他想到那个人失望的神情时，他下定决心，还是把这双鞋卖给了那个人。

生：作者通过两处"目光"表现人物的心理，更凸显青铜的真诚、善良。

师：刚才的几位同学抓住了一些细节，通过自己的想象，补充了青铜当时的内心世界，读懂了人物的特点。如果现在我们再来给这些细节写一个词语批注的话，你们认为选什么最能够体现人物的特点？请马上进行二次批注。

生：淳朴、善良。

师：通过批注梳理，我们聚焦关键细节；通过想象补白，我们更深入地走进人物的内心世界。大家很厉害！

《芦花鞋》是四年级下册第六单元的最后一篇课文。通过便利贴的书写、交流、张贴、梳理，学生对青铜这一人物的形象的把握也从模糊走向清晰、深刻。

四、特别提示

第一，建议全班统一购买便利贴，保证色彩的一致性，便于指导与交流。教师提前利用微课讲解和课堂展示相结合的方式，教给学生便利贴的使用方法：书写时，注意内容简明扼要，字体工整，用钢笔或者水笔写；粘贴时，应在文本空白处，靠近文本内容。

第二，教师要注意批注积累的连续性，采用技能指导、自主阅读和课堂交流展示相结合的方式，并一以贯之，坚持下去，以便让学生养成习惯。要多关注学生的批注结果，结合课堂交流，点拨引导，使学生的表达更精准。

第三，教师要提前设计批注梳理表，以终为始，让学生有目的地阅读。在阅读时，要提前指导学生使用不同的符号，标记修辞手法、表达特点，便于后期的统计和梳理。个人独立在便利贴上梳理后，要创设小组合作交流、梳理的平台，通过碰撞,引导新的发现。平时教学中要根据文本特点和教学要求,尽量挖掘教材中的批注点,使学生能持续练习阅读技能,促进学生自主运用,形成扎实的语文素养。

第四,选择好技能练习的起始性段落,将要学习的方法直接而简明地展示在学生面前,成为他们感兴趣又好用的读写支架。要让学生有充足时间独立学习,在此基础上充分交流讨论,通过梳理,发现规律。

第二节　批注三色笔

《可见的学习者:为什么要记录学习行为?》提醒广大教师,要重视用不同的方式来记录和呈现学校里学生正在发生的学习行为。学习行为记录是指通过各种媒介观察、记录、解读和分享学习过程与成果,以拓展学习深度和广度的实践。它有助于捕捉学生的学习瞬间,还原教师忽略的教学契机,促进个人学习和小组学习。批注三色笔就是这样一种可视化的、可记录学生行为的、可操作的有效批注工具。

一、概念及种类

批注三色笔是在引导学生运用批注策略进行学习时,根据"双重编码"原理而选择使用的颜色工具支架。教师可以利用其鲜明的颜色(即颜色码)对比来激活和凸显隐藏在文字中的"言语码",使得学生能更好地捕捉到各种信息,是连接言语信息和逻辑思维的物质中介。这样,既可以让学生有理有据地表达自己的想法,从而保证交流的有效性,也可以用凸显的言语信息来刺激学生的学习反应,提高学习效率,使得学生在学习过程中锻炼学习能力。

从颜色组成来看,批注三色笔并没有固定的颜色,它是这类颜色工具的一个统称。教师可以根据教学需要选择颜色进入课堂,让学生在课堂中使用。批注三色笔可以分为三色圆珠笔和三色荧光笔。

三色圆珠笔适合在中高段使用,它的使用场景又可以分为不同情况。

第一,基于不同人群的批注记录。每个人对于文本的理解存在着一定的差异性。对班级这样一个学习群体而言，有个人的、同伴的、老师的三个维度，可用三色圆珠笔记录不同人群的学习思考和学习成果，如蓝色记录自己的阅读感受，绿色记录同学的阅读感受，红色记录老师的阅读感受。学生用三色圆珠笔记录不同人群的学习成果，进行二次批注甚至是三次批注，可以实现学习的不断深入，让思考不断多元化。

第二，基于不同时间的批注记录。一个人对于文本的理解会随着阅读的深入不断改变，从时间的角度来说可以分为课前、课中、课后。在这三个阶段，学生的阅读感受是会产生变化的，用不同颜色的圆珠笔加以记录，进行区分，让学生可以回顾自己的学习历程，如蓝色记录课前的批注，绿色记录课中的批注，红色记录课后的批注。

第三，基于不同角度的批注记录。四年级上册安排了提问、批注单元，要求学生从不同角度提问、批注，这就意味着要让学生对自己的思考进行分类，从而更全面地对文本进行学习。在批注时，引导学生对自己的批注内容进行分类，如让学生观察到自己的角度和别人的角度的异同之处，方便调整改进。

三色荧光笔适合各个年级使用，其作用如下：

第一，凸显部分文本内容。结合"双重编码"理论，用荧光笔标注部分文本内容，让"言语码"以一种直观而简明的方式呈现在学生面前，使学生可以一眼看见，方便他们学习。比如，用黄色荧光笔标注生字栏中的读音，用红色荧光笔标注容易写错的部件。

第二，记录自己的学习过程。学生的思维需要以一种看得见的方式清晰呈现，使得学生可以在交流或者反思时一目了然地回顾学习历程。如在教学《日月明》时，教师引导学生用黄色荧光笔给"日、月"涂色，用红色荧光笔给"明"涂色，让"日"和"月"组合为"明"的思维过程被直观地记录下来。

第三，区分文本内容。小学低段语文教材中，"同构性"文本约占三分之一，用三色荧光笔标注文本中的相似内容，能促使学生发现文本的规律，为后续的学习搭建更好的支架，建构起文本和能力之间的桥梁。如教学一年级下册课文《动物儿歌》时，用不同颜色标注动物名称、在哪里、干什么，学生就能一目了然地发现每一句儿歌的组成方式，也为文本句式的转换提供了直观形象的呈现方式，学生更容易理解和运用。

二、功能及价值

批注三色笔的使用可以使学生的学习过程直观地呈现,方便学生之间、师生之间的信息共享和思维碰撞,从而推动学生思维的发展和升级。它使得一些稍有难度的学习任务变得容易完成,能更好地调动学生的主动性和积极性。从直观性上来讲,三色笔的运用有记录过程、凸显信息、观点碰撞、方便观察等功能,在培养学生的学习习惯、提高学生的语文素养方面有着不可替代的教学价值。

第一,记录学习过程,方便与人交流。三色笔的使用,使整个学习过程以一种可视化的方式清晰地呈现在学生面前,方便他们在课堂上更好地回顾学习历程,有效地展开和同伴的交流,提高学习效率。

第二,突出关键信息,实现能力转换。用三色荧光笔可以凸显出不同的文本内容,方便学生在第一时间一目了然地抓住关键信息,为他们锻炼自主积累、复述背诵、发现规律、读写过渡等能力提供了很好的工具支架,在文本和能力之间架起一座桥梁,有助于学生学习能力的提升。

第三,多方观点碰撞,实现思维迭代。以三色圆珠笔记录不同人群、不同时间、不同角度的学习成果,记录的是不同人群、不同时间、不同角度的思维碰撞,学生在这样有效的碰撞中,逐渐走向真正意义上的深度学习,获得更深的学习体验。

第四,观察学习历程,改进后续学习。学生用三色笔对学习过程或学习结果进行记录,其一是对自己的学习成果的补充或者修正,能让学生对比自己和他人的批注成果,发现异同,从而有机会循着别人的思考轨迹发现一些自己学习中存在的问题,及时改进;其二是让学生在比较和观察中发现自己思考角度或者广度上的变化,便于总结和反思,更好地形成学习经验,提升学习能力;其三是方便学生有效观察自己的批注角度,发现自己在批注时的偏好并及时进行适当调整,拓展思维的广度。

三、案例展示

案例一:对比推敲,体会表达妙用

适用学习任务:阅读理解,体会文章的写作特点。

适用对象:低段学生。

应用解读：阅读理解中往往会使用推敲策略，让学生通过换一换、加一加、减一减等方式进行推敲，使学生体会表达的准确性和生动性。运用三色笔进行对比性推敲，是让学生对相似内容的不同表达（用不同颜色标注）进行琢磨，从而体会表达的准确性及其妙用。

案例呈现：二年级上册《一封信》片段。

师：刚才我们已经找出了前后两封信的内容，现在请你们大声朗读，找一找内容相似、说法也差不多的是哪些，内容相似、说法不一样的是哪些。

（学生自由朗读并思考。）

师：现在我们来交流一下，你发现哪些内容相似、说法也差不多的表述？

生：我发现"亲爱的爸爸"是一样的。

师：是的，让我们用"荧光笔涂色"和"标序号"的方式来标记一下。请你们像老师一样给这些内容都涂上黄色，并标上序号"1"。

生：我发现"你不在，我们很不开心"和"我们过得很好"都是说他们过得怎么样，但是说法不一样。

师：嗯，请你们像老师一样给它们涂上红色，并标上序号"1"。

（教师和学生依次交流并涂色。）

师：请你们同桌合作，一人读第一封信，一人读第二封信，一处一处对比着读，交流你们觉得哪一种说法更好，并试着说说理由。

（教师和一名学生示范朗读，学生两两合作朗读。）

生：我发现第一封信中写的是不好的事情，第二封信中写的都是好的事情。

生：我发现第一封信中的事情让人看了不高兴，第二封信中的事情让人开心。

师：那你们再想一想，爸爸看了这两封信，心情会怎么样？

生：爸爸看了第一封信会担心，看了第二封信就不担心了。

生：我发现第一封信中没有说出对爸爸的爱，但是第二封信中说出来了。

生：第一封信中没有对爸爸的关心，第二封信中有。

师：我们用涂色标记和标序号的方式对两封信的内容进行了比较，这样的学习方法让我们有了更多的发现。

（教师总结方法并板贴。）

《一封信》是二年级上册第三单元的一篇课文,课后有这样的练习题:"露西前后写的两封信,你更喜欢哪一封? 为什么?"荧光笔涂色和标序号的批注式学习,改变了低段学生笼统而模糊的学习方式,让学生对每一处不同进行对比推敲,从而发现第二封信更深层次的表达"好处"。教师教学这个片段时,学生的思维是打开的。经粗略统计,班级中45个学生几乎人人有一点发现,30人左右有两点发现,超过15人有三点或四点发现,他们在表达时也明显比平时更完整、有序。教师课后采访了部分学生,询问他们怎么会有那么多发现。他们有的说用荧光笔一涂色就很容易发现,有的说比一比涂色的句子就能发现,有的说很喜欢用荧光笔涂色学习。

案例二:反观学习,拓展思维广度

适用学习任务:多角度学习。

适用对象:中高段学生。

应用解读:进入中段,阅读策略正式进入学生的视野,如三年级上册的预测策略、四年级上册的提问策略。这些阅读策略都要求学生从不同的角度展开思考。多角度提问式批注指的是在阅读中,从不同的角度提出问题,进行批注。利用不同颜色的笔记录不同角度的批注,更能清晰区分提问视角,在梳理中发现问题,激发学生阅读的动力,让学生的阅读更有效。

可引导学生以不同颜色的笔记录不同角度的思考,使学生能以颜色为支架,在主观上及时观察到自己在学习中的局限性和不足,为他们自觉拓展思维广度提供更多的可能性。

案例呈现:四年级上册《蟋蟀的住宅》。

请学生从四个角度提问,把初读文本时脑海中浮现的问题及时批注下来,对不同角度的问题用不同颜色的笔进行批注。

提问角度及可用颜色

提 问 角 度	所用笔
文章内容(针对全文或针对文章某个部分)	黑色笔
文章写法(说明方法、修辞手法、准确生动的表达等)	红色笔

提　问　角　度	所用笔
联系生活经验	蓝色笔
文章的启示收获	黄色笔

学生都能至少从三个角度进行提问，批注问题最多的学生共批注 15 个问题，批注问题最少的学生批注了 6 个问题。学生们初读文本后提出的问题的统计结果如下：

从文章内容的角度批注的问题：蟋蟀的住宅有什么特点？蟋蟀的什么劳动成果会让人们感到惊奇？为什么说这座住宅可以算是伟大的工程？……

从文章写法的角度批注的问题：为什么要称蟋蟀的巢穴为"住宅"呢？这里为什么要连用两个问句，有什么作用吗？为什么课题写的是蟋蟀的"住宅"，而这里写的是"巢穴"？"最多"一词能不能去掉？用在这里有什么作用呢？……

从联系生活经验的角度批注的问题：其他昆虫临时的隐蔽所在哪里呢？蟋蟀是怎样在这个平台上弹琴的？还有什么动物也是自己造房子的？蟋蟀对住宅的要求这么高，还有哪些昆虫对住宅的要求也这么高呢？……

《蟋蟀的住宅》是一篇观察笔记，表达准确生动，采用拟人手法，具体介绍了蟋蟀住宅的特点、修建住宅的经过以及蟋蟀建造住宅的才能。但是，对于学生来说，还是存在很多读不懂的地方。教师在课堂上引导学生用不同颜色的圆珠笔，在初读文本时从多角度进行扩展性的思考。颜色的区分有效避免了学生提问局限于"文章内容"的问题，激发了学生阅读的动力，提升了学生对文本感知的广度和深度，培养了学生思维的延展性和全面性，提高了学生的阅读思维能力。把提问和梳理问题放在同时进行，大大提高了学习效率，保证了后续的学习有充足的时间。

案例三：倡导有形思维，提升思维品质

适用学习任务：指向深度的阅读理解。

适用对象：高段学生。

应用解读：学生在阅读时，要想建立文本与其他内容的关联，就需要进行信息的提取、分析、比较、补充和整合，这就锻炼了学生的信息处理能力，培养了思维的连贯性和缜密性。批注三色笔可将其中的思维过程可视化。在小组合作中，大家分享、交流自己的批注，让各自的观点透明化，相互欣赏、彼此提高。学生在此基础上进行二次批注、三次批注，对文本的感悟就会更为深入、立体，提升其思维的深刻性。

案例呈现：六年级上册《有的人——纪念鲁迅有感》。

第一次批注：结合本单元课文和《走近鲁迅》资料册中的资料，体会鲁迅是个怎样的人，作第一次批注。要求：（1）选择你感受最深的小节，用红色圆珠笔写批注，写在诗句旁边的空白处；（2）对诗句中的关键处、疑难处，能借助资料进行思考，把对理解有帮助的资料语句涂上相应的颜色，并标上小节序号；（3）根据自己的感悟有感情地读一读诗句。

第一次交流批注，分别用不同颜色给对理解有帮助的资料涂色。

（1）第 2 节：有的人俯下身子给人民当牛马。

（2）第 3 节：有的人情愿作野草，等着地下的火烧。

（3）第 4 节：有的人他活着为了多数人更好地活。

第二次批注：再次读诗，让学生从写法入手思考感受。同桌小伙伴交流后，用绿色笔写批注，写在文章末尾。要求：（1）通过思考诗歌的写法并结合资料表达自己的感悟；（2）语言简洁流畅。

第二次交流批注，重点关注对比。

交流方法：交流后，学生按照刚才的要求进行评价。接着，批注同一种写法的学生进行补充。随后，教师点拨引导。最后，学生有感情朗读、总结。

第三次批注：你对课题有什么疑问？（提示：这首诗明明是纪念鲁迅有感，为什么反复写"有的人"，甚至题目也是"有的人"呢？副标题为什么是"——纪念鲁迅有感"呢？）四人小组讨论，结合资料思考交流，在黄色便利贴上写批注，贴在题目旁边。要求：（1）通过资料和诗歌表达对题目的理解；（2）语言简洁流畅；（3）感悟比较深刻。

第三次批注交流。

《有的人——纪念鲁迅有感》是六年级上册"走近鲁迅"专题单元中的最后

一篇课文。学生与鲁迅所处的年代不同,他们与鲁迅在时代背景、思想、语言习惯上存在一定的距离。本单元阅读语文要素指明了方向:借助相关资料,理解课文主要内容。第一,教师要求学生进行资料分类并涂上不同颜色以示区别,引导学生运用不同的资料来理解人物形象,读懂课文内容。第二,教师在课堂上让学生有效地利用三色笔,从不同的角度解读鲁迅其人,从理解文本到读懂写法,再到课题释疑,让鲁迅先生的形象一步步从文字中走入学生的心中,真正让鲁迅先生在学生心中鲜明起来。第三,不同颜色的批注激励着学生向更高难度发起挑战,让学生在有形的颜色指引下一步步走向深度思维,提升思维的品质。

四、特别提示

批注三色笔使得批注式学习以一种更有形、更有序的方式展开和推进,是一种非常实用的颜色工具支架。在使用的过程中,需要注意以下几点:

第一,维持工具使用的统一性。每个孩子准备一个批注工具包,包里准备至少三种颜色的荧光笔和至少三种颜色的圆珠笔。建议全班统一购买荧光笔,保证颜色的统一。

第二,保证工具使用的规范性。教师和学生一起确定三色笔的使用规则,比如使用位置、使用时间、使用方式等。教师准备好讲解三色笔使用方法的微课,微课内容包括三色笔必需的几种颜色、怎么涂色、使用规则等。

第三,考虑工具使用的延续性。在荧光笔使用之初,用哪种颜色的荧光笔有一定的随机性。但是,教师最好引导学生使用固定用的颜色。比如教师可以规定:黄色画名词、红色画动词、绿色画形容词等,方便学生养成习惯,为后续学习打下基础。

第四,促进工具使用的延展性。为了避免出现混淆的情况,教师可以结合其他批注工具,比如可用不同颜色的便利贴来体现不同的角度或不同人的批注成果。工具的叠加配合,使得批注更具有延展性,更符合学生学习的需要。

第三节　　批 注 海 报

海报是日常生活中常见的一种展示形式,较多用于电影、戏剧、比赛、文艺演出等的宣传。海报的语言简明扼要,形式丰富多样、新颖美观。海报可在媒体上刊登、播放,但大部分张贴于人们容易看见的地方。

由于海报具有尺寸大、主题鲜明等直观特点,因此其使用范围还扩大到了教学领域。

在教学中,可结合图片、文字、色彩、空间等要素,制作出一张张色彩丰富、内容鲜明的教学海报,并将它们张贴在学校走廊或教室墙壁上,形成一种大小不一的视觉辅助学习工具。海报成为许多学校中常见的教学辅助工具之一。教学海报通常由图形和文本组合而成,用以连贯地解释特定的学习主题,其使用目的是帮助学生更直观、清晰地理解和掌握学习方法及学习内容。

一、概念及种类

批注海报作为教学海报的一种,是在引导学生运用批注策略进行学习时使用的一种视觉辅助类工具。通常,批注海报会将一些重要的批注内容以图文并茂的形式展现出来,其中可能包括一些阅读时的重要概念、关键词汇、主题思想、自我感悟等。通过恰当运用批注海报,学生可以更直观地理解学习内容,教师可以更清楚地掌握教学进程、控制教学节奏。批注海报可以由学生在阅读过程中独立自主绘制;也可以以小组为单位,学习伙伴之间进行集体合作设计;还可以与教师、家人等进行探讨,共同设计。

在批注策略教学中,批注海报可以有多种多样的形式,具体取决于课堂教学目标定位以及教学内容安排。在批注策略教学的实践过程中,我们一般更多地使用主题式批注海报、知识性批注海报、路标型批注海报和指南式批注海报。

二、功能及价值

在批注策略教学中,批注海报可以更直观、清晰地呈现学习方法及学习内容,具有直观清晰、简洁易懂等特点。教师可以使用批注海报来辅助批注教学的整个过程。在这种情况下,批注海报可以是总结性的,用来概括所学内容;也可以是探究性的,用来引导学生思考和讨论;可以用来吸引学生的目光,梳理学生的思维步骤,将难懂的概念分解简化,帮助理解,从而进一步提升学生的学习效果;还可以是实践性的,用来帮助学生练习和运用所学内容。

三、案例展示

案例一:主题式批注海报,营造共读环境

适用学习任务:综合性学习,开展主题阅读周(月)。

适用对象:各年级学生。

应用解读:可以根据不同主题设计比较大的海报,使师生一看就能马上确认该区域的主题。让师生置身于特定的主题中进行教学与阅读,可以破解语文教学碎片化的困境,构建提升儿童语文素养和培养价值观的主题教学体系。针对单篇课文教学零碎、目标不清等问题,主题式批注海报可以整合语文课程内容与资源,形成"1＋X课程",促进儿童语言、思维和精神生长。

案例呈现:五年级下册《综合性学习:遨游汉字王国》。

执教者:姜丽凤。

《综合性学习:遨游汉字王国》是五年级下册综合性学习单元的内容。本单元的语文要素是:"感受汉字的趣味,了解汉字文化。学习搜集资料的基本方法。学写简单的研究报告。""学习搜集资料的基本方法"是在四年级"根据需要搜集资料,初步学习整理资料的方法"基础上的提升。

本次综合性学习,主要由前言和具体活动板块组成。具体活动板块又分为"活动建议"和"阅读材料"两部分。前言主要提示活动主题,把学生带入综合性学习情境。"活动建议"提示具体的活动任务,包括活动内容和方式,目的在于通过任务驱动的方式带动整个单元的学习。"阅读材料"围绕活动主题,从多个角度编排若干篇选文,辅助学生完成综合性学习活动任务。

在小组展示汇报这一环节,教师将学生分为六组,小组成员们根据活动分工,将相关资料整理归类,形成"字谜集中营""谐音俱乐部""造字研究所""历史探案馆""艺术欣赏家""汉字纠察队"等主题的批注海报。

案例二：知识性批注海报，丰富课外积累

适用学习任务：认识作者，课外链接，知识拓展。

适用对象：各年级学生。

应用解读：在课前搜集有关所学课文的课外知识，制作知识性批注海报，在课堂上展示，作为对该课的补充性学习资料。这有助于学生更好地理解课文，了解文中所涉及的知识点，丰富学生的课外积累。

案例呈现：三年级下册《肥皂泡》片段。

执教者：李瑄瑜。

师：你了解冰心奶奶吗？课后资料袋中就有介绍。（播放资料袋朗读录音）除了课后资料袋中的介绍，老师还带来了一张介绍冰心奶奶的海报，相信通过这张海报，我们能更了解冰心奶奶，你们瞧——

冰心介绍

个人介绍

冰心（1900 年 10 月 5 日－1999 年 2 月 28 日），女，原名谢婉莹，福建省福州市人，中国近现代诗人、作家、翻译家、社会活动家。笔名冰心取自诗句"一片冰心在玉壶"。

代表作品

诗集：《繁星》《春水》
小说集：《超人》《冬儿姑娘》
散文集：《南归》《寄小读者》《樱花赞》

三年级下册《肥皂泡》一文是冰心对童年、对母亲爱的表达，文笔清新自然，情感真挚淳朴，意境深邃悠远。课文写的是冰心童年时代吹肥皂泡的经历。那小小的、不起眼的肥皂泡，经了她的手、她的嘴、她的眼、她的心，不但吹出了快乐，吹出了情趣，还吹出了自己童年的梦想，寄托了自己对美好生活的向往。课文语言细腻，长句子偏多，理解起来有一定的难度。结合冰心的生平资料海报进行理解，不难发现"母爱、童真、自然"是其作品的主旋律，能帮助学生更好地理解《肥皂泡》这篇课文。

案例三：路标型批注海报，构建梳理意识

适用学习任务：相似段落学习，课文内容理解。

适用对象：各年级学生。

应用解读："读写教室"理念下的"路标式教学"是阅读策略教学过程中的一个非常实用的教学策略。在课堂中，以路标型批注海报来引导学生对照路标，一步一步对文本进行解析，是对学生"由扶到放"的一种教学方式。给学生提供一个合理的支架，让学生顺着这个支架进行前行，可让课堂真正成为学生的发展空间。

案例呈现：五年级下册《跳水》。

执教者：陶圆圆。

《跳水》的作者是著名作家列夫·托尔斯泰。文章主要写了一艘帆船上，水手们在甲板上拿猴子取乐，猴子又去戏弄孩子，孩子为了追回被猴子抢走的帽子，不知不觉爬上桅杆顶端的横木，进而遇险，在紧急关头，船长急中生智，逼儿子跳水，使其获救的故事。

课文按故事的发展顺序展开叙述，在情节的安排上十分巧妙。一方面，具体而细致地描写了猴子"放肆"的行为表现；另一方面，辅以水手们"取乐"的笑声。在猴子的逗弄下和水手的笑声中，孩子从"笑得很开心"到"哭笑不得"，再到"气得脸都红了""气极了"，心情不断变化，直至不知不觉陷入了险境。

因此，猴子是惹孩子生气的直接原因。水手的笑声穿插其间，是促使猴子更加放肆的原因，也是让孩子不管不顾走上桅杆顶端横木去追猴子的原因之一。在猴子和水手的双重影响下，孩子的自尊受挫。文章通过描写孩子的表现，将其爬上了桅杆顶端横木的心情变化过程一步步展现在读者眼前。虽然故事涉及的人物较多，但主次有别、环环相扣、感染力强，孩子的心理变化和生命安全始终扣人心弦。

在课前谈话中，师生聊到大家都极感兴趣的《福尔摩斯探案集》，福尔摩斯破案的过程是最引人关注的地方。师生们共同提炼概括，尝试总结出福尔摩斯破案步骤（路标）：梳理案件—聚焦疑点—寻找证据—揭示真相。将这些环节按顺序排列，可形成一张"福尔摩斯破案步骤"路标式海报。对小说主要人物福尔摩斯破案步骤的梳理有利于读者将抽象的逻辑思维具象化，从而进一步理解小说的情节。

同样，《跳水》作为一篇经典的短篇小说，故事惊险，情节曲折，人物形象丰满，引人入胜。本单元指向阅读的语文要素是"了解人物的思维过程，加深对课文内容的理解"。思维过程原本是看不见的,但我们可以通过人物的言行举止去了解和推测。在课堂中,教师提出了一个关键问题:是谁把孩子推向了险境?基于这个中心问题,借鉴课前部分的"福尔摩斯破案步骤"的概括方法,提炼出阅读这篇小说的路标:梳理情节—聚焦人物—寻找证据—揭示主题。这张路标式海报在课堂中出示,整堂课师生就根据这一路标进行教与学。在落实小说阅读三要素的同时,将抽象思维具象化,引导学生通过挖掘猴子、孩子、水手和船长的表现,了解他们的思维过程,寻找"是谁把孩子推向了险境"的答案和相关证据,然后重点聚焦船长的言行,推测他一瞬间的思维过程,借助这一阅读短篇小说的路标,层层剖析课文,让"了解人物的思维过程,加深对课文内容的理解"这一语文要素在课堂中落地。

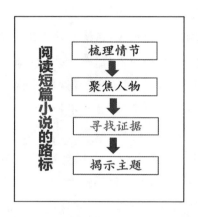

案例四:指南式批注海报,优化使用效果

适用学习任务:解读概念,实践操作。

适用对象:各年级学生。

案例呈现:六年级上册《竹节人》中"竹节人"制作指南解读。

环节五:还原玩具,完善说明书

教师布置挑战任务:根据课文内容,小组合作,动手动脑,编写"竹节人"的制作指南说明书。

在学生制作简要说明书之前,教师先展示一些常见玩具的制作说明书样本,让学生直观感受玩具制作说明书有哪些内容,还可以添加哪些辅助内容,可以用怎样的方式来呈现。可以进行课外资料的拓展,提升学生阅读非连续性文本的能力,让他们学会从资料中提取信息。

竹节人制作指南

所需材料
01 毛笔杆或竹子、钻头、锯子、纳鞋底的线。

制作方法(所有步骤都需在大人的帮助下进行)
02 1.把毛笔杆锯成寸把长的一截,这就是竹节人的脑袋连同身躯了;
2.在上面钻一对小眼,供装手臂用;
3.再锯八截短的,分别当四肢;
4.用一根纳鞋底的线把它们穿在一起。

文化价值
03 竹节人是中国非物质文化遗产的代表之一。竹节人的制作需要丰富的经验和技巧的积累,凝聚着我国的传统文化。

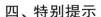

四、特别提示

(一)批注海报有生动、直观、形象的特点,可以加深学习者对学习内容的印象与记忆。在设计批注海报时,我们应遵循以下几个原则:

1. 突出文字原则

在设计批注海报的时候,文字十分重要,所以需要突出文字。一般来讲,都是将文字放在第一位,放大或者加粗,使其凸显出来。如果是比较大的文字,可以进行适当变形,这样会更加生动,不易显得呆板;而小文字一般要规整一些,便于识读。

还要注意的是,在设计批注海报的时候,文字不要设计得太平淡,要有变化,比如说颜色、形状、大小都要有所变化,而不要简单地将文字堆叠起来。

2. 表现主题原则

在设计批注海报的时候,需要表现主题,要注意避免主题不清,也不要故弄玄虚,以免影响主题的表达,让阅读者摸不着头脑。

3. 背景简单原则

背景是在设计海报的时候起烘托作用的。一般来讲,在背景只是起单纯的烘托作用,和主题关系不大的时候,可以选择单色或者模糊的背景,这样更有利于突出表现主题。

4. 构图平衡原则

平衡感在设计海报时非常重要,虽然它是比较抽象的一个概念,但是能在视觉效果上发挥重要的作用。如果在进行构图的时候太过平衡,会显得呆板、不生动;而失去平衡则会让人感觉不舒服。所以,在设计批注海报的时候,可以先构造出不平衡的视觉感,再逐一进行补充与添加,整体才会比较有活力。

(二)批注式阅读教学中,批注海报的设计者主要由教师和学生两大群体构成。在设计批注海报时,还应注意以下几条:

1. 立足学生,选准主题

教师要把握好"主题",应立足学生,挖掘学生的兴趣点,选择学生感兴趣的主题进行设计,这样才能制作出更精彩的主题式批注海报。

2. 自主整合,探究制作

教师要注意批注积累的整合性,可采用课前预习和课堂交流展示相结合的方式,鼓励学生合作,用自己的语言介绍自己制作的海报并长期坚持,以便让学生养成自主探究、学习的好习惯。

3. 提供资料,关注过程

教师要多关注学生制作批注海报的过程,在制作前期为学生提供一些优质的阅读资源,同时也鼓励学生自主寻找阅读资源,并予以把关。

第四节　批注图示

四年级上册的批注单元旨在引导学生用批注的方法开展阅读。批注的形式主要有批注符号、批注文字和批注图示。其中的批注图示,即用绘图的方式进行批注,是对批注符号和批注文字的补充。可以在不同的阅读教学环节使用不同的批注图示。批注图示简洁明了,能清晰展示文本的细节和脉络。而且,随着年级的升高、课文篇幅的增加,学生要完成中长篇文本的阅读,这对学生来说存在一定的挑战性。指引学生用批注图示再加工文本内容,能够化难为易,有助于他们把握文本结构,形成深度理解。

一、概念及种类

批注图示是以单图、组图等形式,使思维可视化,并多元解读文本的一种工具。批注图示可以和批注符号与批注文字共同使用。在小学语文阅读教学中,我们可以灵活运用不同类型的批注图示:在揣摩细节表达时,使用自绘式批注图示;在抓取文中动态情节时,使用参照图和自绘图联合批注;在把握行文脉络时,使用合作绘制图批注。

二、功能及价值

(一)有助于学生的思维可视化

批注图示具有简洁明了、形象的特点,能将复杂的文章脉络清晰地展示。学生自主地绘制批注图示的过程,也是让自身的思维可视化的过程。这一过程能积极地锻炼学生的阅读思维,改变学生被动接受学习的尴尬局面,使学生成为文本的探究者,并在教师的点拨下发展自身思维能力。

(二)有助于学生的解读多元化

学生是阅读教学的主体,每一个学生对文本都有自己独特的理解。批注图示体现了对学生主体地位和个体差异性的尊重。学生通过绘制批注图示,可实现与文本的多元对话,加深对文本的理解。

(三)有助于学生的观点透明化

进入中高段后,课文的篇幅有所增加,加上小学生注意力容易分散的特点,完成中长篇文本的阅读对小学生来说存在一定的挑战性。学生往往在阅读完文本后,对文本的结构和中心思想等把握不准确,导致自己表达的观点模糊不清。批注图示就可以改善这一问题。学生在阅读完文本之后,整体地对文本结构等进行理解和再加工,通过绘制新的思维导图或者脉络图等,能够清晰地展现文本结构,进而有助于让自身的观点清晰、有条理。

三、案例展示

案例一:揣摩细节表达,自绘批注图示

适用学习任务:理解关键词句。

适用对象:低段学生。

应用解读：我们在引导学生理解文本时,学生对有的内容一时无法理解。这时,我们可以采用初级图示,即相对简单的自绘图示,让文本语言形象化,使语文学习更直观、更生动、更有趣味,让学生顺利突破理解屏障,更好地理解文本内容。

案例呈现：二年级上册《小蝌蚪找妈妈》片段。

师：同学们,今天老师给大家带来了新朋友。请你猜一猜。

(师出示：小黑"鱼",光又滑,脑壳倒比身子大。)

师：你们猜出来了吗?

生：小蝌蚪。

师：小蝌蚪长什么样子呢?

生：小蝌蚪长着大大的脑袋,黑灰色的身子,长长的尾巴。

(师出示：池塘里有一群小蝌蚪,大大的脑袋,黑灰色的身子,甩着长长的尾巴,快活地游来游去。)

师：对这些重点词组我们可以采用怎样的方式做批注?

生：我们可以通过加点或画线等方法进行批注。

师：请你用自己喜欢的方式,批注描写小蝌蚪样子的词组。

(学生批注,分享交流。)

学生批注示例一

池塘里有一群小蝌蚪, 大大的脑袋, 黑灰色的身子, 甩着长长的尾巴, 快活地游来游去。

学生批注示例二

池塘里有一群小蝌蚪, 大大的脑袋, 黑灰色的身子, 甩着长长的尾巴, 快活地游来游去。

师：我们还可以通过图示,把小蝌蚪的样子画下来。你想来试一试吗?(小朋友绘制批注图示。)

池塘里有一群小蝌蚪，大大的脑袋，黑
灰色的身子，甩着长长的尾巴，快活地游来
游去。

（绘制者：王明雪）

学生批注图示二

池塘里有一群小蝌蚪，大大的脑袋，黑
灰色的身子，甩着长长的尾巴，快活地游来
游去。

（绘制者：王明雪）

从以上学习环节中，我们不难发现，由于自绘批注图示的介入，学生对文本
关键句的理解变得更加准确、到位，学生与学生、学生与文本之间的对话变得更
加活跃、高效。自绘批注图示是学生感兴趣的学习方式，所以学生的参与兴趣很

浓,出现了不少栩栩如生的图示。这些批注展现了学生与文本对话后的个性理解,体现了对文本关键词和关键句准确、到位的把握。

案例二：抓取动态情节,联合批注图示

适用学习任务：理解动态情节。

适用对象：中段学生。

应用解读：当文本出现描述动态情节的文字时,学生的自绘批注图示往往无法准确关注并体现文字的动态,这时可以使用参照图和自绘图联合批注。教师抓住表现动态的关键词,出示参照图,启发学生抓住其他能够体现情节动态发展的词句,并绘制两到三幅图示,直观呈现情节动态发展的过程。

案例呈现：四年级上册《爬山虎的脚》片段。

师：了解了爬山虎脚的位置、形状、颜色,那你知道爬山虎是怎样向上攀爬的吗?

生：爬山虎是一脚一脚地往上爬的。

师：接下来,我们就细细品一品课文的第 4 自然段,一边读,一边批注课文中描写爬山虎攀爬过程的关键词组。

（学生品读、批注后,进行批注展示。）

生：脚触着墙;细丝变成小圆片,巴住墙;细丝变弯,把嫩茎拉一把,使它紧贴在墙上。

师：这些都是描写爬山虎攀爬动作的词。两边靠墙的小朋友把自己的手掌当作小圆片贴在墙上,这就是"巴住墙"。接下来,可以同桌合作,抓住你们批注的动作变化,用连续图示的方式,呈现爬山虎是怎样一脚一脚地往上爬的。

学生批注图示

伸出细丝　　　　　变成小圆片, 巴住墙　　　　细丝变弯, 让嫩茎紧贴在墙上

（绘制者：王明雪）

师：爬山虎就是这样长出一只脚，巴住墙往上爬，再长出一只脚，再巴住墙，一直往上长，一直往上爬的。刚才我们通过抓住重点词，绘制批注图示，了解了爬山虎是怎样一脚一脚地往上爬的。这个方法生动又有趣。在以后的阅读中，我们就可以采用这种方式进行批注。爬山虎往上爬，脚必须紧贴着墙，要是脚没有触着墙，会怎么样呢？默读课文最后一段，对比学习爬山虎脚触着墙和没触着墙的不同情况。像这种对比着写的文段，你一般会采取何种方式进行标注？

生：我会用一红一绿两种颜色来批注不同情况。

学生批注图示

没触着墙	萎了
触着墙	牢固

上述教学中，为了展示文本情节的动态变化，教师通过出示参照图，让学生根据动态情节自绘批注图示，使学生准确地把握爬山虎的动态变化特点。这样的操作留下了学生思考的痕迹，让整个学习过程有迹可循、有据可依。

案例三：把握行文脉络，合作绘制批注图示

适用学习任务：把握课文结构和内容。

适用对象：高段学生。

应用解读：对文本行文脉络的梳理，涉及细节抓取，更涉及对文本层级的理解，需要学生合作完成。实际教学中，教师可以引导学生从文章内容、表达方法、作者情感等多角度入手，合作绘制批注图示。这能让文本的行文脉络结构化，让文本的层级关系一目了然。

案例呈现：五年级上册《白鹭》片段。

师：同学们，郭沫若笔下的白鹭是一首精巧的诗。你是从哪些方面感受像诗一般美好的白鹭的？

生：白鹭色素和谐，身段匀称。

师：是的，白鹭的外形很美。当白鹭置身在大自然中时，又呈现出一幅幅怎样的画面呢？

（绘制者：王明雪）

生：我看到了白鹭在清水田里独钓的画面。

生：我看到了白鹭站立于树顶望哨的画面。

……

师：同学们收获满满。那你能通过什么方式，把自己的这些学习成果按类别有条理地展示出来呢？

生：我可以通过树状图、脉络图等思维导图来呈现刚才的学习成果。

师：这个办法不错，我们就以四人小组为单位，合作完成这个任务吧！

（四人小组分工合作，然后进行全班展示，师生点评。）

从上面的教学片段可以看出，合作绘制的批注图示使文本的行文脉络一目了然，让人能够提纲挈领地把握课文结构和内容。

四、特别提示

（一）教学要符合学生身心发展规律

1. 遵循"顺序性"，循序渐进地开展教学。批注图示的教学应该由浅入深、由简到繁，使教学符合学生的"最近发展区"。

2. 遵循"阶段性"，有的放矢地实施。小学低年级的学生由于思维能力发展还不成熟，更适合绘制简单的自绘批注图示。随着年级升高，可以使用联合批注图示,合作绘制。

3. 遵循"差异性",多元开放地实施。教师应尊重学生的个体差异,允许并鼓励学生借助个性化的图示,将各自的观点展现出来,引导学生进行多边对话,提升其思辨能力。

(二)教师的评价要发挥反馈和导向作用

采用批注图示进行阅读教学,对教师的课堂整体把控能力有较高的要求。因为绘制批注图示要发挥学生的主观能动性,而学生存在个体差异。在教学过程中,有的学生能画出精彩的批注图示,有的学生则会因理解不到位而画出不精准的批注图示,无法准确表现文本内容。教师需要适时体现其主导作用。同时,需要注意的是,批注图示仅仅是支架,对学生绘画的要求并不高,通过图示帮助理解,发展思维,才是批注图示教学的目的所在。

第五节　批注学习单

学习单应用在教学上,有"学案""导学案""活动单"等名称。批注学习单与其他学习单最大的不同是,强调让学生在梳理中发现,学会迁移运用,直至掌握方法和策略。

一、概念及种类

批注学习单作为一种外显的、可视化的批注学习辅助工具,是教师遵循学生的认知规律,针对教学目标,围绕有关主题,以纸张或卡片为材料,用文字、图表等形式提示学习方式、角度或路径的学习支架。批注学习单具有"目标明确,针对性强""形式多样,趣味性强""学法清晰,启发性强"的特点。

批注学习单形式多样,可从不同角度来分类。从学生需求的角度看,激发学习兴趣的学习单有人文性学习单、趣味性学习单、层次性学习单等。从课堂内外的角度看,呈现完整学习过程的学习单有课前预学单、课中导学单、课后拓学单。以完成目标为终点,体现不同学习方式的学习单,有自主探究型学习单、小组合作型学习单、集体展评型学习单等。在实际操作中,围绕学习目标,各种形式的批注学习单可以单一使用，也可以融合使用。

批注策略教学中使用比较频繁的是以文本为焦点，探究学习方法的学习单，有品鉴式学习单、思辨式学习单、练笔式学习单等。如品鉴式学习单，引导学生从内容和形式上品鉴感悟作品，由表及里，与作者产生共鸣，多用于小说、诗歌、散文等适合"文学阅读与创意表达"学习任务群的文本；思辨式学习单提示思辨的方法，引导学生从语言文字学习走向思维训练，由浅入深地探究，锻炼思维品质，常用于寓言等适合"思辨性阅读与表达"的文本。练笔式学习单引导学生发掘值得模仿学习的语言，找准随文练笔的细小切入点，学习精妙的写作技巧，迁移文章的表达方式，掌握写作技法。

二、功能及价值

利用批注学习单这一有效载体，由扶到放，引导学生开展学习活动，能积极推动生本对话、生生对话、师生对话，开展自主、合作、探究式学习，让学生获得知识，进行思维的碰撞、情感的交流，帮助学生达成学习目标。

第一，在学习目标上，变关注知识为素养导向。批注学习单指向学生语文素养、核心能力的提升，转变了以往语文课堂注重文本知识获取，忽视学生核心素养发展的现象。在批注学习单中，有朗读节奏、停顿的标注，有根据图文提示要求进行的补充，有对课文情节结构进行梳理的图示，有对人物思维过程进行的解析等，语文听说读写等重要元素尽在其中。再加上清晰的学习路标，学生在获取知识的同时，也掌握了方法与策略，培养了思维，实现了语文素养的整合与发展。

第二，在学习方式上，变被动学习为主动建构。批注学习单的使用，颠覆了以往课堂上"老师问一题，学生答一句"的学习方式。它为每一个学生都提供了参与学习的平台，帮助他们积极地投入到学习中，真正成为课堂的主人。在学习单有目的、有意义的任务驱动下，学生用眼阅读、用手涂写、用脑思考，主动加工、理解、运用知识，课堂更加开放，学生拥有更大的学习自主权，学习兴趣、阅读能力明显增强，思维也更为活跃、深刻，学习更加轻松、高效。

第三，在学习过程上，变浅层学习为深度学习。深度学习重视的是教师对学生学习真实的引领和帮助，强调知识的迁移和方法的获得，需要深度融入文本内部的、经过独立思考的输出，而不是传统意义上只追求了解记忆的浅层学习。具有一定指向性的批注学习单，直击学生学习的困惑和障碍处，让学生沿着层次分明的学习路径循序渐进,帮助学生在亲历阅读实践的过程中,更好地触及文本的灵魂,引发更深层次的阅读思考,使认识得到深化。尤其是在学习单小组交流和全班讨论阶段,大家在交流中碰撞,在碰撞中深思,促进了高阶思维的发展。

三、案例展示

案例一:品味字词,积累运用

适用学习任务:字词理解。

适用对象:低段学生。

应用解读:根据学习目标设计批注学习单,引导学生关注重点词语,摘录下来进行比较,体会文章用词的精准形象,并能在具体语境中加以迁移运用,积累语言文字,为阅读理解做铺垫。

案例呈现:二年级上册《我是什么》片段。

师:请你跟大家交流一下。(大屏幕展示某个学生的学习单。)

学　习　单

1. 朗读课文第 2 自然段,将表格补充完整。

变成什么		冰雹	
摘录动词			飘
力量大小	一般		
朗读轻重		重	

2. 我发现这三个动词(能/不能)调换。(向同桌说一说你的理由,在正确的选项上打钩)

3. 选择表格中最合适的动词,填入括号中。

(1)风吹过,山坡上的蒲公英像棉絮一样(　　)下来。

(2)望着父亲远去的身影,我的眼泪悄悄地(　　)下来。

(3)轰隆隆,一阵惊雷,从天空中(　　)下来。

生：课文第 2 自然段中，先后写了"我"变成雨，变成冰雹，变成雪。摘录的动词分别是"落""打""飘"。雨落下来力量一般，朗读跟平时一样；冰雹打下来力量大，读时要重一点；雪飘下来力量小，读的时候可以轻一点。

师：其他小朋友同意吗？

生：同意。

师：文中"落""打""飘"这三个动词能调换顺序吗？说说理由。

生：不能调换。冰雹最重，所以用"打下来"，力度最大；雪最轻，用"飘下来"，说明力度最小；雨的力度在冰雹和雪的中间，所以用"落下来"。

师：那你能用合适的语调来读读课文中的这三句话吗？

（生朗读。）

师：你读出了雨、冰雹和雪的轻重，真棒！小朋友们，现在你能根据句子的意思选择最合适的动词来填一填学习单中的第 3 题吗？

生：蒲公英最轻，用"飘"字；雷声最响，用"打"字；眼泪不轻不重，用"落"字。

师：看来，小朋友们不仅理解了文章用词的准确性，还能自己运用了，为你们点赞！让我们一起读读这三句话。

案例二：学习写法，迁移运用

适用学习任务：段落仿写。

适用对象：中段学生。

应用解读：紧扣单元阅读与写作的语文要素，引导学生发现文中词句优美的经典段落、独特的描写方式、结构化的行文方式等，学习精妙的写作技巧，迁移文章的表达方式，掌握写作技法，实现由阅读到写作的迁移。

案例呈现：三年级上册《胡萝卜先生的长胡子》片段。

师：刚才很多同学联系课文内容，预测到胡萝卜先生的长胡子还会继续帮助别人。现在，让我们找找作者写这段故事的方法。

生：作者第一次写小男孩风筝线太短，第二次写鸟太太找晾尿布的绳子，都是先写他们遇到困难，接着看到胡萝卜先生的长胡子，最后写长胡子帮助他们解决了困难。

师：真好，你知道了作者的写法是先写人物遇到困难，再写人物用长胡子解决困难。

生：在写别人用长胡子解决困难时，先说，再想，最后做。

师：不错。现在我们就用"一说二想三做"的步骤预测情节，交流乌太太的言行。

生："这绳子真不错，不知道够不够长？"乌太太量了量，想着足够系在两棵树中间当晾衣绳了。于是，就剪了一段绑在树上，晒起了尿布。

师：请其他同学来评价一下。

生：他先写了乌太太说的话，再写心里想的，最后写做的，语言很流畅，给他三颗星。

师：胡萝卜先生还会帮助哪些人做哪些事？请同学们把自己预测的故事情节在小组内进行交流完善。

学 习 单

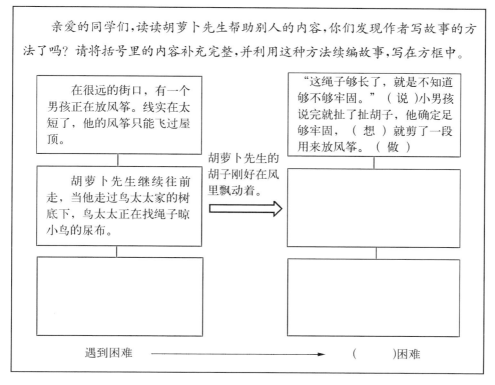

亲爱的同学们，读读胡萝卜先生帮助别人的内容，你们发现作者写故事的方法了吗？请将括号里的内容补充完整，并利用这种方法续编故事，写在方框中。

> 在很远的街口，有一个男孩正在放风筝。线实在太短了，他的风筝只能飞过屋顶。

> 胡萝卜先生继续往前走，当他走过乌太太家的树底下，乌太太正在找绳子晾小鸟的尿布。

胡萝卜先生的胡子刚好在风里飘动着。

> "这绳子够长了，就是不知道够不够牢固。"（说）小男孩说完就扯了扯胡子，他确定足够牢固，（想）就剪了一段用来放风筝。（做）

遇到困难 ⟶ （　　）困难

案例三：品读鉴赏，运用策略

适用学习任务：阅读欣赏。

适用对象：高段学生。

应用解读：在学习单明确的提示下，学生运用批注阅读策略，自主走进课文的字里行间，触摸作者的心灵，进行深度而精彩的对话，引发更深层次的阅读思考，理解变得更为深刻。

案例呈现：五年级上册《四季之美》片段。

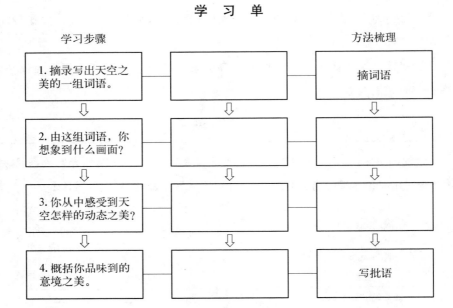

学 习 单

师：你摘录了哪些词语？又品味到什么？请大家根据学习单来交流一下。

生：我摘录的是"泛着、染上、飘着"这一组动词。根据这组动词，我仿佛看到了天空开始是鱼肚色的，慢慢地，一点一点染上淡淡的红色，后来越来越深，变成红紫红紫的彩云。我觉得天空颜色变化比较柔和，很秀丽，所以我写下的是"柔和之美"。

师：根据这组动词展开想象，你用了什么方法？

生：我是把"泛着"换成"照着"，"染上"换成"贴上"，"飘着"换成"荡着"，进行比较，发现课文中的动词都很轻、很慢，这样思考后再来想象的。

师：联系学过的动词，换一换，进行思考，想象会更合理。

生：我是把这组动词与已经学过的课文《海上日出》进行联系，对比中发现

《海上日出》中"终于冲破、完全跳出、射得"这些动词写出了太阳力量很强、动作大、变化快，感觉很壮观。而《四季之美》中天空的变化过程很慢，很柔和。

师：是的，联结已学课文进行对比后展开想象也是一种方法。

生：我摘录的是"鱼肚色、微微的红晕、红紫红紫"这一组表示颜色的词。根据这组词语，我仿佛看到了天边先是出现一条淡青色的线，慢慢地，逐渐泛红，就像小姑娘脸上的红晕，后来越来越深，出现红紫红紫的彩云。所以我概括的是"变幻之美"。

师：你怎么知道鱼肚色是淡青色的？

生：因为我看见过鱼的肚子，白中有一点点青色。

师：你能联结生活经验展开想象，非常棒！同学们，让我们把刚才的学习方法梳理一下。

生：我们先摘词语，再想画面，然后品意境，最后写批语。

师：这就是我们学习散文运用的"联结＋批注"策略。

四、特别提示

批注学习单的内容不宜繁多、冗杂，否则不仅背离了学习单设计的初衷，还会增加学生的作业负担，使他们产生厌倦、抵触的情绪。学习单设计必须围绕学习目标，聚焦学习盲点、文本重难点等，简约、精准地设置任务，提示策略性、阶梯性的学习方法或路径，引导学生剥笋似的深入探究，专项突破，激发主动学习的积极性。

无论是在自行探索阶段，还是在小组交流、全班讨论阶段，教学都要与评价表紧密结合。评价表能多角度、多层次地帮助学生对阅读成果进行反思和总结，查漏补缺，改进学习方法，完善学习成果，推进深度学习，实现阅读、思维、情感的多维提升。同时，又能充分发挥激励作用，提升学生学习的成就感和获得感，增强继续进步的内驱力，促进学生主动学习。

拓展是对课堂学习的延伸，也是发挥学习单作用的关键。要重视学习单在课后环节的拓展运用，立足总结与反思。在扎根课堂的同时，基于文本向课外辐射，引导学生适度地迁移并进行必要的拓展，逐步学会运用课堂上学到的阅读策略、技巧，展开独立的课外阅读，让学生在广阔的时空里、真实的情境中实践运用，促进课内与课外学习的结合，实现学以致用，达到融会贯通、举一反三、事半功倍的学习效果。

第五章
基于发展型学习任务群的批注策略教学

"新课标"分三个层面设置学习任务群,其中第二层设"文学阅读与创意表达""实用性阅读与交流""思辨性阅读与表达"三个发展型学习任务群。本章分三个小节,展示批注策略在文学阅读、实用性阅读、思辨性阅读中的实施情况。

第一节　批注策略在文学阅读中的实施

"新课标"在"文学阅读与创意表达"学习任务群中指出:"本学习任务群旨在引导学生在语文实践活动中,通过整体感知、联想想象,感受文学语言和形象的独特魅力,获得个性化的审美体验;了解文学作品的基本特点,欣赏和评价语言文字作品,提高审美品位……"这是文学类文本教学的共同目标。

批注策略教学聚焦文学类文本的独特魅力,把握诗歌、散文、小说等不同文体的特点和编码方式,通过支架架构、批注梳理、发现分享、评价跟进,让学生的思维走向高阶。

一、绘本的批注策略教学

(一) 条件分析

绘本《和甘伯伯去游河》是由英国作家约翰·伯宁罕撰文并绘制的。该书讲述了甘伯伯撑船去游河,途中小孩、兔子、猫、狗、猪、绵羊、鸡、牛和山羊纷纷请求上船。但是,乘客们忘了遵守坐船的约定。结果,船翻了,大家都掉进了水里。幸运的是,甘伯伯带领大家游到岸边,还邀请他们到家中喝茶。整个故事人物形象鲜明,语言活泼生动,情节贴近儿童生活,深受学生喜爱。

整个故事采用同构性的方式组织文本,前面近二十页几乎都是用相同的结构来展现情节:一方询问是否能够上船,另一方同意请求并提出要求。这是一个非常典型的同构性文本。故事中,几乎每个人物都有独特的语言表达方式。这样的同构性文本呈现方式,既为学生提供了好的模仿范本,又因其语言的丰富性而启发了学生的思维,让学生在模仿与创造中找到平衡点和生长点,促进他们的语言习得。

北京师范大学教授王宁说过,语言建构的基本内涵是出于表达思想的目的,按照语言内部系统来建构话语——用词汇组构句子,用句子组构段落和篇章。同构性文本里鲜明的语言规则可以给学生提供模仿的言语范式,使学生在模仿中习得言语的表达技巧,但仅仅着眼于模仿是不够的。本课时的教学设计重点聚焦绘本前面三分之二的内容,采用"预测+批注"的教学策略,引导学生把预测的结果写下来作为第一次批注的内容,并在课堂上与原文对比分析后进行第二次批注,产生碰撞。这样的教学方式使学生的语言习得迭代升级,从模仿走向创新,进而唤醒学生的"作家意识"。

(二)工具研发

便利贴:学生写下自己的预测,方便后续学习时使用。

三色荧光笔:用不同颜色的笔给不同的内容涂色,方便学生发现规律,如人物请求的语言涂黄色,甘伯伯要求的话涂红色。

海报:展示各小组学生在课堂上的学习成果。

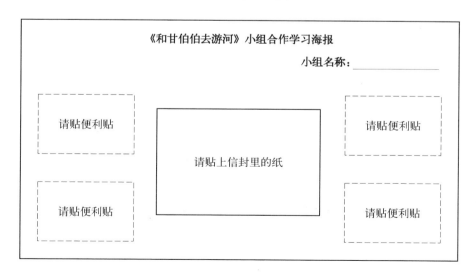

| 请贴便利贴 | 作家是这样写的： | 请贴便利贴 |
| 请贴便利贴 | | 请贴便利贴 |

（三）教学设计

教学目标：

1. 通过"预测＋批注"的方式理解故事内容,把握故事情节,感受同一请求的多种表达方式。

2. 发现绘本语言表达的特点,尝试用多样的语言表达自己的请求,有感情地说出请求,注意说话的语气。

3. 在活动中积极参与,大胆清楚地表达自己的想法和感受。

教学过程：

一、课前微课内容

（一）出示绘本封面,说说封面中的人物,猜一猜他们要去干什么。

（二）引导学生从封面中获取信息。

故事：《和甘伯伯去游河》

作者：英国作家约翰·伯宁罕

（三）教师边播放课件边有感情地讲述故事至"他的家就在河边"。

（四）"预测＋批注",图文对应。（课件展示绘本中孩子的页面,只留图片,不出示文字。）

1. 看懂图画：仔细看看图画,你看到了什么?

2. 预测情节：我看到图画中_____,猜测_____。

（1）结合学生回答板贴：结合人物、结合物品、结合表情、结合前文、结合题目。

（2）教师在相应的图片内容上批注符号"√"，引导学生去关注图画中的不同内容。

3. 预测写法：请你再来猜猜作家会让这两个人物说什么话。

4. 教师批注示范：用黄色笔涂画猜中的内容，用红色笔涂画猜不中的内容。

二、学习活动一：交流预测，梳理语言规则

（一）小组合作，交流预测。（课前教师提供绘本页，组内不同的学生拿到的页面不同。）

教师提供话头：

我看到图画中＿＿＿＿＿＿＿＿＿，猜测＿＿＿＿＿＿＿＿＿＿。

我猜测作家会这样写：

＿＿＿＿说："＿＿＿＿＿＿＿＿＿＿＿＿＿。"

甘伯伯说："＿＿＿＿＿＿＿＿＿＿＿＿＿。"

（二）教师课件展示部分学生便利贴上书写的预测内容，并请相应的学生读一读，设置问题：你们发现这些预测的相似之处了吗？

（三）小组合作学习：1. 准备好荧光笔，把相似内容画上相同的颜色；2. 观察便利贴，想想相同之处并说一说；3. 把便利贴都贴在小组的海报上，简单写上发现。

（四）全班交流，教师板书：动物、甘伯伯、请求、要求（规则）。

（五）教师总结：我们刚才用荧光笔梳理了自己的预测，发现了大家预测的相同之处，这是学习的好方法。

三、学习活动二：对比原文，发现写作奥秘

（一）教师绘声绘色地讲述绘本原文，并展示在大屏幕上。

（二）学生拿出信封中准备好的原文内容粘贴在小组海报上，小组合作学习：1. 读一读，可以一人读一句，也可以一起读；2. 找一找，在自己认为作家写得好的地方画上波浪线；3. 说一说，讲述自己认为好的原因。

（三）全班交流，教师提供话头。

　　我把自己写的和作家写的进行对比，发现作家写得比我好的

是_____。

原因是_____。

教师根据学生的回答，及时板书：更丰富、更诚恳、更强烈、符合动物天性等。

（四）梳理绘本中有关请求的表达方式，并呈现在海报上。

（五）学生补充表达，并简略书写在海报上。

四、学习活动三：尝试创编，体验写作乐趣

（一）学生独立自主创编，可以选择教师提供的图片，也可以自己画。

（二）展示学生的创编成果并点评。

教师根据板书评价学生的创编成果，给特别有创意的作品加☆。

（三）播放故事原文内容，进一步感受语言的多样性，并补充在海报中。

五、学习活动四：课后整理，结集写作成果

教师提供相应的故事页或空白页，学生自己进行预测，写一写或画一画。教师整理学生的作品并结集，装订成班级的故事绘本；有能力的可以创编属于自己的《和甘伯伯去游河》绘本故事。

（四）片段聚焦

梳理文本，发现写作秘密

师：小朋友们的预测都非常有道理。现在，小组拿出荧光笔进行进一步梳理，将你们认为推进故事发展的内容涂上颜色并讨论。最后，请小组长简单记录你们的发现。现在开始吧！

（小组合作学习，教师巡视倾听，给予一定的帮助。）

师：小朋友们刚才的讨论认真而激烈，老师非常期待你们的发言。哪一个

小组先来跟我们分享一下？

生：我们小组通过荧光笔涂色发现，都是想上船的人物先说话，甘伯伯再说话。

师：很棒，你们发现了人物的说话顺序。

生：我们把想上船的人物说的话涂上了红色，把甘伯伯说的话涂上了黄色。我们发现前者都是说想上船，而后者都在提醒他们哪些事情不能做。

师：你们发现了人物对话的相同之处，前者提出了请求，后者提出了要求。老师要把你们的发现写在黑板上。你们都有像作家一样的思维方式，发现了作家的写作秘密呢！

比较批注，体会写作奥秘

师：小朋友们已经具备了作家的思维方式，已经拥有了成为作家的基本能力。现在，让我们再向前迈进一步，努力成为真正的作家，有信心吗？

生：有！

师：很有气势！我们先一起来看看作家是怎样写的。

（教师点击课件，绘声绘色地讲述相应的绘本内容。）

（学生认真聆听，听完后鼓掌。）

师：你们的掌声是送给我的吗？

生：是！

师：我相信掌声也是送给作家的，因为他写得很好。现在，请小朋友们拿出信封中作家写的内容，把它写在小组海报的相应位置。请你们读一读作家写的内容，可以一个人读一组，也可以一起读。然后，找一找，找出你们认为作家写得好的地方，画上波浪线，并思考和讨论好在哪里。明白了吗？

（学生小组合作学习，教师巡视倾听，给予一定的帮助。）

师：好，我们来交流一下。

生：我发现作家笔下的猪很有礼貌，请求时用上了"拜托拜托"。

师：嗯，有礼貌的请求是拜托别人时的一个好办法。

生：我发现猫说的话也很诚恳，猫说"我很想坐一回船"，让我感觉它真的非常想去游河。

师：是的，这样的表达让人感觉它的愿望非常强烈。像猫这样诚恳地表达自己的愿望，更容易让别人答应哦！

生：我发现作家笔下每个人物说的话都不一样，比我写得更丰富多样。

师：你是想说，同一个请求可以用多种不同的方式来表达，这样绘本的内容会更丰富，是吧？

生：我发现甘伯伯提出的要求都是很符合乘客的特点和天性的。

师：非常棒的观察！了解并抓住事物的特点，才能写出更好的故事！

（五）反思迁移

以前的教学中，执教教师会先展示绘本中前面三个人物提出请求的内容，让学生阅读。虽然少部分学生可以发现语言特点和规律，并根据教师提供的后续画面进行创编，但不可否认，仍有一部分学生是无法完成创编的。尽管当时的课堂呈现效果看似不错，但实际上教学过程浮于表面，只适合学习能力较强的学生。学生在课堂上虽然忙碌，但实际的探索和发现却很少。

在上述教学设计中，学生至少有两次"潜入式"学习的机会，学习能力较强的学生带动学习能力较弱的学生，针对"请求"这一教学内容进行了深入的探究，并真正有了属于自己的发现。

第一，预测开路，展开基于学生原水平的教学。课前，教师用微课的方式，教给学生基本的预测方法，并让他们对相应的绘本内容进行预测，将预测结果作为第一次批注的内容写下来。这样的教学设计基于学生的真实水平，避免了"伪教学"。同时，学生的预测都有迹可循，为课堂上的梳理提供了基础，使学生能基于自己的预测梳理出语言特点和规律，增强他们的成就感，调动他们的积极性。

第二，梳理唤醒，自主发现语言特点和规律。同构性文本是第一学段的重要学习内容之一，怎样更好地让学生发现语言特点和规律，从而习得语言，是一个需要重视的课题。采用荧光笔进行二次批注式梳理是一个有效的办法。小组合作，人人参与，确保每个学生都有交流和发现的机会，有助于他们自主发现语言规律，避免教师牵引下的"伪学习"。同时，学生基于自己的预测进行梳理，并且跟原文进行对照印证。与简单地基于原文进行梳理相比，这种方式能更大限度地给予学生成功的体验，让他们感受"像作家一样思考"的快乐，为后续的学习打下良好的心理基础。

第三，对比欣赏，打开读写通道。在"像作家一样思考"之后，学生还需要"像作家一样创作"。这需要教师唤醒学生内心的"作家意识",努力让每个学生都成为课堂上的"将军"。上述课例中,教师在学生验证自己的预测以后,再次引导学生将课前预测内容与原文进行对比欣赏,欣赏作家写得好的地方并用自己的语言表达出来。教师在学生表达的基础上进行了一定的提炼,使得学生可以很好地理解并感受到原文表达的秘妙之处。然后,学生在此基础上进行再次创编,初步实现"像作家一样创作",进一步唤醒心中的"作家意识",打通读写之间的通道。

同构性文本的学习仅限于"模仿"肯定是不够的,教师可以选择合适的内容,将"创造"更好地融入学生的学习中,使得学生的学习始于模仿,却又高于模仿,逐渐走向创造。统编教材第一学段中有大量的同构性文本,是学生习得语言的良好范本。

同构性文本深受学生喜欢。文本使用的好坏直接影响学生语言习得的水平。当学生有一定的学习能力时,教师可以根据学生的实际能力适当提高学习要求。比如,教学《动物儿歌》《树之歌》等课文时,教师采用"预测+批注"的形式引导学生学习文本,预测作家的写作思路,批注作家的写作秘诀。在"思路+秘诀"的支架引导下,学生可以"像作家一样创作"。这样,学生从"文本的学习者"转变成"文本的创编参与者",进而增强学习的主人翁意识;同时,从"文本的膜拜者"转变成"写作的发现者",提高学习的成就感。这样的学习会在学生和文本之间打开一扇窗,让学生看到文本背后承载的更多信息,看得更高、更远、更多。

实践证明,"X+批注"的多阅读策略教学模式是"读写教室"在构建阅读教学策略体系中的重要一环,是促进学生持续深度学习的有效"加速器",它为学生成为独立而成熟的读写者提供了良好的物质基础和方法支架。其中,"预测+批注"的阅读策略是学生学习同构性文本的"助跑器"。当然,在选择教学文本以及如何让所有学生在课堂上都保持更好的参与度方面,仍需要在课堂实践中不断地探寻和摸索。

二、散文诗的批注策略教学

(一)条件分析

《荷叶圆圆》是一篇优美的散文诗,语言清新隽永,想象力丰富。全文洋溢着童真童趣,让读者感受到夏天的美好。《荷叶圆圆》在表达上也很有特点,为在教学中开展"路标+批注"策略奠定了基础。课文第2~5自然段结构相似,句式相同,可以引导学生用三色笔进行圈画标注,梳理出一个简单明了的"路标",顺势学习表达方式。

本课的插图色彩明丽,与文字相映成趣。有些画面还能帮助学生了解一些平时不易观察到的现象,如蜻蜓如何"立"在荷叶上,小水珠如何惬意地"躺"在荷叶上,等等。此处教学可以用上推敲策略,让学生在比较中体会文章用词的精妙。

(二) 工具研发

三色笔:用红色、蓝色、黄色分别圈画"人物""语言""动作",便于学生发现散文诗表达的规律,并形成学习"路标",帮助学生自主学习。

(三) 教学设计

教学目标:

1. 运用"路标+批注"的策略,学会梳理课文内容。

2. 在合作探究中发现课文语言的特点,尝试表达。

教学过程:

一、巧用三色笔,梳理荷叶之趣

(一)初读感受荷叶之趣。

小朋友们,看! 这圆圆的、绿绿的荷叶吸引了一群客人,他们都在池塘里开大会呢,想不想去看看? 翻开课本,自由地、大声地读课文。(板贴:荷叶图。)

(二)再读梳理荷叶之趣。

(学习任务一:借助三色笔"共学"。)

1. 圆圆的、绿绿的荷叶上迎来了第一位客人。它是谁? 我们用红笔画一画。(板贴:小水珠。)

2. 小水珠在荷叶上滚来滚去,可舒服了,它说了什么? 我们用蓝色波浪线画一画小水珠说的话。(板贴:摇篮。)

3. 追问:那为什么荷叶是小水珠的摇篮呢?

---

4. 用黄笔圈一圈小水珠的动作。（边做动作边读，感受舒服。）（板贴：躺，眨。）

5. 投影展示第 2 自然段，谁来说说你的发现？（板贴：人物，语言，动作。）

二、借助路标，感受荷叶之乐

（学习任务二：借助路标"独学"。）

（一）自主学习，发现规律。

1. 请小朋友们自由朗读第 3～5 自然段，用三色笔进行标注。（强调三色笔用法。）

2. 交流反馈，出示句子。可以选一个你最喜欢的客人来说。（随机板贴，用魔术棒"/"指导学生读好讲述"小鱼儿在干什么"的长句子。）

3. 出示第 2～5 自然段，回顾、发现这些段落的写法规律。（板贴：人物，语言，动作。）

（二）比较辨析，关注动词。

1. 教师出示变动动词后的句子，让学生比较读一读，体会课文用词的准确性。

2. 分角色表演读。（学生戴头饰表演读。）

三、联结生活，创编荷叶圆圆

（学习任务三：展开想象"拓学"。）

（一）联结生活，想象画面。

（二）四人小组讨论，展开想象：荷叶还会迎来哪些可爱的客人？我们也来当一回小作家。

（三）星级作家大比拼。

（出示一星级挑战题。）荷叶圆圆的，绿绿的。谁来了？

（出示二星级挑战题。）_____说："荷叶是我的_____。"

（出示三星级挑战题。）_____说："荷叶是我的_____。"_____在荷叶上_____。

（四）一起创编新《荷叶圆圆》。

板书设计：

荷叶圆圆

（荷叶图）	人物 ➡	语言 ➡	动作
	小水珠	摇篮	躺、眨
	小蜻蜓	停机坪	立、展开
	小青蛙	歌台	蹲、歌唱
	小鱼儿	凉伞	游、捧

（四）片段聚焦

我做，你们看

（准备工作：将课文投屏。）

师：圆圆的、绿绿的荷叶上迎来了第一位客人，它是谁呢？

生（齐）：小水珠。

师：我们用红笔在"小水珠"下面画一画。

师：小水珠在圆圆的荷叶上滚来滚去，可舒服了。它说？

生：小水珠说荷叶是"我"的摇篮。

师：读得不仅完整，而且很有味道，老师给你点赞！我们把这句话用蓝笔画一画。谁再来读读这句话？

生：荷叶是我的摇篮。（边读边做睡觉的动作。）

师：太舒服了。小水珠，为什么荷叶是你的摇篮呢？

生：因为荷叶圆圆的，就像一张大圆床，可以躺在上面，舒舒服服地睡大觉。

师：你真是一滴会享受生活的小水珠。你不仅可以躺在荷叶上，还可以眨着眼睛数星星呢！多么惬意啊，我们把"眨着"这两个字用黄笔圈一圈。

（生边读边做动作。）

师：哪位聪明的小朋友来说说你的发现？（出示用三色笔标注的第2自然段。）

生：我发现用红笔画出来的是人物，用蓝笔画出来的是人物说的话，用黄笔画出来的是人物做的动作。

师：你太厉害了。作者先写人物，接着写人物说的话，最后写人物的动作。

（边说边板贴，一张简单明了的路标海报就完成了。）发现了这个秘密，那开始自我挑战吧！

（课件出示挑战任务：自由朗读第3～5自然段，学着老师的样子，用三色笔进行标注。）

你们做，我看

师：同学们，请你们展开想象，荷叶还会迎来哪些可爱的客人呢？今天，我们借助这张"路标海报"当一回作家，写一首属于我们的诗歌，有信心吗？

生（齐）：有！

师：那老师要考考你们，看看你们的水平如何。

（课件出示一星级挑战题。）

生：荷叶圆圆的，绿绿的，小乌龟游来了。

生：荷叶圆圆的，绿绿的，小燕子飞来了。

生：荷叶圆圆的，绿绿的，小蚱蜢跳来了。

……

师：一星级挑战题看来难不倒你们，老师要加大难度了，请看题！

（课件出示二星级挑战题。）

生：小蚱蜢说荷叶是"我"的蹦床。

师：这个有意思，真好玩。

生：小蝴蝶说荷叶是"我"的舞台。

师：蝴蝶最喜欢跳舞了。

……

（课件出示三星级挑战题。）

生：小蝴蝶说荷叶是"我"的舞台。小蝴蝶在荷叶上飞来飞去，展开美丽的翅膀。

师：这位小诗人真厉害，请你上台。还有谁？

生：小龙虾说荷叶是"我"的藏身地。小龙虾在荷叶下大摇大摆地划来划去，激起一圈圈波纹。

师：哇！这个好，这个画面感太强了。请你上台。掌声在哪里？

生：小蚱蜢说荷叶是"我"的蹦床。小蚱蜢在荷叶上跳来跳去，越跳越高，好像在"与天公试比高"。

......

师：好，属于我们班的新《荷叶圆圆》已经诞生啦，我觉得编得比课文还要好呢！课后同学们可以尝试着把自己想到的画面写下来，好不好？

（五）反思迁移

一年级的学生正处于活泼好动的阶段，他们充满好奇心，喜欢模仿，对于直观、形象的事物展现出超强的学习模仿能力。为了充分利用这一特点，执教教师尝试引入相对简单的批注工具，如三色笔、路标海报等，以引导学生进行批注学习。这样，有利于增强学生的注意力，提升课堂的教学效果。

1. 三色笔——梳理达人

三色笔是一种颜色工具支架，旨在引导学生运用批注策略进行学习。通过鲜明的颜色对比，它可以帮助学生及时捕捉和发现隐藏在文字中的信息，从而更好地完成学习任务。《荷叶圆圆》这篇课文的第 2～5 自然段结构相似，句式相同，用三色笔进行批注，学生能根据颜色找出藏在句子中的"共同语言"。在教学中，这个环节可称为"我做，你们看"。教师一定要有"少即是多，慢即是快"的意识，提供精确而简洁的指导，助力每个学生都成为课堂中的"梳理达人"，感受荷叶给小伙伴们带来的乐趣。

2. 路标海报——独学能手

路标，顾名思义，就是路上的标志，有着指引的作用。"读写教室"研究将阅读策略的运用步骤设计成路标，将课堂中的学习过程外化为可操作、可复制的行为，学生在路标的指引下开展独立学习活动。教师应当立足课堂，给学生提供有效的路径和支架，让学生在这个过程中得到感悟和积累。在三色笔批注的基础上生成的路标海报，它的作用就像上楼需要楼梯一样。有了这个"楼梯"，一年级的学生也可以独立学习，而且有迹可循。

3. 联结策略——创编高手

联结策略鼓励学生将所学课文与自身经验、背景知识、其他相关文本或现实世界相结合，以实现深度学习和培养高阶思维。《荷叶圆圆》最后一个大板块就是引导学生结合路标海报这个支架进行联结想象，创编散文诗。可根据一年级学生的学习情况，创设"做一回小诗人"的情境，以递进式的挑战题呈现学习活动。在这个环节，教师应该做一个安静的倾听者，通过温和的身体语言，如摸摸学生的头、竖大拇指等方式，鼓励学生积极参与，为学生营造一个温暖和谐的学习环境。教师还要创设相对公平的学习机会。在课堂片段中，那个回答"小龙虾"的孩子，他的答案特别灵动。其实，他刚上一年级的时候是一个特别胆小、特别不自信的男孩。由于缺乏成功的学习体验，他在开学初期常常不能融入课堂。为了培养学生成为"独立而成熟的读写者"，教师需要在课堂上更加关注这类学生，为他们创造更多的参与机会，给他们同样的高期待。这类学生的能力也会有所提升，逐渐成为独立创编的高手。

三、散文的批注策略教学

（一）条件分析

《匆匆》是六年级下册第三单元的第一篇课文。本单元是习作单元，围绕"让真情在笔尖流露"这一主题展开。学习目标是让学生体会文章是怎样表达情感的，并尝试选择合适的内容写出真情实感。

对于时间的流逝，一般人会司空见惯，但朱自清将其描绘得如此真切动人。他是如何做到的？我们可以发现朱自清运用了三个"密钥"：使用叠词，使用一连串问句，以及描写真实可感的生活小事。那么，如何高效地让学生发现表达情感的"密钥"呢？

（二）工具研发

工具：三色笔、批注式预习单。

批注式预习单在语文学习中扮演着至关重要的角色，它是学生独立阅读和思考的重要工具。虽然批注式预习单在阅读教学的起始阶段使用，但它却影响着其他环节的教学效果。

在教学散文《匆匆》时，我们设计了两张批注式预习单。

批注式预习单一：叠词之美

1. 使用宽头荧光笔在课文中批注叠词。
2. 将批注出来的叠词分类填入表格里。

课文中的叠词	AA 式叠词	渐渐
	ABB 式叠词	头涔涔
	AABB 式叠词	轻轻悄悄
品悟叠词的作用		

3. 选择一个叠词，写写你的感受。（批注在课文中叠词的旁边。）

这张批注式预习单从找叠词、将叠词分类、品悟叠词的作用到选择一个叠词进行批注,步步推进。尤其是第3小题,学生需要采用多种阅读策略,感受叠词之美,品味散文的韵味。

批注式预习单二:品味问句

问句(在文章中标注出来并抄在下方)	在文章中的位置(打钩)	形式(打钩)	情　感	理　由
	开头(　　　) 中间(　　　) 结尾(　　　)	反问(　　　) 设问(　　　) 疑问(　　　)		
	开头(　　) 中间(　　) 结尾(　　)	反问(　　) 设问(　　) 疑问(　　)		
	开头(　　) 中间(　　) 结尾(　　)	反问(　　) 设问(　　) 疑问(　　)		

这张批注式预习单旨在引导学生找出文中的三处问句,帮助学生把握文章结构,体会作者情感,找到抒发情感的"密码"。

(三)教学设计

教学目标:

1. 联结课题、诗词等,对比阅读,体会叠词之美——美在韵味、美在节奏、美在情感。

2. 借助表格支架,小组讨论,理解问句,梳理文章结构,体会作者情感。

3. 运用迁移手法,尝试用连续发问的方式表达自己的真情实感。

教学过程:

一、品味叠词之美

(一)学生齐读课题《匆匆》,引出朱自清的散文。

(二)运用预习单,发现叠词。

（三）讨论交流叠词的作用。

1. 美在韵味。

引出"匆匆"。这么多的叠词里，有一个词出现频率特别高——匆匆。

（1）解释"匆匆"的意思。（2）提问："匆匆"和"匆忙"，你会选择哪个词作为题目？说说理由。

2. 美在节奏。

联结宋代女词人李清照的词，再次感悟叠词的韵味美、节奏美。

（1）知否，知否？应是绿肥红瘦。

（2）争渡，争渡，惊起一滩鸥鹭。

（3）寻寻觅觅，冷冷清清，凄凄惨惨戚戚。

3. 美在情感。

（1）寻找课文中一个简单的叠词——白白。

（2）推敲用法。

示例：为什么偏要白走这一遭啊？

为什么偏要白白走这一遭啊？

（3）学生小结：叠词之美，美在韵味，美在节奏，还美在情感。

（四）选择一个叠词，进行批注。

请选择一个叠词，把你的感受批注在词语的旁边。经过这一轮研究，你也许还会发现有关叠词更多的奥秘。

批注推荐策略：提问策略、推敲策略、联结策略、想象策略。

二、品味问句，寻找抒发情感的"密码"

（一）示范学习第一处问句。

1. 交流梳理预习单，说说问句的类型及理由。（出示路标一"辨句型"。）

2. 发现规律：这些问句是怎样组合的？（出示路标二"找特点"。）

3. 从这些问句中你读出了作者怎样的心情？（出示路标三"悟感情"。）

4. 联结这一段的其他句子，验证这种情感。

5. 朗读体验。（读出对时光流逝的感慨。）

（1）个别学生示范读。（2）全体同学一起读。（3）学生小结学法路标（辨句型、找特点、悟感情）。

（二）小组探究合作，学习第二处和第三处问句，明确学习合作要求。（教师出示合作学习要求，学生明确具体分工。）

1. 组内交流5分钟。

2. 小组代表全班交流。

3. 教师小结：连续的问句让情感表达得强烈而真挚。

三、迁移生活，尝试写法

（一）选择语境，表达情感。

1. 出示语境，明确要求。

语境一：时光匆匆，六年的小学生活即将结束，你忍不住问——

语境二：和好朋友之间渐行渐远，我们的友谊变淡了，我不禁问——

语境三：选择一种心情，尝试连续发问，直接表达情感。

2. 出示评价表，明确目标。

评价项目(最高等级★★★★★)	设问反问组合，连续发问	情感真挚	书写端正	语言通顺，标点正确
自我评价				
伙伴评价				

3. 交流修改。

4. 小结提升。

教师小结：一节课匆匆而过，时光匆匆，生命匆匆，让我们珍惜每一天！

教学板书：

匆匆

散文　　　朱自清

辨句型　　　　　设问反问

找特点　　　连续发问　　直抒胸臆

悟感情　　　时光流逝　　无奈惋惜

（四）片段聚焦

运用多种阅读策略，品味叠词之美

师：在这篇散文中，朱自清运用了很多叠词，有一个叠词出现的频率特别高，是哪一个？它出现了几次？出现在哪些地方？

生："匆匆"，出现了5次，课题中1次，课文中4次。

师："匆匆"是什么意思？

生："匆匆"是急急忙忙的意思。

师：若你是作者，你会选择"匆匆"和"匆忙"中的哪个词作为文章的标题？为什么？（运用推敲策略。）

生：我会选"匆匆"，因为"匆匆"更有散文的韵味。

师：叠词让散文更具韵味美。古代有一位女词人，她特别喜欢在作品中运用叠词，你们知道她是谁吗？

生：李清照。

师：读一读她的词句，感受叠词的作用。（运用联结策略。）

生：我发现叠词不仅有韵味美，更有节奏美。

师：在课文中，有一个特别简单的叠词，你们能发现它吗？

生：白白。

师：这个叠词看似简单，其实不然。对比朗读，感悟叠词的作用。（运用推敲策略。）

生：为什么偏要白走这一遭啊？为什么偏要白白走这一遭啊？

师：从刚才这位同学的朗读中，你们感受到了什么？

生："白白"这个词使句子的情感表达变得更加强烈。

师：是的，叠词之美，美在韵味，美在节奏，还美在情感。现在，请每个同学选择一个叠词，并在词语旁边批注你的感受。或许，经过这一轮的学习后，你们还能发现有关叠词的更多奥秘。

路标引领，品味问句，寻找抒发情感的"密码"

师：结合预习单二，说说课文中问句所处的位置可以分成几种？

生：三种——开头、中间、结尾。

师：我们以开头这一处为例，一起学习。这些问句的类型是什么？（出示路标一"辨句型"。）

生：既有反问，又有设问。

师：这些问句是如何组合的？（出示路标二"找特点"。）

生：第一处几个问句组合起来是一个大设问。

师：你是怎么知道的？你关注到了什么，才有了这个发现？

生：我关注到了破折号。"但是，聪明的，你告诉我，我们的日子为什么一去不复返呢？——"，这个破折号起到了解释说明的作用，后面的三个问句在解释回答破折号前的问句。

师：从这些问句中你读出了作者怎样的心情？（出示路标三"悟感情"。）

生：通过这四个问句，作者直截了当地表达了对时光流逝的怅然若失。

师：直接表达自己的情感就是直抒胸臆。请联结开头的其他语句，验证作者的这种心情。

生："燕子"的迁徙，"杨柳、桃花"的枯荣，都说明了时间的流逝。

师：请你用朗读来表现这种情感。

（生有感情地朗读。）

师：哪位同学能总结这处问句的路标式学习方法？

生：辨句型—找特点—悟感情。

师：现在小组合作学习，用路标式学习方法学习第二处和第三处问句。

（五）反思迁移

本课与传统的教学理念和程序有所不同，教师借助批注式预习单这个载体，引导学生有指向性地预习全文，通过反馈讨论、自我体会、再次批注的方式，代替传统的散文朗读教学方式，推进阅读走向深度。这是散文类文体教学的一次有意义的尝试。在这种新的教学形态中，批注式预习单发挥核心作用。批注式预习单的精心设计可以帮助学生梳理课文，而二次批注是梳理后成果的显性呈现，它为学生有效体会作者的情感表达创造了可能，是培养独立而又成熟的读写者的有效策略。

四、小说的批注策略教学

（一）条件分析

《芦花鞋》是四年级下册第六单元的课文。本单元的课文都是围绕"深深浅浅的脚印,写满成长的故事"这一人文主题展开的,讲述了不同时代的少年儿童的成长故事。《芦花鞋》一课选自曹文轩的长篇小说《青铜葵花》,展现了青铜勤劳、纯朴的形象。这一单元的语文要素之一是"学习把握长文章的主要内容",旨在让学生通过列小标题,学会归纳文章的主要内容。对于小说的教学,教师通常会抓住人物、情节、环境等要素,通过感悟、理解、想象等方法,引导学生深入理解文本,感悟人物形象。那么,针对小说该如何聚焦关键处进行深度学习?

结构化学习的理念告诉我们,为了降低学生的学习认知负荷,我们要聚焦关键因素,减少非关键因素的干扰。元认知理论告诉我们,在学习过程中,只有不断将思维的历程显性化,才能在反思中不断认识自我、提升自我。"批注达人卡"的设计与运用,符合结构化思维和元认知理论。在有效的批注工具的支撑下,能让学生的思维走向显性,在共享和碰撞中促进思维迭代升级。批注达人,顾名思义,是指在批注学习中阅读能力特别强的学生。评选批注达人,旨在激励学生借助批注式阅读,逐渐成为独立而成熟的读写者。"批注达人卡"是学生开展批注式学习的路标、载体和标准。"批注达人卡"贯穿整个教学活动始终:课前呈现,让每个学生明确学习路径、方法和目标;课中复现,帮助学生检视修正批注内容;课后再现,评选批注达人,举行颁奖典礼,激励学生不断进步。

(二) 工具研发

工具:三色笔,批注达人卡,便利贴,批注海报。

《芦花鞋》批注达人卡

批注任务	批注方法	批注梳理	成果评价
列小标题	在空行处批注。	梳理批注有（　　）处。	A
谈人物特点	在印象深刻的词句旁批注。（用黑笔）	梳理批注有（　　）处。	A
梳理语言特色	1. 圈出反复出现的词句;（用红笔） 2. 画出其他修辞手法。（用蓝笔）	1. 反复出现的词句有（　　）处; 2. 除"反复"外,用得最多的修辞手法是（　　）,有（　　）处。	A

通过梳理我的批注，我知道自己为什么会喜欢这篇文章了：
我最想和同学分享的发现是：
批注达人：1. 批注梳理水平达到 3A；2. 有两处及以上让老师或同学感到惊讶的发现。（符合一条即可）

（三）教学设计

教学目标：

1. 迁移学法，用列小标题的方法把握文章的主要内容。

2. 借助表格支架和补充的资料，体悟青铜吃苦耐劳、善良聪明、坚韧不拔的美好品质。

3. 参与批注达人评比，进行深度阅读，发现作家的表达特色，激发对整本书阅读的兴趣。

教学过程：

一、课前谈话：介绍小说，初识人物

（一）评选"批注达人"。

1. 什么是"批注达人"？

2. 怎样才能评上"批注达人"？

（二）走近作家和著作。

1. 谁知道作家曹文轩？

2. 谁读过《青铜葵花》？

（出示小说封面，认识人物；观察小说目录，了解主要内容。）

3. 揭示课题，聚焦关键。

思考：这篇课文的主要人物是谁？主要事物是什么？最主要的事件是什么？（青铜、芦花鞋、卖芦花鞋）

二、概括标题，梳理情节

（一）聚焦关键人和物，尝试列小标题。

1. 明确位置：该怎么给课文的每个部分列小标题呢？教材编写者在课文中留下了提示。谁能发现呢？（已经用空行的方式将课文分成了四个部分。）

2. 想象画面：说说四个场景。

3. 交流写法，二次批注。（板书：联结目录，二次批注。）

（1）呈现学生作业。（2）交流评议。（3）欣赏不同角度的批语。（4）二次批注。

（二）练习概括故事内容。

全文围绕主人公（　　　）依次写了（　　）、（　　）、（　　）、（　　）四个部分的内容。

三、聚焦细节，感受形象

（一）初步梳理人物形象。

青铜具有吃苦耐劳、朴实善良、坚韧不拔的美好品质。

（二）小组交流。

1. 交流话题：你找到了几处描写青铜的细节？哪一处让你印象最深？

2. 交流方法：（1）找的最少的同学先讲，其他同学补充；（2）通过讨论交流，修改完善批注；（3）推荐一位同学进行汇报交流。

（三）小组展示。

1. 交流梳理细节出现频次：展现吃苦耐劳（　　）的细节、展现朴实善良（　　）的细节、展现坚韧不拔（　　）的细节。

2. 在课文中找出具体细节。

（四）品味细节。

1. 你最喜欢哪个细节？为什么？

2. 集中品味：（1）聚焦一处细节描写；（2）呈现不同的批语；（3）学习深入理解文本的方法；（4）有感情地朗读。（板书：想象补白。）

四、梳理特色,感悟写法

(一)交流表格,梳理写作方法。

1. "反复"手法出现了(　　)处。

2. 除"反复"外,用得最多的修辞手法是(　　),有(　　)处。

3. 读一读,想一想:运用修辞手法有什么效果?

(二)交流发现,评选批注达人。

1. "我的发现"有哪些?修改并完善批注。(背面提供发现的话头和角度等提示。)

2. 评选批注达人。(1)出示评选标准:内容角度新奇,语言表达完整、通顺;(2)交流并评价"我的发现"。

3. 颁奖典礼。

五、联结原著,迁移阅读

(一)出示海报:《青铜葵花》阅读之旅。

(二)明确阅读要求:一批二梳三发现。

(三)激发阅读兴趣:评选整本书阅读批注达人。

教学板书:

芦花鞋

二次批注

批注　联结目录　发现

想象补白

梳理

(四) 片段聚焦

分析与概括:批注助力长文短教

师:同学们,这篇课文非常独特。这是一篇长文章,你们看课文里有些什么?

生:空行。

师:你们仔细读,会发现被空行隔开的四部分内容分别就是这个故事的起因、发生、发展、高潮。大家预习时给每部分内容列了小标题。现在我们来看看这个同学列的小标题,请你站起来大声读一读。

生:第一部分写了青铜一家为了增加收入,编织了 101 双芦花鞋;第二部分是讲在一个大雪天,青铜不顾家人劝说,坚持去镇上卖芦花鞋;第三部分内容是几个城里人买了 10 双芦花鞋;最后一部分内容是写青铜卖出最后一双芦花鞋。

师:每一部分的内容,他都用一句话来概括,说得不错。但是,我们再仔细看,这一次的要求是列小标题。你们看一下这本书的目录,与刚才这个同学概括的小标题比较一下,发现了什么问题?(出示《青铜葵花》的目录。)

生:他的概括的确很好,但是不简洁。

生:他写得太直白了,直接告诉读者故事情节。作者曹文轩写的小标题更有趣、更吸引人。

师:曹文轩写的小标题虽然字少,但有关键信息,且很有趣,能激起你们的想象。(教师引导学生集体修改小标题。)

师:我们再来看这两位同学的小标题,请站起来读一读。

生:第一部分的标题是"全家编织芦花鞋",第二部分是"青铜卖芦花鞋",第三部分是"芦花鞋畅销",第四部分是"青铜卖掉自己的芦花鞋"。

生:我的第一部分的标题是"青铜一家编织芦花鞋",第二部分的标题是"青铜去卖鞋",第三部分的标题是"青铜卖掉了最后十双鞋",最后一部分的标题是"青铜将自己的鞋卖给了别人"。

师:你们仔细观察一下,这两个同学聚焦的对象是不一样的。

生:第一个同学聚焦芦花鞋,第二个同学聚焦人物。

师:两种角度都可以,而且这两位同学都比刚才那个同学概括得更简洁。再来看看这两个同学。

生:我的第一部分的标题是"制作芦花鞋",第二部分的标题是"卖芦花鞋",第三部分的标题是"芦花鞋售完",第四部分的标题是"脱下自己的鞋给客人"。

师:谁的鞋?

生:青铜。

师:青铜的名字有没有出现?

生:没有。

师：所以，相同的内容可以去除。再看这位同学。

生：一是"做芦花鞋"，二是"卖芦花鞋"，三是"意外收获"，四是"赤脚回家"。

师：他写得不一样，"意外收获"很吸引我。这两个同学的小标题都很有特色。

师：现在我们明白了列小标题的要求和要点，请再次修改自己的小标题。如果把这些小标题串联起来，就是文章的主要内容。你能不能把这些小标题串起来，然后用简单的话说一说课文的主要内容？

（五）反思迁移

本课教学颠覆了传统的课堂教学理念和程序，借助"批注达人卡"，采用"批注—梳理—发现"的教学流程，通过二次批注等批注策略，推进学生深度阅读，是小说类文体长文短学的一次非常有意义的尝试。

1. 针对小说的特点，展开结构化批注式学习。教师紧扣小说文体的特点，从小说的情节、环境、人物三要素入手，通过引导学生列小标题来归纳课文的主要内容、青铜的性格特点、作家的描写特色。同时，结合文本的特点，加强了"反复""比喻""拟人""夸张"等修辞手法的教学。教师要注重利用表格支架和补充资料，帮助学生领悟青铜吃苦耐劳、善良聪明、坚韧不拔的美好品质，以及细节描写在凸显人物形象方面的作用。值得一提的是，学生在自学基础上梳理出的关于青铜的特质，符合学生的"最近发展区"。通过进一步的统计和梳理，学生能发现作家的写作逻辑。

2. "批注达人卡"在教学中起到了支架作用，帮助学生开展合作学习。学生从个体自学到小组合作，再到全班交流，三次聚焦学习重点。教师在这个过程中引导学生使用三色笔进行批注，留下不同阶段的批注印记。

3. 使用便利贴，提升学生的思维层次，让课堂走向深度。教师设计了这样一个问题情境："你最喜欢哪个细节？为什么？请同学们带着你们的便利贴上来，读一读，贴一贴。"引导学生分享和讨论他们最喜欢的细节，并贴上便利贴。当学生发现便利贴主要集中在"目光"这个细节时，教师巧妙地设计了想象补白，帮助学生深入理解人物的心理变化过程，为二次批注作基础。通过对批注成果的梳理和思辨，学生的思维从低阶向高阶发展，课堂实现了深度学习。学生之间的思维碰撞会产生新的观点和发现，推动思维的迭代升级。

4. 通过"我的发现"环节,引导学生从梳理走向分析和整合。他们发现作者运用多种修辞手法使行文生动有趣,通过环境描写,凸显人物品质,增添趣味性。这些结构化的发现展示了学生开阔的思维视野。特别是在对比喻句的寻找和验证过程中,学生各抒己见,不断地挑战文本、挑战自己、挑战教师。随着交流的深入,教师和学生都得到了不同程度的成长。

5. 海报的共享为班级和年级的交流创造了可能。各小组把《芦花鞋》的学习历程和新的发现做成小组海报,贴在班级展示墙上,吸引其他组同学关注、学习。其他同学使用便利贴写下自己的收获和体会,这成为课外拓展学习的有效方式。通过观点的碰撞和思维的延伸,学生的思维得到了进一步拓展。还可将成果展示在学校的海报栏上,让更多同年级的同学分享学习成果,获得启发。

当然,在本文的教学过程中,需要预留足够的时间供学生预习和查找资料。如果能引导学生对长篇小说《青铜葵花》进行整本书阅读,将更有助于他们理解故事的前因后果和作家的写作风格。此外,从评论者的角度学习作家的写作特色也是一个值得尝试的教学视角。

第二节　批注策略在实用性阅读中的实施

"新课标"在"课程理念"中明确指出,要"增强课程实施的情境性和实践性,促进学习方式变革",倡导语文课堂要"创设丰富多样的学习情境,设计富有挑战性的学习任务,激发学生的好奇心、想象力、求知欲,促进学生自主、合作、探究学习"。

实用类文本内容广泛,涵盖诸多领域。在实用类文本教学中,若能创设更多围绕同主题内容的群文阅读、资料梳理等结构化学习活动,将更有效地贯彻"新课标"的课程理念,为课堂注入更多生机与活力。

"联结＋批注"策略教学不仅能引导学生关注实用类文本的内容架构和语言特色,还能有效地拓宽其文本视野,促使他们对课文内容进行更深入的思考。采用此类批注策略教学的课堂,学生的自主合作探究能力、思辨能力以及表达能力都将得到更多的锻炼与提升。

文艺性说明文批注策略教学

（一）条件分析

《只有一个地球》是六年级上册第六单元的一篇文艺性说明文。本单元的人文主题是"我们是大地的一部分，大地也是我们的一部分"，语文要素之一是"抓住关键句，把握文章的主要观点"。课文条理清晰，层次分明：先从宇航员在太空遥望地球所看到的景象写起，引出了对地球的介绍；随后通过描述地球在宇宙中的渺小以及地球自然资源的有限和遭受的破坏，揭示地球面临资源枯竭的危机；再借助科学家的研究成果，强调人类目前无法找到第二个适合居住的星球；最终呼吁人类珍视并保护地球及其生态环境。

联结策略是阅读策略教学中常用的方法，形式多样。它可以引导学生通过联结旧知识促进对新知识的理解，也可以借助与课文相关的拓展信息来增进学生对课文内容的理解，还可以结合学生的生活实际来解读生词或新句。因为具有多样性和实用性，所以联结策略深受教师们的喜爱，在实用类文本的批注教学中更是常见。

在《只有一个地球》第一课时的教学中，可以指导学生运用摘要、思维导图等手段来梳理课文结构，抓住宇航员对地球"可爱"与"易碎"的评价，进而深入理解作者提出"保护地球"这个结论的依据。在第二课时的教学中，可以尝试运用"联结＋批注"策略。在当前这个信息时代，学生容易获取大量关于地球现状和环境保护的信息，这为在教学中实施联结策略提供了有利条件。然而，这些信息的质量参差不齐，需要审慎筛选。课堂上，教师可以设计"探究作者在写作前参考过什么资料"的任务，通过分析学生认为作者可能参考的资料，将学生在课外搜集的信息与课文内容进行深度联结。这样，不仅能拓展课文内容，还能帮助学生更全面地理解课文观点，使资料梳理成为推动学生深度阅读的有效途径。

（二）工具研发

便利贴：引导学生在课外进行同主题文本阅读，把与作者观点有关联的内容摘抄记录在便利贴上。

摘录卡：课前进行组内资料共享，把符合要求的内容初步筛选出来，贴在摘录卡上，并注明出处与发表的时间。

《只有一个地球》参考资料摘录卡

资 料 类 型	主 要 内 容	出处、时间
报刊( )书籍( )电视( )网站( )其他( )		
报刊( )书籍( )电视( )网站( )其他( )		
报刊( )书籍( )电视( )网站( )其他( )		

梳理单：课堂上进行小组合作学习时使用，可以促进小组内进行更加有效的讨论，便于记录结果和汇报。

《只有一个地球》参考资料梳理单

梳理员：

课文中作者的观点是	
我们小组认为作者参考的资料有	
我们的理由是	
通过资料梳理，我们对作者的观点有了这样的看法	

（三）教学设计

教学目标：

1. 学会摘录含有关键信息的资料并注明出处。

2. 通过小组合作，讨论作者可能参考的资料，对作者的观点有更全面的认识和理解。

3. 仿写环境保护宣传标语。

教学过程：

一、回顾梳理，明确学习内容

（一）上节课，我们通过抓关键句和运用"摘要＋图示"的方法，厘清了课文的层次，感受了作者是如何表达地球的可爱以及脆弱的。作者那文艺表达与准确说明相结合的语言，让我们更清晰地感受到了地球的特点。那么，人类无法移居这一点，作者是如何得出的？这节课我们一起来当当资料梳理员，梳理一下作者写下这些内容时有可能参考过哪些资料吧！

（二）明确判断参考资料是否合理的依据（在梳理之前，首先要明确参考资料需要具备的特点）：

1. 内容关联性；2. 资料权威性；3. 出版时间合理性。

二、合作梳理，完成学习单

（一）小组交流课前准备的参考资料，讨论作者参考这些资料的可能性。

（二）小组合作，讨论交流，归纳记录，完成梳理单。

三、交流展示，理解作者观点

（一）交流汇报，各小组进行展示汇报。投影出示小组合作完成的学习单。

（二）相机评价定级。

资料梳理评价表

作者可能参考的资料的整理情况	资料单一，能标明出处，内容表述不够清晰、完整。	一星级
	资料较为丰富，出处较为详细，内容表述比较完整。	二星级
	资料种类丰富，出处清楚、详细，内容表述清晰、完整。	三星级
作者参考这些资料的理由的阐述情况	可能性理由单一，说服力不强。	一星级
	可能性理由较多，有一定说服力。	二星级
	可能性理由很多，说服力强。	三星级

		(续　表)
总结对作者 看法的观点	观点无创意,与资料联系不紧密。	一星级
	观点较有创意,能与资料相联系。	二星级
	观点很有新意,与资料紧密相连。	三星级

（三）奖励三星级梳理小组。

四、仿写标语,总结课堂

（一）小结:听着各小组精彩的汇报,老师知道大家在这节课上收获了许多关于地球的知识。我们在阅读这样的科普性文章时,若能带着对资料追根溯源的态度去学习、梳理,往往会让我们对文章有更加全面、系统的认识。所以,作者在文章的结尾这样写道……(引导学生齐读课文结尾。)

（二）出示环保宣传标语,读一读。

（三）仿写标语。

（四）总结下课。

板书设计:

只有一个地球

资料梳理小组

一星级梳理小组	二星级梳理小组	三星级梳理小组

（四）片段聚焦

联结课文,明确资料梳理的依据

师:在进行资料梳理之前,我们首先来看一看哪些资料更有可能作为参考资料。大家还记得我们学过的《太阳》这篇课文吗? 现在,请想象一下,如果我们有三本书——《未来世界之旅》《太阳全书》《外星人真的存在吗?》,你们觉得哪一本书的内容更有可能作为《太阳》的参考资料呢? (课件展示《未来世界之旅》《太阳全书》《外星人真的存在吗?》三本书的封面。)

生：我认为《太阳全书》更有可能。因为其他两本书的内容跟太阳关系不大，所以不太可能成为参考资料。

师：你说得很有道理，所以说选择参考资料首先要注意——

（课件出示：内容具有关联性。）

生（齐）：内容具有关联性。

师：好。我们再来看另一篇我们学过的课文。

（课件展示课文《松鼠》的图片。）

师：这也是一篇具有文艺性的说明文，作者是法国的布封。现在，如果我们想为这篇课文找参考资料，你们觉得以下三本书中哪一本的可能性更大呢？（课件展示《动物百科全书》《小松鼠》《红松鼠契卡》三本书的图片。）

生：我觉得《小松鼠》可以。

师：你们同意吗？

生（齐）：不同意。

师：那请你来说一说。

生：我觉得应该是《动物百科全书》，因为其他两本书感觉像是故事书，里面的内容可能是虚构的，而《动物百科全书》里面的内容应该是真实的，而且比较权威。

师：你说得棒极了！参考资料应具备的第二个特点就有了，那就是——

（课件出示：资料出处具有权威性。）

生（齐）：资料出处具有权威性。

师：接下来，我们再来看一篇学过的课文——《什么比猎豹的速度更快》。根据查到的课文的发表时间，你们觉得这三本书中哪一本作为参考资料的可能性更大呢？（课件展示：《世界上速度最快的动物》2022年出版，《吉尼斯世界纪录大全2010》2010年出版，《世界之最》1991年出版。）

生：我觉得是《世界之最》，因为它的出版时间比课文写成的时间更早，另两本书都比课文写成的时间要晚。这说明作者在写那篇课文的时候，这两本书还没有出版，因此作者不可能参考它们的内容。

师：你把原因解释得非常清楚。所以，参考资料还应该具备第三点，那就是——

（课件出示：时间先后具有合理性。）

生（齐）：时间先后具有合理性。

师：明确了这些选择参考资料的依据后，同学们在小组中讨论梳理资料时，就能更有针对性地进行筛选了。

（五）反思迁移

拓展同类型文本阅读一直被我们视为课后延伸的环节，但因为紧张的教学节奏，这样的课后阅读往往流于形式，无法保证质量与效果。本节课的教学中，却能以"资料梳理"这样的活动为载体，探究同类型文本与课文观点的相互联系。在拓宽文本的同时，这也培养了高年级学生的摘要能力、思辨能力、表达能力等多方面能力。

教师精心筛选出一些已经学过的说明文，并设计了富有针对性的问题。这样做既唤起了学生的记忆，又让他们在筛选资料的过程中明确了参考资料的三个关键维度：内容的关联性、出处的权威性、时间的合理性。这样的学习过程自然流畅，不是教师生硬的灌输，而是学生在相互讨论、思考中的自主领悟，能更好地培养他们的思辨能力。

小组交流汇报，探究搜集的资料是否可能为作者写作的参考资料，这样的活动不仅使学生们对参考资料本身有了深入的理解，而且在批注理由的讲述中，锻炼了他们的思辨能力。对于高年级学生来说，这是一次极有意义的体验。从学生们的小组学习单来看，许多小组的批注都做到了有理有据，展现了独特的见解。从活动效果来看，这样的尝试是极有价值的。

当然，学生们在课堂中找到的资料未必是作者写文章前真正参考的资料，但设计这一活动的初衷并非考证作者真实的参考资料。通过这样的课堂，可以让学生明白在阅读科普文章时，可以采用群文阅读的方式，并随时对作者的观点进行质疑。在查证确切资料后再来客观地理解作者的观点，会比盲目接受更为有效。毕竟，科学是严谨的，让学生自行查找资料、思考质疑，才能让他们更接近真理。

那么，让我们举一反三，在教学四年级下册的《纳米技术就在我们身边》时，就可以联结更多关于纳米技术在生活中应用的资料，让学生对纳米技术有更直观深入的了解；在教学五年级上册的《什么比猎豹的速度更快》一文时，也可以引导学生联结探究,除了课文中提到的事物,还有哪些事物比猎豹的速度更快;在教学六年级下册的《真理诞生于一百个问号之后》时,也可以联结更多发明创造的小故事,让学生深入体会在生活中细心观察、善于思考的重要性等。

第三节　批注策略在思辨性阅读中的实施

"思辨性阅读与表达"学习任务群是"新课标"六大学习任务群之一。思辨性阅读实践活动通过阅读、比较、推断、质疑、讨论等方式,梳理观点、事实与材料及其关系,致力于培养学生的理性思维和理性精神。

高年级学生已经具备文本阅读和自主探究的能力,以及一定的思辨能力。教师应为学生提供广阔的思考、表达和交流空间,引导他们梳理、分析证据和观点之间的联系,有条理地表达自己的观点。思辨性阅读正是一个培养理性思维的好方法。思辨类阅读文本一般具有人物众多、情节复杂、对比明显等特征。批注策略教学能帮助学生梳理信息与材料,深入挖掘文本的内涵,激发他们辩证思考问题的意识,促进思维的迭代升级。

思辨性阅读批注策略教学

(一) 条件分析

五年级下册的《田忌赛马》一文,生动地描述了田忌与齐威王及贵族们赛马的过程。其中,孙膑通过观察发现双方马匹的脚力相近,并能分为上、中、下三等,他建议田忌巧妙地调整不同等级马的出场顺序,最终使田忌在赛马中战胜齐威王。这个故事告诉我们,在面对问题时,应认真分析实际情况,并选择合适的对策以达到预期的目的。了解孙膑发现问题、解决问题的思维过程,是本文学习的重点。发现问题—循证探究—解决反思,构成了思辨性阅读探索的全过程。因此,在思辨性阅读与表达中,"提问"是一种重要的阅读策略,问得越深越准,理解就能越透彻。

从学生的学习情况来看,五年级的学生虽然已经积累了一定的阅读理解的经验,但他们仍处于由形象思维向抽象思维过渡的阶段。特别是理解文中人物的思维过程等相对抽象的内容,对他们来说是一个挑战。"图示＋批注"策略在自主阅读中显得尤为重要。学生可以通过"圈、点、勾、画"的方式标注并提取文中的关键信息,同时借助图表进行梳理、排列、分析,使思维过程更为直观和清晰。以《田忌赛马》课后习题二为例,题目要求学生标画齐威王和田忌赛马的对阵图,有意识地提示学生用"图示＋批注"的阅读策略,将具体的文字转化为形象的图示。这不仅有助于更直观地呈现赛马的对阵过程,也便于学生在思维转化的过程中更清晰地理解文本内容。因此,本文总体上采用"提问＋图示＋批注"的多元阅读策略。通过引导学生由果溯因,循证阅读,深入理解孙膑安排马匹出场顺序的思维过程,了解孙膑、田忌、齐威王的人物特点,懂得故事蕴含的道理。在此基础上,教师组织学生开展第三次赛马的辩论,引导学生有根据地思考、推理、表达,从而进一步提升他们的逻辑思维能力。

（二）工具研发

在思辨性阅读与表达的教学中,主要的批注工具是批注学习单。设计学习单要精准把握文本的重点和学生思维的难点,通过直接而简明的图表提示,引导学生进行深入探究,帮助他们突破思维的困境,增强注重实证的阅读意识和逻辑严密的表达能力。

学习单一

---

1. 从文中找依据,用图表给六匹马按脚力大小排序。（提示:"齐威王上等马"可以简写为"齐上",以此类推。齐威王的马与田忌的马可以用不同颜色标注,图表的形式可用台阶图等。）

孙膑发现了这个秘密,心想:＿＿＿＿＿＿＿＿＿＿＿＿＿＿。

2. 联系数学课上学过的知识,思考有几种调换马匹顺序的可能性。完成表格,思考孙膑分析后的想法,做好批注。

	第一场	第二场	第三场	比赛结果
齐威王	上等马	中等马	下等马	
田忌1				
田忌2				
田忌3				
田忌4				
田忌5				
田忌6				

学习单二

第三次赛马，_____会赢。 第____小组

因为从_____,我们知道了_____

_____

_____

_____

_____。这样,他就能赢。

　　学习单一用在预习课文时,目的是让学生联结上下文和已学知识进行梳理分析,为了解孙膑的思维过程及人物的特点做好铺垫。学习单二用在课堂第三环节"创设情境,模仿思考"中,学生根据马脚力大小和人物特点,合理推测,展开辩论,从而促进思维发展和表达能力的提升。

(三)教学设计

　　教学目标:

　　1. 运用"提问＋图示＋批注"的多元阅读策略,了解孙膑制订计策的思

维过程,加深对课文内容的理解。

2. 简洁、完整地表述孙膑制订计策的思维过程,感受孙膑过人的智慧。

3. 初步掌握分析问题的思路和解决问题的方法,展开第三次比赛的辩论,促进学生思维水平的发展。

4. 激发学生阅读《史记(少年版)》的兴趣。

教学过程:

一、问题引路

(一)复习回顾,齐读课题。上节课我们初读了《田忌赛马》一课,了解到孙膑运用调换马匹顺序的策略,帮助田忌在赛马中赢了齐威王。出示对阵图,连线。

(二)呈现问题:孙膑为什么要这样安排马匹的出场顺序?

二、探究原因

(一)今天这节课,我们要来探究孙膑安排马匹出场顺序的思维过程。快速默读,找出表示原因的句子,用红笔涂色。

(二)一探脚力大小。

预设:孙膑看了几场比赛后发现,大家的马脚力都差不多,而且都能分成上、中、下三等。

1. 说说你对这句话的理解。

2. 图示批注:请你联结上下文,在红色贴纸上用图表方式将六匹马按脚力大小排序,并在文中找找你这样排的理由。(展示交流学习单一中的第 1 题。)

3. 语言批注:如果你是孙膑,发现这个秘密后,心里会想什么? 在蓝色贴纸上写下对关键词句的批语并交流。

4. 根据两次批注说说孙膑从观察到分析的思维过程。

5. 总结:我们是用什么方法理解孙膑从观察到分析的思维过程的?

(三)二探排兵布阵。

1. 联系数学课上学过的"田忌赛马"的可能性问题,结合六匹马脚力排序图,小组成员交流课前学习单一中的第 2 题,想想在齐威王出马顺序不变的情况下,田忌有几种出场安排。

2. 展示,交流。从图中可以知道唯一能赢的办法,如果你是孙膑,心里会想什么?

3. 说说孙膑观察和分析马的脚力,以及安排马匹出场的思维过程。

(四)三探人物特点。

1. 孙膑这样安排马匹的出场顺序,除了观察和分析马的脚力外,还观察和分析了什么,从而让田忌稳操胜券?

2. 默读课文,找出文中描写人物的句子,批注齐威王和田忌的特点。

3. 小结。孙膑对马和人进行了认真的观察、全面的分析,选择了唯一能赢的出场顺序,让田忌获胜,这就是孙膑完整的思维过程。

(五)借助板书,说说孙膑的思维过程,要求说得明白又简练。

(六)由此可见,田忌赛马能赢,其实是赢在什么?概括孙膑的特点。

三、模仿思考

(一)田忌与齐威王的第三次赛马开始了,如果你是其中一名大臣,你认为是田忌能赢还是齐威王能赢?四人小组讨论,要求联结课文内容、人物特点及资料,尝试模仿孙膑观察、分析、策划的思维过程,有根据地推测,完成学习单二。

(二)双方辩论,要求:一是辩论时要理由充分、条理清晰、语言简洁,同时要有礼貌,想发言要举手;二是仔细倾听对方的发言,寻找漏洞反驳,再阐述自己一方的思考。

(三)教师小结:同学们,你们双方的推测都有理有据,老师十分赞赏!不管是田忌赢还是齐威王赢,同学们在本节课中都赢了。说一说,这节课中你赢得了什么?

四、揭秘谋略

教师小结:同学们,课文选自司马迁的《史记·孙子吴起列传》。《史记》中记录了很多以谋略取胜的故事。课后请选择一个故事,与小伙伴讨论人物的思维过程,做一张读书卡,下次我们再进行交流。

（四）片段聚焦

运用"图示＋批注"策略，呈现思维路径

师：孙膑发现了田忌和齐威王马匹的脚力大小。请你联系上下文，在红色贴纸上用图表方式将六匹马按脚力大小排序，并在文中找出依据，用蓝笔涂色。

（大屏幕展示学生的图表。）

师：这是小朱同学的图表，请你介绍一下。

生：六匹马脚力由大到小分别为齐威王上等马、田忌上等马、齐威王中等马、田忌中等马、齐威王下等马、田忌下等马。

师：请你说说理由。

生：课文第3～7自然段写了孙膑向田忌献策的过程。田忌原本认为需要更换更好的马才能获胜，说明齐威王同一等级的马与田忌的马相比脚力要大。

师：你关注到了田忌和孙膑的对话，由此进行分析，真会思考。还有补充吗？

生：从课文第2自然段写"孙膑看了几场比赛后发现，大家的马脚力差不多，都能分成上、中、下三等"。

师：那么，孙膑观察到了这个现象，心里会怎么想？

生：孙膑可能会想，如果田忌用上等马对齐威王的中等马，用中等马对齐威王的下等马，有很大的概率能获胜。比赛的结果也印证了他的想法。

生：他可能会想，如果调换一下马的顺序，我们是有可能获胜的。

师：这就是孙膑从观察到分析的整个思维过程，你能连起来说一说吗？

生：孙膑在比赛中观察到，田忌同一等级的马虽然比不上齐威王的马，却比齐威王下一等级的马脚力要大。所以，他分析，如果调换马的出场顺序，田忌就有可能会赢。

师：我们还可以联结学过的知识解决疑惑。数学课上，我们曾经学过可能性问题，就是以"田忌赛马"为材料的。现在，请你们结合六匹马脚力的排序图，与同伴合作，思考在齐威王出马顺序不变的情况下，田忌的马有多少种出场可能性，并尝试理解孙膑的想法，完成学习单一。（展示学习单。）

生：在齐威王出马顺序不变的情况下，田忌的马有六种出场可能性。经过

排列，我们发现只有按照田忌的下等马对齐威王的上等马、田忌的上等马对齐威王的中等马、田忌的中等马对齐威王的下等马这样的顺序出场，田忌才能赢，其他五种顺序都会输。

师：大家的意见呢？

生：同意。

师：从图中可以很清楚地知道，这种出场方式是唯一能赢的办法。这样一分析，如果你是孙膑，心里会想什么？

生：我会想，这样一来，田忌就能获得胜利。

生：我会认为，必须这样调整马的出场顺序，田忌才能赢。

师：孙膑通过仔细的观察和全面的分析，选择了这样的出场顺序，帮助田忌赢得了比赛。这就是孙膑完整的思维过程。现在，请你与小伙伴说说孙膑的思维过程。（生讨论。）

师：刚才我们采用了什么方法来了解孙膑从观察到分析，再到谋划的整个思维过程？

生：用图表列出马的脚力大小，分析马出场的六种可能性，并批注孙膑的想法。

师：我们使用了"图示＋批注"的阅读策略。

赛马辩论会，激发思维火花

师：同学们，田忌与齐威王的第三次赛马开始了，要求田忌和齐威王同时出马，你认为是田忌会赢还是齐威王会赢？（生讨论。）

师：不论你们认为谁会赢，都不能仅凭猜测来判断。要像孙膑那样学会观察分析、合理安排，有根据地推测。接下来进行四人小组讨论，共同完成学习单。要求：（1）结合资料和课文内容，根据人物特点理解思维过程；（2）交流时做到理由充分、条理清晰、语言简洁。大家清楚了吗？开始计时，八分钟。（生讨论。）

师：辩论赛即将开始，有两个温馨提示——一是辩论时要理由充分、条理清晰、语言简洁，同时要有礼貌，想发言请举手；二是要仔细倾听对方的发言，寻找漏洞反驳，再阐述自己一方的思考。支持齐威王获胜的队伍有六组，先请第三小组。

生：第三次赛马，我们认为齐威王会赢。因为从课外搜集到的资料中，我们发现齐威王是一个善于反思的人。经过第二次赛马的失利,他可能会反思是自己过于自信,才让田忌有机可乘。他会学习孙膑,也仔细观察、分析田忌马的脚力,出同一等级的马,这样就会赢。

师:齐威王懂得反思,以己之长攻人之短。那支持田忌获胜的队伍有什么想法?

生:我们认为第三次比赛,田忌还能赢。从马陵之战、桂陵之战中,我们可以看出孙膑是个谋略过人的人。第二次比赛后,孙膑可能会想,齐威王是个英明的君主,第二次赛马他很可能已经看出了端倪,必须时刻认真分析场上的变化,见招拆招,随机应变,赢得第三次赛马。

师:孙膑真是知己知彼,随机应变啊!齐威王队还有新招吗?

……

(五)反思迁移

执教教师曾经在两个班级中教学此文,两节课均采用提问策略导入。结合对阵图,学生都能提出全文的核心问题:为什么孙膑这样调换马匹的出场顺序,就能帮助田忌赢得比赛呢?在阅读中,学生发现了最关键的语句:"孙膑看了几场比赛后发现,大家的马脚力相差不多,而且都能分成上、中、下三等。"教师引导学生利用图示对齐威王和田忌的马按脚力进行排序,并结合学过的数学知识,思考在齐威王出马顺序不变的情况下有几种对战排序,探究孙膑的思维过程。学生通过阅读理解、分析归纳,将抽象文字转化为直观图示,使得孙膑的观察、分析及谋划过程一目了然,实现了思维发展与语言学习的有机结合。这既符合学生的年龄特征和认知发展规律,也有助于提升学生的分析能力、理解能力和逻辑思维能力,为了解人物特点做好铺垫。

但是,当学生对田忌与齐威王的第三次赛马谁会赢展开辩论时,两个班级的教学效果迥然不同。在第一个班进行教学时,学生学习热情高涨,但在辩论环节,即便学习单中有提示,大家仍纠结于对方出什么马、我方如何应对等具体策略,未能结合孙膑、齐威王、田忌的人物特点进行深入思考,更未能有效地反驳对方观点。这显示出以辩论为形式的思辨能力并未得到有效提升。

六匹马的脚力大小和唯一可能赢的马匹出场方式已经用图示表示得非常清楚了,为什么学生还会对此争论不休?学生的思维困境究竟在哪里?原因在于，课堂上教师过于注重孙膑知马的思维过程，却忽视了孙膑知人的重要因素。

于是，在第二个班进行教学时，在了解孙膑知马的思维过程后，教师顺势引导学生概括孙膑的人物特点，在文中做好批注，同时在黑板上写下醒目的板书。随后，教师提示学生："孙膑观察马的脚力，仔细作了分析，选择了唯一一种能赢的方法，最终战胜了齐威王。现在，你们有什么问题吗？"有一位学生立即质疑："孙膑再这样安排马的出场顺序，还一定能赢吗？"这一问题立刻引发了大家的热烈讨论。他们围绕这个中心问题，开展探究性阅读，发现孙膑不仅能准确分析马匹脚力，还能准确分析人物特点，判断齐威王、田忌的心理。这不仅丰富了对孙膑的认知，还为双方进行有理有据的辩论打下了基础。辩论时，双方都能认真倾听对方的叙述，运用已知的材料进行反驳，同时为了使自己的观点更有说服力，他们结合课内外查找到的资料进一步探究人物心理，在知己知彼的基础上作出合理的安排。此时，胜负已非关键，重要的是辩论这种形式激发了学生的思维，使他们能够有理有据地表达观点，有助于培养批判性思维，提升比较、思辨的逻辑思维能力，也更好地落实了单元语文要素。两次不同的教学经历，使我们对思辨性阅读文本的批注策略教学有了更深刻的认识：

第一，"提问＋图示＋批注"策略中，提问是核心。关键问题是思辨性思维的起点与核心，能够激发学生的阅读兴趣，引发他们深入探究。当学生遭遇思维困境时，教师要引导学生进行追问，让问题环环相扣，形成由浅入深、由易到难的问题链。第二次教学中，"孙膑再这样安排马的出场顺序，还一定能赢吗"的追问，推动了学生的思辨性阅读，使他们的思维得以层层深入。

第二，"提问＋图示＋批注"策略中，图示是支架。思辨性阅读的认知技能须借助有效的阅读支架，而阅读支架设计的基础是对学情的充分认知。教师要从文本实际和"思辨性阅读与表达"任务群的特点出发，了解学生阅读和思维的障碍，剖析学生学习的思维视角和盲点，采用列表格、画思维导图等可视化方法，将阅读、图示与批注等有机结合起来，由知马到知人，再整合信息展开辩论。这符合学生思维发展由简单到复杂的规律，有助于提升其理性思维能力。

第三，"提问＋图示＋批注"策略中，批注是关键。教学活动始终围绕着孙膑调换马匹出场顺序的原因展开,并运用图示和批注展现孙膑的思维过程,突出了本文学习的重难点。辩论前,小组内每位学生都发表意见,结合人物特点和课内外资料进行分析和策划。批注的对话使不同层次的思维得以整合,支持了有理有据的思辨性表达。再加上辩论时,双方抓住对方漏洞进行有礼有节的反驳,进一步锻炼了学生的理性表达能力和批判性思维,促进了他们阅读和表达能力的提升。

第六章
基于学习方式的批注策略教学

　　"新课标"中有三段话与学习方式密切相关：在"课程理念"部分提出"增强课程实施的情境性和实践性，促进学习方式变革"；在"内容组织与呈现方式"部分指出，课程按照内容整合程度不断提升，分三个层面设置学习任务群，其中第三层设"整本书阅读""跨学科学习"两个拓展型学习任务群；在"教学建议"部分指出："根据学生需求提供学习支持，引导学生在完成任务、解决问题的过程中积累语文学习经验，发展未来学习和生活所需的基本素养。"由此可见，学习方式的变革是"新课标"的一大亮点。

　　批注策略教学为学习方式的变革提供可能。一方面，批注的工具和资源为每个学生提供了阅读实践的机会，让思维留下印记，促进思维迭代；另一方面，切块拼接法、"批注圈"学习有效减轻了外部负荷，优化了内部负荷，让阅读走向深入。此处，"点赞＋批注""提问＋批注""联结＋批注"等多元阅读策略的使用，激发了学生的主体积极性，为培养独立而成熟的读写者创造了更多的可能性。

第一节　　整本书阅读批注策略教学

　　"新课标"在拓展型学习任务群"整本书阅读"的部分指出："本学习任务群旨在引导学生在语文实践活动中，根据阅读目的和兴趣选择合适的图书，制订阅读计划，综合运用多种方法阅读整本书；借助多种方式分享阅读心得，交流研讨阅读中的问题，积累整本书阅读经验，养成良好阅读习惯，提高整体认知能力，丰富精神世界。"

　　整本书阅读批注策略教学，旨在借助多种批注工具，引导学生有效阅读整本书。通过个人梳理、发现及小组合作等方式产生整本书阅读的心得，实现以一本书带动其他书的阅读，促进迁移学习。通过批注、梳理、发现、评比等环节，激发学生的阅读活力，培养良好的阅读习惯，使阅读效果清晰可见。

一、科普类整本书批注策略教学

（一）条件分析

苏联作家米·伊林的《十万个为什么》是四年级下册"快乐读书吧"中推荐阅读的书籍。"快乐读书吧"的主题是"十万个为什么"，旨在引导学生阅读科普作品。这是对教材中"科普"单元的拓展和延伸。学生通过阅读，可以了解更多的科学知识，从而产生探索科学世界的兴趣。

米·伊林在《十万个为什么》里为我们揭示了与生活密切相关的一些科学知识。这部科普作品语言生动，内容贴近生活，符合儿童的认知特点，非常适合四年级学生阅读。学生在阅读过程中，会遇到一些不理解的科学术语；对于书中提到的一些科学问题，他们也可能对最近的研究进展感兴趣，想要进一步了解……为激发学生对整本书阅读的兴趣，让学生的阅读思维过程清晰可见，《十万个为什么》整本书阅读批注教学拟采用"批注小达人"评比任务驱动的方式，推进整本书的深度阅读；将借助多种批注工具，引导学生有效进行阅读和批注，把阅读引向更深处；将以个人批注梳理和发现及小组合作学习成果的展示，检视学生整本书阅读的成效；将以一本书的阅读带动一类书的阅读，推动科普类书籍的迁移学习。在此过程中，我们将主要采用"一库两卡三表"的阅读策略，即建立批注话头库，使用阅读批注梳理卡和阅读批注发现卡，填写精彩批注评价表、合作学习成果等级评价表以及批注达人评比表，助力学生深度阅读。我们确立的阅读周期及阶段性目标见下表。

《十万个为什么》整本书阅读批注计划

阅读进程	周期	批 注 内 容	阅读批注方式
"自来水龙头"和"炉子"两个主题	1周	1. 初读，批注提出问题； 2. 再读，多策略释疑； 3. 三读，梳理，自评点赞。	1. 逐篇阅读批注； 2. 读完一个主题，回顾梳理，进行自评。

阅读进程	周期	批 注 内 容	阅 读 批 注 方 式
其他主题	2～3周	1. 初读,批注提出问题; 2. 再读,多策略释疑; 3. 三读,梳理,自评点赞。	1. 逐篇阅读批注; 2. 读完一个主题后回顾梳理,进行自评。
整本书互换阅读	1周	1. 互换书籍阅读; 2. 对同学的批注进行思考,二次批注。	1. 阅读同学的批注,对比自己的批注,进行评价、点赞; 2. 再读自己的批注及同学的批注,进行二次批注。

（二）工具研发

1. 精彩批注评价表

从"有阅读批注方法""有自己的独特观点""观点表达清晰"这三个维度入手,评价批注的质量。"有阅读批注方法",旨在引导学生多策略、多角度思考;"有自己的独特观点",旨在引导学生深度阅读,形成个性化阅读批注;"观点表达清晰",旨在引导学生表达观点时简洁明了、有理有据。

明确精彩批注的标准,可促使学生向着标准靠拢,提升阅读批注质量,也为学生相互评价、点赞提供标准,达成"以评促批"的目标。

精彩批注评价表

评 价 内 容	称 赞 评 语
有阅读批注方法	
有自己的独特观点	
观点表达清晰	

2. 阅读批注梳理卡

阅读批注梳理卡是学生开展阅读批注的重要工具,为学生对科普类书籍的批注提供提示、工具和方法。在批注练习后进行分项批注梳理统计,可以帮助学生对每一篇、每一章进行重新审视,从中发现并总结出一些规律。

《十万个为什么》整本书阅读批注梳理卡

班级：　　　　姓名：

序号	话 头 提 示	次数（采用画"正"字的方式进行统计）
1	通过什么方法，知道了哪个科学术语的意思。（联系上下文、请教他人、查阅资料……）	
2	运用了什么修辞方法（比喻、拟人、夸张、反问、设问……），有什么好处。（可以用"换一换"或"减一减"来解释）	
3	运用了什么说明方法（列数字、举例子、作比较、下定义、打比方、列图表……），有什么好处。（可以用"换一换"或"减一减"来解释）	
4	从哪里能看出作者用词的准确性、科学性、严谨性。（可以用"换一换"或"减一减"来解释）	
5	采用箭头图、流程图等梳理出事物发展变化进程。（可以用便利贴）	
6	用思维导图或表格厘清说明顺序。（可以用便利贴）	
7	对自己写说明文的启示。	
8	想跟作者说的话。	
9	可以补充的资料。	
10	最想和同学分享的几处批注。	

3. 阅读批注发现卡

　　整本书阅读批注发现卡，用于记录批注梳理后发现和总结的一些规律，如语言特色、内容结构等，并举例说明。同学点赞为评选批注小达人提供了评价依据及标准。

《十万个为什么》整本书阅读批注发现卡

班级：　　　　　姓名：

"我"的发现	同学点赞

4. 合作学习成果等级评价表

合作学习成果等级评价表能激发学生的积极性和主动性,有效发挥他们的学习潜能。评价共分为五个等级。这是学生合作学习的评价标准,对他们合作学习的过程和成果进行评价检视。

合作学习成果等级评价表

评价	自评	互评
简单罗列小组成员的意见,没有条理。		
小组成员的意见经过整理,没有重复,但条理性不够。		
小组成员的意见条理清晰而简明,通过思想碰撞产生了新的观点,但不够精彩。		
小组成员的意见条理清晰而简明,通过思想碰撞产生新的精彩观点。		
小组成员的意见条理清晰而简明,通过思想碰撞产生新的、连老师都想不到的精彩观点。		

5. 批注达人评比表

"批注达人"不仅指的是阅读批注能力特别强的学生,还包含阅读批注能力有提升的学生。批注达人评比以"精彩阅读批注"和"阅读批注发现"的质与量为评比标准,以任务驱动学生在阅读推进阶段积极展开阅读,是学生进行阅读批注、梳理、发现的载体和评价标准。

批注达人评比表

评比内容	阅读批注能力较强的同学	阅读批注能力较弱的同学
精彩阅读批注	获三个赞的、让同学或老师感到惊讶的精彩阅读批注达十条以上者	获三个赞的、让同学或老师感到惊讶的精彩阅读批注达五条以上者
阅读批注发现	有四点以上角度不同、让同学感到惊讶的发现	有两点以上角度不同、让同学感到惊讶的发现

（三）教学设计

教学目标:

1. 学习"提出不懂的问题并运用多种方法解决"。

2. 能感受阅读科普作品的乐趣,乐于与大家分享课外阅读的成果。

3. 通过"批注达人"评比及批注交流分享活动,推荐好的阅读方法,促进深度阅读。

教学过程:

一、前期准备

教师提前阅读整本书,掌握整本书的主要内容,了解表达特色,制订阅读计划,设计批注工具,预设各阶段教学过程。

（一）制订阅读计划。

在阅读整本书的过程中,应指导学生进行有效的自我监控,以提升阅读质量。在阅读监控中,应注重培养学生有计划地阅读的习惯。当学习有明确清晰的目标和计划,且教师和学生都致力于了解所追求的目标是否实现以及实现的程度时,有效的学习就会发生。

（二）课堂铺垫，技能指导。

《十万个为什么》是一部科普类书籍，是四年级下册"快乐读书吧"中的推荐书目之一。此次的"快乐读书吧"安排在第二单元——"科普"单元，因此第二单元的课堂教学可侧重技能指导和训练，为学生自主开展整本书批注阅读做铺垫。

例如，在阅读《飞向蓝天的恐龙》一文中的句子"在中生代时期，恐龙的一支经过漫长的演化，最终变成了凌空翱翔的鸟儿"时，可引导学生采用"减一减"的方法来批注解释"一支"这个词语用词的准确性和科学性。

学生精彩批注示例：

"一支"一词不能减去，因为"一支"指的是恐龙中的一部分，即恐龙大家族中的一个小群体。这表明并不是所有的恐龙都进化成了鸟类，体现了作者用词的科学性、严谨性。

再如，在阅读《琥珀》一文时，可指导学生采用箭头图画出琥珀的形成过程。

学生精彩批注示例：

例一：松树渗出松脂→松脂滴落，包住苍蝇和蜘蛛→松脂继续滴下，积成松脂球→陆地下沉，海水漫上来淹没松脂球→又是几千年过去了，松脂球变成化石

例二：松脂→松脂球→化石

二、各阶段课堂教学

整本书阅读活动共分为四个阶段：启动阶段、推进阶段、汇报阶段、拓展阶段。

（一）启动阶段课堂教学活动。

1. 激发阅读兴趣。

（1）学生看封面做批注，批注自己感兴趣的问题。

（2）汇总学生感兴趣的问题后，教师简要介绍书的内容及作者。

（3）学生阅读目录，对最感兴趣的篇目批注自己感兴趣的原因。

（4）学生交流兴趣点。

（活动意图：阅读兴趣是增加阅读行为及提升阅读能力的内在因素。对

书名、作者及篇目的兴趣点做批注,使内在因素外显可见。)

2. 赏析片段,阅读批注。

(1) 教师出示《冰也会像水一样爆炸吗?》,示范自己做的一组阅读批注,总结阅读批注"三步法"——初读批注疑问,再读批注策略,三读批注释疑。

教师读到第1自然段"冰,也就是固体的水,有时也会发生爆炸"时,批注了"冰是怎样爆炸的"。然后,仔细阅读探寻答案,运用"联系上下文"的批注策略进行批注。最后,以自己理解整理批注:"水结成冰之后体积增大,要占更大地方,于是会朝各个方向挤压导致爆裂。"

(2) 教师出示精彩批注评价表,并指导学生运用。

(3) 学生阅读片段并进行批注。

(4) 教师挑选学生的三条批注,请学生先自评点赞,然后再请学生相互评价点赞。

(活动意图:"我批注,你来看""我批注,你来评"——为学生阅读和批注提供示范,引导学生掌握批注方法,明确精彩批注标准,引导学生深入阅读,提升学生阅读和批注的质量。)

3. 指导学生使用阅读批注梳理卡、阅读批注发现卡。

(1) 学生查看表格,提出不明白之处。

(2) 教师释疑,指点运用。

(活动意图:在阅读整本书前,指导学生运用阅读批注梳理卡和阅读批注发现卡,使每个学生都明确批注的路径、策略和目标,批注独到见解,梳理总结出阅读经验。)

4. 明确阅读计划,出示批注达人评比表。

(活动意图:阅读计划确定阅读批注学习目标,决定阅读批注内容和进度,监控阅读批注学习过程。先在整本书阅读的启动阶段出示批注达人评比表,让学生明确评比要求,以任务来驱动,驱动学生在阅读推进阶段积极展开阅读,进行批注、梳理、发现,最后在总结汇报阶段进行评比,让评比贯穿整个阅读批注活动始终,以"评"来激发学生阅读批注的动力,使学生的阅读效果清晰可见。)

（二）推进阶段课堂教学活动。

1. 批注交流评价。（根据阅读计划，每周进行一次交流评价。）

（1）学生用便利贴展示最想与同学分享的精彩批注。

（2）学生自评点赞，说明理由。

（3）同学互评点赞，表明观点。

（活动意图：这是对学生阅读成效的一次检视，每一次的批注展示、自评点赞、互评点赞，对学生来说都会是一次提升。）

2. 阅读批注时遇到的难题。

（1）学生提出阅读批注时遇到的困难。

（2）课堂上师生共同探讨解决的方法。

（活动意图：不同学生的阅读能力存在着一定的差异，有的学生能够快速地提取重要信息，有的学生只能够提取零星的信息，有的学生则根本无从下手，需要给他们搭建一个平台，给予帮助。）

3. 组建合作学习小组。

（1）学生交流阅读中自己最感兴趣的点（丰富的内容、生动的语言、有趣的科学术语、感兴趣的科学问题等）。

（2）学生根据兴趣点组成阅读批注合作小组。

（3）教师出示合作学习成果等级评价表，指导学生运用。

（4）小组组员分角色、分任务。

（活动意图：在学生自主阅读后，让他们以共同的兴趣点组建合作学习小组，自主分配每一次合作学习的角色，如组织者、记录员、报告员等。合作学习是一种很好的共同进步的模式。通过合作学习，阅读批注能力强的学生可以帮助相对较弱的学生，在这种帮助中，两者都能提高。在组建合作学习小组时，就要让学生明确合作学习成果等级评价，对小组合作学习起到引领、定向的作用，确保合作过程扎实、有效。合作学习成果等级评价还能对学生起激励作用。不论表现优秀还是相对较弱的学生，都需要被激励，需要加强内部刺激，调动他们的内驱动力和责任感，让他们保持合作的欲望。）

（三）汇报阶段课堂教学活动。

1. 合作学习小组组内交流批注阅读小妙招。

（1）教师提出小组分享交流建议及评价。

建议围绕自己组的主题分享交流：阅读批注角度或策略，精选批注范例。

（2）合作学习小组分组讨论，制作海报。

（活动意图：为学生提供一个较为轻松、自主的学习交流环境，把自己在阅读中的经验、精彩批注和精彩发现等与同学分享交流，形成更多精彩的阅读成果。）

2. 课堂汇报评价。

（1）各小组汇报交流，自评，互评。

（2）各小组的海报组合形成科普文阅读小妙招的大海报。

（活动意图：集合各个小组的阅读成果，总结出科普类书籍的阅读小妙招，以带动科普类书籍的迁移学习。）

3. 评比"批注小达人"。

（1）学生自荐，展示成果（推荐本书的海报、精彩批注、梳理卡、发现卡等）。

（2）同学互荐，评比。

（3）颁奖。

（活动意图：学生展示显性的阅读批注成果，以此来参评。阅读成效可见，才可精准评价。）

（四）拓展阶段课堂教学活动。

1. 互换阅读，二次批注。

（活动意图：学生之间相互阅读所作批注的过程，又可引发学生与学生的对话。多元对话让思维过程可视可检，让阅读成果可视可检，还可激发出新的观点。）

2. 推介"快乐读书吧"中其他三本科普类书籍。

（1）教师推介，激发学生阅读兴趣。

（2）学生交流《十万个为什么》阅读批注过程中可迁移的经验。

（3）请学生自主制订阅读计划，自主阅读其他三本科普类书籍并批注。

（活动意图：迁移运用。）

（四）片段聚焦

精彩批注点评

师：现在，老师和大家一起来翻阅沈心钰同学的书。她的批注内容十分丰富——有对不理解的科学术语的探究，有对语言的揣摩，也有对感兴趣的科学问题的深入探索，还有对最新科学成果的关注。（教师把书放在投影仪上进行展示。）

生：哇！（学生发出一片赞叹声。）

师：看完后，有什么感想呢？

生：我觉得沈心钰非常用心，写了这么多的批注。

生：我很想仔细读一读沈心钰写的批注，和我自己的对比对比。

师：说得真好！那么，什么样的批注是精彩的呢？又该如何去评价呢？我们来回顾一下精彩批注的评价标准。（出示精彩批注评价表。）我从几位同学的书中挑选了几条批注，我们一起来评价一下。（出示第一位学生的批注："几乎"一词可以去掉吗？"几乎"一词的意思是"十分接近，差不多"。如果去掉，句意就变成黄瓜里全都是水分，就不符合实际了。这一词体现了作者用词的准确性、科学性、严谨性。）

生：这是一条精彩的批注，我要给它三个赞。这条批注采用了"减一减"的方法，通过对比有无"几乎"一词的句意，深入品读了作者用词的准确性，观点清晰，表达准确。

师：老师也有同感，为你点赞。（出示第二位学生的批注：是啊！就像《流浪地球》里，转向发动机没有了火石，就没有办法正常运行。）

生：这位同学的批注联结了《流浪地球》这部影片，让我们能更好地理解书中的内容。

师：你的点评非常到位！大家在评价时，要牢记点赞的标准——要有阅读批注策略,要有自己的观点,表达观点要清晰。以后自己在阅读批注时,也要按照这些要求来严格要求自己。

交流"我的发现"

师:大家阅读批注后有什么发现呢?

生:我发现作者运用大量的设问句,启发读者思考,激发阅读兴趣。例如,读到"为什么穿上冰鞋之后不能在地板上滑行?"这个问题时,我原本以为冰鞋既然能在冰上滑行,那么在光滑的地板上应该也是可以的,但结果并非如此。这引起了我极大的好奇心,于是我继续阅读下去,才了解到原来溜冰时,冰在冰刀的压力下会化成水,这点水就是冰刀与冰面之间的"润滑剂",可以减少滑行的摩擦力,而地板则没有这样的特性。这真的太有趣了。

生:我还发现这本书很有用,提出了许多与我们日常生活息息相关的问题。很多时候,我以为答案是这样,但往往不是,这增长了我的见识。比如,当我读到"水能不能把房屋炸毁?"这个问题时,我首先想到的是,水那么柔和,怎么可能会有这么大的威力?但是,文章里的两个具体事例让我知道了水在特定条件下确实能够造成巨大的破坏,真的让我大开眼界!

成果分享评价

师:好,刚才每个小组都围绕自己组的主题展开了热烈的讨论,现在让我们一起来分享一下每个小组的合作学习成果吧!请各小组先自评一下合作学习成果的评价等级,然后展示、汇报你们的合作学习成果,再请其他小组评一评该小组的合作学习成果的评价等级。

生:我是"感兴趣的科学问题组"的汇报员。我们小组给自己组的合作学习成果的评价等级是四个赞。我们组内同学的意见条理清晰、简明扼要,而且在讨论中产生了许多新的精彩观点。我们发现,科普文中有我们很感兴趣的科学问题。这些问题大致可以分为两类——一类是书中的科学知识,还有一类是新的研究成果。对于书中的科学知识,我们主要采用绘思维导图和联系上下文的方法进行批注;而对于新的研究成果,我们则主要采用请教他人和查资料的方法进行批注。我们通过对每位组员分享的批注进行点赞、评比,最终选择了一个范例进行展示。请大家阅读我们的范例,并给出你们的评价。

(师展示,生阅读。)

师：其他组同学请点评一下。

生：我们小组觉得"感兴趣的科学问题组"确实可以得四个赞。看了他们的成果，我也深受启发，决定以后多关注一些新的研究成果。

生：我们小组也有同样的感觉，他们的展示非常精彩，我们也给出四个赞。

生：我们小组也觉得他们可以得四个赞。特别是他们对"虫洞"的批注，真的激发了我的好奇心，我也想在课外去深入探究一下。

师：同学们的点评非常到位。"感兴趣的科学问题组"在小组交流时，先将批注进行归类，然后分类进行评比、选择，这种方法非常值得我们学习和借鉴。我要特别为他们小组点五个赞，他们能够把感兴趣的科学问题清晰地归纳为"书中的科学知识"和"新的研究成果"两大类，这确实是一个非常精彩的发现。

（五）反思迁移

1. 学生的收获

（1）阅读批注，多元对话。

阅读批注过程中，学生结合自身的特点，主动地运用已有的生活经验，与文本进行深入的、全方位的、直接的对话。他们记录思考的过程和理解，不仅使思维可视化，而且方便后期反复检视。

精彩批注点评的过程中，学生和教师互换已进行批注的书籍。通过阅读所作的批注，大家可以引发新的对话，进行思维碰撞，产生新的观点，实现思维迭代升级。

（2）梳理发现，融会贯通。

在阅读启动阶段，我们向学生分发了"阅读批注梳理卡"和"阅读批注发现卡"，使他们明确阅读批注的路径、策略和目标。学生在整本书阅读时运用这些批注工具，进行了有效的梳理和发现，总结了规律和经验，使阅读成果可视化、可评价。我们以梳理卡和发现卡为评价依据，评比出批注达人，进一步激励学生借助批注深入阅读。

（3）评价驱动，积极主动。

批注达人评比表、精彩批注评价表、合作学习成果等级评价表等评价工具的使用，有助于激发学生阅读和批注的积极性与主动性，实现"以评促读"的目标。

在整本书阅读的整个过程中，我们将评比贯穿始终，从启动阶段提出明确的评比要求到总结汇报阶段的评比，极大地激发了学生阅读、批注的动力。我们还通过出示精彩批注评价表和批注样例，指导学生明确批注的标准，提升了批注的质量，并为学生相互评价提供了依据，达成"以评促批"的目标。

此外，合作学习成果等级评价也有效激发了学生的合作热情，促使他们开发学习潜能，力争取得优异成绩。由学生合作学习成果可见，评价在小组学习中起到了十分重要的作用。

2. 教师的收获

在教学活动过程中，教师透过学生的阅读成果，清晰地看见并关注到了学生阅读的全过程，从而让我们更好地对学生的阅读全过程进行深入的分析和研究，也使我们的研究不断作用于学生的有效阅读，让学生的阅读效果更加清晰可见。

3. 需要特别提醒和注意的点

（1）为方便后面的交流，要提醒学生批注时注明第几页第几段第几行。这样，可以方便其他学生快速翻书查看自己是否也有批注，以及与同学的批注有什么异同。

（2）开展各项评价活动时，教师应引导学生公正、客观地对待同学的批注，避免因个人关系而影响评价结果的准确性。

二、文学类整本书批注策略教学

（一）条件分析

曹文轩的《青铜葵花》是四年级下册《芦花鞋》的拓展学习内容，小说讲述了乡村男孩青铜和城市女孩葵花之间的感人故事。命运的巧合让城市女孩葵花与不会说话的乡村男孩青铜相遇，并成为情同兄妹的好朋友。他们在大麦地里共同生活、共同成长，无论遭遇洪水还是虫害，都相互鼓励，以乐观和坚强的态度面对生活的种种挑战。

四年级学生阅读这本书，能有所触动，引发联想，从而达成一种阅读共识——苦难是人生的一笔财富。进入中年级，学生已经初步养成阅读习惯，并具备一定的感悟能力。初读《青铜葵花》后，学生对故事情节有了初步了解，但难以理解文本所蕴含的深层意义，急需通过集体研讨来深化理解和感受。因此，我们确立的整本书阅读的导学目标为：熟练迁移列小标题的方法，把握文本的主要内容;应用提问、联结、批注等阅读策略,把握主要人物的形象特点,理解小说表达的主题,感受兄妹情深;通过评比三级"批注达人"活动,尝试学会有目的地阅读,初步理解小说的写作特点。采用的主要阅读支架为阅读批注话头库、阅读批注梳理卡、阅读批注发现卡、批注达人评价标准表。阅读周期(即阶段性目标)的具体安排如下表所示。

整本书阅读周期安排

阶　段	阅读进程	批　注　内　容	批注策略及支架
第一阶段 (1~2周)	初读小说	1. 提出疑问。 2. 了解内容。 3. 串联主要内容。	1. 提问批注。 2. 列小标题。
第二阶段 (1周)	再读小说	1. 解决疑问。 2. 梳理故事中的困难。 3. 从细节中体会"兄妹情深"。	1. 用表格分析人物性格特点。 2. "兄妹情深"故事单。
第三阶段 (1周)	三读小说	1. 找出小说中用得最多的三种修辞手法,想一想有什么好处。(可以用"换一换"或"减一减"来解释。) 2. 找出小说中用得最多的三种写作手法,想一想有什么好处。(可以用"换一换"或"减一减"来解释。) 3. 找出小说中反复出现的动作、场景,想一想有什么好处。(可以用"换一换"或"减一减"来解释。)	1. 话头提示。 2. 使用推敲＋连接＋批注策略。

(二) 工具研发

"批注圈"是指在批注学习中,小组成员围绕一篇文本作品进行深入讨论的学习形式。讨论过程由学生对所读内容的反应引导展开。学生不仅能听到其他同学对书中事件和人物的讨论,还能了解作者的写作技巧,或分享与故事相关的个人经历。当学生阅读、讨论一本书时,"批注圈"提供了一种批判性思考的方式。协作是这种方法的核心。通过结构化的讨论、拓展性的写作以及艺术化的回应,"批注圈"可以帮助学生更深入地理解所读内容。在"批注圈"中,学生将对自己的阅读和思考承担更多的责任。在"批注圈"中,每个成员都将扮演特定的角色,如"研讨会主席""联结小天使""绘图小天王""文艺指路人""词语小灵通""摘要小神童"等。以下附阅读批注话头库、阅读批注梳理卡、阅读批注发现卡、批注达人评价标准表。

《青铜葵花》整本书阅读批注话头库

	话　头　提　示
1	包含了多层意思、需要用两个词语来形容的词语。
2	用了什么写作方法,有什么好处。(可以用推敲的"换一换"或"减一减"来解释。)
3	用了什么写作手法,有什么好处。(可以用推敲的"换一换"或"减一减"来解释。)
4	一而再再而三出现的动作、场景,有什么好处。(可以用推敲的"换一换"或"减一减"来解释。)
5	用各种图示呈现出书本故事情节发展。(可以用便利贴。)
6	用思维导图或表格分析人物性格特点。(可以用便利贴。)
7	对自己习作的启示。
8	我想跟作者说。

《青铜葵花》整本书阅读批注梳理卡

	话　头　提　示	次数
1	包含了多层意思、需要用两个词语来形容的词语。	
2	用了什么写作方法,有什么好处。(可以用推敲的"换一换"或"减一减"来解释。)	
3	用了什么写作手法,有什么好处。(可以用推敲的"换一换"或"减一减"来解释。)	
4	一而再再而三出现的动作、场景,有什么好处。(可以用推敲的"换一换"或"减一减"来解释。)	
5	用各种图示呈现出书本故事情节发展。(可以用便利贴。)	
6	用思维导图或表格分析人物性格特点。(可以用便利贴。)	

	话 头 提 示	次数
7	对自己习作的启示。	
8	我想跟作者说。	

《青铜葵花》整本书阅读批注发现卡

通过梳理我的批注，我发现喜欢这本书的原因了
我的发现：
我最想和同学分享的发现是：

批注达人评价标准表

	评价内容及标准
1	批注样式非常多（三种及以上），批注点找得非常全面（85%以上），批注"发现"很多（不同角度、三条及以上）。
2	批注内容非常精彩，至少有三项以上让老师、同学感到惊讶的批注内容。
3	能满足五、六年级的批注要求。

注：达到其中一条就授予"批注达人"称号。

（三）教学设计

教学目标：

1. 初步学习用"批注圈"进行整本书阅读的结构化讨论、拓展性写作和艺术化回应，掌握基本的写作规则和操作程序。

2. 通过"批注圈"不同角色的交流、分享和碰撞,能初步学习从人物特点、细节描写、修辞手法、表达特色等不同角度,深化对《青铜葵花》整本书的理解。

教学过程:

一、"批注圈"合作学习

(一)四个维度,六个组分工学习。

1. "人物放大镜",设置青铜、葵花、嘎鱼三组。

2. "写作小侦探",设置一组,聚焦反复出现的场面、环境描写。

3. "修辞变变变",设置一组,统计各修辞手法的出现次数。

4. "经典咏流传",设置一组,交流体悟和发现。

(二)明确交流规则。

1. 小组内交流规则:小组中的六位成员分别担任记录员、绘制者、收集员、设计师、发言人、组织者,其中每位成员又是信息提供者和学习者。

2. "批注圈"交流规则:汇报小组上台汇报用上相应的话头支架;其他小组倾听汇报时,根据书本内容参与学习,并及时记录自己的体会和收获,如有新的发现,写在便利贴上供二次交流。

二、梳理和发现:我们的新批注

(一)梳理。

1. 作品的主要人物。

2. 作家的情感倾向。

3. 作家的写作风格。

4. 我们的读书启示。

(二)发现。

1. 在便利贴上书写新发现,并贴在相应的"批注圈"里;

2. 挑选部分便利贴交流。

三、反思和拓展

(一)反思。

1. 在今天的"批注圈"学习中,你做得最好的是什么?(例如,提出好的问题,积极倾听,回应他人,用这本书支持我的想法,将这本书与我的生活或其他书籍进行比较等。)请你给出具体的例子。

2. 作为今天讨论的结果,记录下你对这部小说的新想法和新思考。

3. "批注圈"讨论是如何挑战或拓展你的想法的?

选择一个方面,撰写自己的新发现。

(二)颁奖。

颁发"批注小达人"荣誉。

(三)拓展。

修改海报,参加"批注嘉年华"活动。

(四)片段聚焦

批注教练的开场白

你知道这部小说成为经典的奥秘是什么吗? 今天,我们要借助"梳理+批注"的学习方式再一次研读整本书。现在请大家看一下交流的要求:1. 全班分成不同交流组,从不同角度分享学习心得。2. 汇报的小组需指派发言人和助手上台展示成果,并辅以相应的图示。3. 汇报的话头是:"下面我代表小组向大家分享一下。"当提及书中内容时,请同学们一同翻到《青铜葵花》的相应页码。发言人可以带领同学们齐声朗读,或由自己朗读,随后分享发现。分享结束,请加上一句:"以上是我们小组合作学习的成果,请大家补充完善。"4. 当其他小组上台分享时,请同学们跳出本小组角色,不仅作为小组合作者,更要作为全班的学习者。请根据分享内容翻到相应页码,认真倾听,及时在书中标注,并记录下你的新发现。5. 请注意,倾听时要保持专注,目光注视分享者,手中不拿无关物品,端坐并集中注意力。同时,思考如何在二次批注交流时分享你的发现。明白了吗?

"批注圈"的分享和生成

生:下面我代表"人物放大镜——嘎鱼"组向大家汇报我们的学习成果。嘎鱼的特点是调皮、狡猾,但又不失善良。我们选取了三个代表性片段。(课件出示相应片段。)从嘎鱼的言行中,我们可以感受到他的诚信和关心他人的品质。

以上是我们小组的分享,谢谢大家的倾听。

师:其他组有补充吗?

生:嘎鱼在书中的形象有一个明显的转变,从最初爱捉弄人到后来关心他人,展现出他的善良。

师:大家想到了吗?嘎鱼的人物形象确实经历了从调皮到善良的转变,若有谁跟他一样看出了这一点,说明你也很厉害。

生:嘎鱼外表是调皮的,但是他的内心是善良的。作者这样写,也从侧面烘托了青铜、葵花的善良,这也是后记里写到的人性之光吧。

生:谢谢你们的补充。我们小组在讨论时还发现了一个问题,那就是作者在描写嘎鱼时并没有面面俱到,而是有所侧重。

师:小说的写作确实需要详略得当,突出重点。同学们在交流过程中能够碰撞出新的思考,对文本的理解也更加深入了。

生:我们小组还讨论了一个关于小说情节的问题。有时候,小说中的结局并不是完美的,这种遗憾可能会给读者留下更深刻的印象。大家觉得呢?

师:刚才这个组提到了小说的结构和情节问题。大家一起来看一下小说的结尾,你们发现这个结尾有什么独特之处?

生:我注意到作家使用了反复的手法,通过青铜两次呼喊"葵——花——",表达了兄妹之间的深厚情感,让人非常感动。

生:嘎鱼在结尾的表现非常精彩,他呼叫"青铜会说话了!青铜会说话了!",说明他的善良和真诚,呼应了前文对嘎鱼性格的描写。

生:作家没有告诉读者结局,但是我们从他结尾的描写中,可以猜到青铜和葵花一定会有一个美好的未来,因为结尾的场景描写非常美,暗示着小说的结局美好。

师:大家有没有发现,今天神奇的"批注圈"的学习方式跟平常的学习方式不一样?请大家思考一下,今天你在这个课堂中做得最好的是什么?你最大的收获是什么呢?

(五)反思迁移

如何推进整本书的深度阅读?如何有效评价整本书阅读的效果?《青铜葵花》整本书阅读教学提供了一条有益的探索路径。认知负荷理论指出,为了增加学习效果,应降低学生外部负荷,同时优化学生内部负荷。"批注圈"里的切块教学方式,通过将任务分解成小组块,先提供一个元素交互性较低的任务,然后提供一个元素交互性较高的更完整的任务,有效优化学生内部认知负荷。

批注具有差异性特点。"批注圈"是一种评论共享的活动方式。在"批注圈"课堂里,批注的差异不是学与教的负担,更不是需要抑制或消除的对象,而是能产生更新、更丰富、更深刻批注的宝贵资源。"批注圈"中有讨论组长、篇章解读者、联结者、批注收集者、批注大师、总结概括者等不同角色,可以通过共享评论让各方观点透明化。在这一过程中,学生对文本的理解逐步深化,进而促进思维的发展。在阅读《青铜葵花》整本书前,我们组织小组制作海报,聚焦如何提问、如何解疑等角度,并在班级墙报上分享,让阅读者提前了解整本书阅读的路径和方法。在阅读过程中,"批注圈"使思维结构化。通过"批注圈"中不同角色的交流、分享和碰撞,学生能够初步学会从人物特点、细节描写、修辞手法、表达特色等不同角度进行阅读批注,提升《青铜葵花》整本书阅读的品质。

第二节　项目化学习批注策略教学

近年来,项目化学习受到了前所未有的关注。项目化学习是什么？为什么要这么重视项目化学习？

上海学习素养课程研究所所长夏雪梅老师在《项目化学习设计：学习素养视角下的国际与本土实践》一书中对项目化学习作了如下界定：学生在一段时间内对与学科或跨学科有关的驱动性问题进行深入持续的探索,在调动所有知识、能力、品质等创造性地解决新问题、形成公开成果的过程中,形成对核心知识和学习历程的深刻理解,且能够在新情境中进行迁移。常规课堂学习和项目化学习有一些比较明显的区别(见下表)。

常规课堂学习和项目化学习的比较表

	常规课堂学习	项目化学习
学习目的	学习知识,培养技能。为了应对考试,加大知识容量,训练熟练度。很少思考知识间的联系与应用,所学知识易遗忘。	为解决一定情境中的真实问题而学。重视新旧知识之间的联系,所学知识不易遗忘。
学习方式	以"听""练"为主,在相互比拼中"内卷"。	与伙伴一起在"做中学",重过程。
学习动力	消极而短暂,主要以考试的时间为界。	积极而持续,指向问题解决。
学习成效	习得知识和技能。	习得知识,获得技能,提升素养。知道自己是谁,为何而学,感受到学习的价值,成为心智自由的人。

从表中可以直观地感知到项目化学习的优势和价值,它是常规课堂学习的很好补充,能让学习者在解决真实问题的过程中,建构学科知识迁移能力,体会到学习本身的意义和价值。时下,很多教师正积极推动项目化学习在学科教学上的实践。如金霞等老师依托"数风流人物(秦汉篇)历史剧"项目,引导学生学习历史。浙江省教育厅教研室李威峰老师也认为:"初中英语学科项目化学习可以帮助学生有机融合语言学习和内容学习,并运用所学语言进行思考、建构、交流和表达,实现学以致用、学用一体,是直接体现义务教育英语课程基础性、实践性和综合性特征的教学方式。"项目化学习这一学习方式的价值正在被不断地发掘。

"新课标"指出语文教学具有综合性、实践性的特征,并且鼓励教师积极探索大单元、大任务形式的教学。这就要求教师加强对教学资源的整合,让学生通过学习主动构建出更加完整的语文知识框架,促进学生的结构化学习,并实现对知识和方法的迁移。这进一步提示我们开展基于项目化学习的批注策略教学的必要性。

一、基于项目化学习的批注策略"自生"运用

(一) 条件分析

日常的批注策略教学往往是一个"从师到生"的传递过程,体现由扶到放和

扶放有度的特点。在一扶一放之间，孩子们不断丰富批注策略运用的经验。然而，仅仅把"从师到生"的单向传递作为批注教学的唯一方式是不够的。我们期待培养独立而成熟的读写者，使学生能够自主创新和灵活运用批注策略，达到"自生"的境界。项目化学习作为一种以问题为驱动、在真实情境下进行的自主化学习方式，能够有效促进深度学习的发生，并为批注策略的自主运用提供宝贵的实践平台。

然而，这种"自生"并不意味着学生的学习会"自生自灭"，也并不意味着要放弃教师的引导和适当的干预。在"自生"的初步实践阶段，还是需要教师适当的"扶"。通过项目化学习，我们可以逐步培养学生"策略自生"的能力。"童话"单元就是一个非常适合开展项目化学习的单元，通过编《故事新编集》这一驱动性任务，结合批注策略和表格支架，学生能够进行自主化的童话学习，从而提高读写能力。

（二）工具研发

1. 项目成果评价表：它既是评价指标，又是学习活动的支架。在本案例中，承接的是"《诗歌集》项目成果评价表"，依托的是"《故事新编集》项目成果评价表"。

《诗歌集》项目成果评价表

序号	标 准		分值	得分
1	板块较完整、精细		5	
2	美编效果较好		5	
3	批注阅读	批注丰富	5	
		能批注出诗歌的精妙	5	
		能根据批注梳理出诗歌的特点	5	
4	创作秘方	想象力丰富	5	
		感情真挚	5	
		有节奏感	5	

《故事新编集》项目成果评价表

序号	标　准		分值	得分
1	板块较完整、精细		5	
2	美编效果较好		5	
3	批注阅读	批注丰富	5	
		能批注出童话的奇妙	5	
		能根据批注梳理出童话的特点	5	
4	创作秘方	环境奇妙	5	
		人物奇妙	5	
		情节奇妙	5	
		表达真善美的内涵	5	

2. 便利贴：利用便利贴，对童话的奇妙之处进行批注交流，引发对话和思维的碰撞，并进行批注式互评、互改，不断提升。

（三）教学设计

教学目标：

1. 依托表格支架，拓展资料，感受童话的奇妙，体会人物的真善美。

2. 通过对批注的自主梳理，发现童话奇妙的密码，进一步提升依托批注自主学习一类文的能力。

3. 迁移学法，通过《故事新编集》项目提高童话读写能力。

教学过程：

一、项目回顾，迁移接续新项目

（一）展示各组汇编的《诗歌集》，介绍创作过程和内容。（展示第三单元《诗歌集》汇编项目。）

（二）汇编一部优秀的《诗歌集》，哪些环节很重要？（通过查阅资料，明确《诗歌集》板块样貌、组队分工、利用批注研究优秀诗歌的密码、诗歌创作、美编成册等。）

（三）哪个环节是最核心的？具体怎么做？（利用"一批二梳三发现"的经验，开展以"一首诗"带"一类诗"的批注阅读，发现优秀诗歌的密码：想象力丰富、语言表达独特、饱含真挚的感情、有节奏感。）

（四）根据编写《诗歌集》的已有经验，进行"童话"单元的故事新编并编写《故事新编集》。（作为合集的板块要求及基于批注的项目化学习经验是共通的，可以借鉴。）

二、体悟特点，填写项目评价表

（一）聚焦《巨人的花园》一课，作者是谁？你还读过王尔德的哪些童话？（出示王尔德童话人物形象图。）

（二）默读思考：课文写了一件什么事？（巨人有一座漂亮的花园，他拒绝孩子们在花园里玩耍时，花园常年是萧瑟的冬景。当孩子们在园子里玩耍的时候，他们给花园带来了生机与春意。巨人终于明白——与人分享的快乐，才是真正的快乐。）

（三）童话和其他类型的文章相比有什么特点？（奇妙、美好、富有童趣）

（四）童话如何做到"奇妙"，如何体现人物的真善美？这是研究的重点。为此，对于《故事新编集》项目，形成了相应的成果评价表。

三、项目学习，批注策略灵活用

（一）批注阅读，深悟童话的奇妙。

1. 找出让你感到奇妙的句子，并在句子旁边批注自己的感受。

2. 小组交流：你找了几处？哪一处让你印象最深？

交流方法：（1）找得最少的同学先讲，其他同学补充；（2）通过讨论交流，修改完善，进行二次批注；（3）推荐一位同学汇报交流。

序号	批注段落	奇妙内容	批 注 内 容
1	第1自然段	巨人	童话里竟然有巨人,这个巨人应该很强大吧！巨人和小孩之间发生的故事肯定很奇妙、很有趣。

奇妙的《巨人的花园》

3. 小组展示批注成果,其他小组补充。(板书:多次批注。)

4. 品味细节:在众多奇妙之处中,最吸引你的是哪处? 为什么?

(1)聚焦一个奇妙之处;(2)用便利贴呈现不同的批语;(3)学习深入文本的方法;(4)边读边想象画面;(5)发挥想象:孩子们在巨人的花园里如何尽情地玩耍?

(二)批注梳理,发现童话的特点。

1. 如果要给《巨人的花园》众多奇妙之处归类,可以归为几类? 说说归类理由。

2. 自主思考,用三色笔标记归类。(板书:批注梳理。)

3. 小组交流,梳理童话奇妙的类型。(梳理:环境奇妙、人物形象奇妙、情节奇妙。)

4. 奇妙的《巨人的花园》能给我们怎样的启示?(例如,与人分享的快乐,才是真正的快乐。)童话不仅奇妙,更能给人以真善美的启迪。

5. 拿出课前准备的自己最喜欢的一则童话,进行拓展批注、交流。

四、合作精编,成果分享式互评

(一)此时,我们对童话的创作秘方(环境奇妙、人物奇妙、情节奇妙、表达真善美的内涵)有了比较全面的认识,可根据"项目评价表"进行分组创作。

（板书：发现秘方。）

　　（二）各组汇报、分享。

　　（三）对《故事新编集》进行批注式互评、互改。（使用便利贴。）

　　（四）出示海报，明确项目化学习流程——"一接二研三呈现"。

　　（五）拓展其他主题合集的汇编。

教学板书

巨人的花园

研究

多次批注

接续　　批注梳理　　呈现

发现秘方

（四）片段聚焦

批注研究：三色笔批出读写秘方

（一）

　　师：同学们，你们找到了哪些让你们感到奇妙的句子呢？分享一下你们的批注。

　　生：我觉得第 2 自然段很奇妙。巨人的花园里，青草是柔嫩的，花朵像星星似的，桃树一年四季都异常迷人，小鸟们也唱着歌特别开心。童话里的景色很迷人。

　　生：我觉得第 14 自然段也很奇妙。"孩子们站在巨人的脚下，爬上巨人的肩膀，尽情地玩耍。"这巨人的形象给我们很大的想象空间，巨人到底有多大呀？根据书中的插图，我发现巨人的鞋子可以装下一个小孩。

　　生：我觉得第 7 自然段写得很奇妙。春天来了，单单在巨人的花园里，仍旧是冬天的景象。小鸟、桃树好像都有思想一样，都不喜欢巨人的花园。这都和巨人的自私、不懂分享有关。

　　师：童话世界里，没有思想的景物可以变得有思想，确实让我们感到特别奇妙。这样的句子还有没有了？

　　生：第 13 自然段，在巨人知道自己不对，帮助小男孩坐到树上后，树马上开花了。这太温馨、太奇妙、太美好了!

......

(二)

师:如果要给《巨人的花园》的众多奇妙之处归类,可以归为几类?说说归类理由。(自主思考,用三色笔标记归类。)

生:我觉得可以归为三类——一类与巨人个子大有关,一类与环境很美有关,一类与故事情节很稀奇、很特别有关。

生:我要补充。我觉得童话中的景物还会说话、有思想。

生:我从其他童话中还看到过有些童话人物有特别的本领和特点。

师:讲得真好。所以,我们可以将奇妙归为哪几类?

生:我觉得可以归为环境奇妙、人物奇妙、情节奇妙这三类。

师:大家认为呢?

生:我支持他的观点,他这样概括很准确。

师:大家太了不起了! 确实,《巨人的花园》通过奇妙的环境、人物、情节描写,给我们带来了一些启示。谁能说一说,给我们带来了什么启示?

生:让我感受到了快乐源于分享。

师:是啊,童话不仅奇妙,更能给人以真善美的启迪。请大家拿出课前准备的自己最喜欢的一则童话进行批注,印证一下童话的奇妙是不是主要体现在环境奇妙、人物奇妙和情节奇妙上,是不是都在奇妙中表达了真善美。

批注互评:项目学习实现深度超越

师:大家可以带上便利贴,离开位置去翻一翻、读一读各组的《故事新编集》。如果发现有值得借鉴的地方,可以通过便利贴给予肯定;如果发现有需要改进的地方,也可以用便利贴提一提改进建议。

生:我觉得这一组的童话写得都非常好,他们都对《龟兔赛跑》进行了故事新编,每一篇都非常有趣,都能让我获得启发。

生:我发现这一组配图特别好,每一篇都配有一幅图,而且图画的内容和童话的内容相吻合。

生:我想对这一组的目录提一个建议,虽然他们为了区分故事用了序号,但还是不够清晰。我建议他们把序号改成作者的名字,这样读者阅读起来会更加方便。

师:真是一个好主意。其他同学还有其他建议吗?

生:我觉得作品集的名称还可以更有个性,不一定都是"故事新编集"或者"龟兔赛跑"。如这一组,他们的标题是"爱赛跑的龟与兔",我就感觉很有趣。

师:老师为你们点赞。这堂课也让我们知道,很多时候我们的成果还有改进的空间,通过便利贴互相批注,交流想法,能够让我们取得更大的进步。

(五) 反思迁移

本课教学依托项目化学习,以真实的任务情境为驱动,借助支架,举一反三,扶放有度,读写共融,促进了批注策略的"自生"与运用,促进了独立而成熟的读写者的培养,使学生深刻体悟到了童话的奇妙和童话人物的真善美,实现了项目化学习和批注策略碰撞下的深度学习。

1. 项目驱动,培养独立而成熟的读写者

情境的真实、主体性的发挥、团队的合作、多素养的调动与培养等都是项目化学习的特点与优势。项目化学习为培养独立而成熟的读写者提供了土壤。在这一土壤中,批注策略的迁移运用、"批注圈"的高效运行、批注互动功能的切实落地、基于单一主题批注读写策略的"自生"都很好地得以实现。基于批注的项目化读写学习,使学生在更高、更好的平台上能够展翅起飞。

2. 迁移运用,实现批注策略教学的螺旋式上升

批注策略本身具有"运用"的属性,在"运用"中承接、提升。本项目化学习实现了多次承接:从已经学过的"一批二梳三发现"到新的基于项目化学习的"一接二研三呈现"层次上的承接,从完成编写《诗歌集》到编写《故事新编集》经验上的承接,从聚焦"一篇文"到面向"一类文"能力上的承接……在一次又一次的承接中,实现了批注策略教学的螺旋式上升,实现了学生读写能力的不断跃升。

3. 多次批注,形成指向目标的"批注圈"文化

项目化学习充满了思维的张力,再加上"批注圈"的助力,有效促进了学生辩证性思维和批判性思维的发展,真正实现了课堂教学向深度转变。本项目中,从第一次对奇妙句子的批注并分享感受,到小组交流后的第二次批注深化,再到小

组展示过程中的多次批注提升。我们不仅看到了学生批注的过程,而且看到了学生思维的飞跃和能力的提升。"教"与"学"得到了完美的融合,学生学习的主体性和学习收获得到了充分体现。

4. 举一反三,提高学生基于批注的读写能力

我们常说"授人以渔",而非"授人以鱼"。与此相呼应,教育界也有一句名言叫:"教是为了不教。""不教而自得"是教育的永恒追求。然而,"不教"必须建立在"教"的基础之上。本项目中,指向"自生"的"不教"做到了多个举一反三:以批注阅读《巨人的花园》一文中童话的奇妙为支架,举一反三,让学生拓展批注其他童话,感悟童话的特点;以编写一本文学作品集为支架,举一反三,鼓励学生编写更多主题的作品集。每一次举一反三的实践,都是学生能力的一次提升。

二、借助"批注圈"推进项目化学习的开展

(一)条件分析

"新课标"提出:学生要能提出学习和生活中的问题,有目的地搜集资料,共同讨论,尝试运用语文并结合其他学科知识解决问题。也要能学习组织有趣味的语文实践活动,在活动中学习语文,学会合作。结合语文学习,观察大自然,观察社会,积极思考,运用书面或口头方式,并可尝试用表格、图像、音频等多种媒介,呈现自己的观察与探究所得。

六年级上册第一单元《丁香结》是著名作家宗璞写的一篇散文。作者从外形、香味、颜色等方面细致描写了丁香花的美,再写了由丁香结产生的人生感悟,表达了积极、豁达的生活态度。教学中需要引导学生想开去,不仅要触摸自然的心跳,丰富对自然的感受,更要触摸作者的心跳,读懂作者的人生感悟,进而能联系自己的生活,分享自己面对问题时的想法和做法,从而提升思想认识。但是,学生对丁香花并不了解,有的学生根本没有看到过丁香花,对文本的体悟只留于纸面,要想开去并不容易,故可采用在真实的情境中多学科融合的项目化阅读教学。小学生在项目化学习时虽然有着强烈的探究欲望,但多浮于表面,缺乏认知的延伸性和经验的联动性。

鉴于以上情况,可采用"一册一圈('批注圈')"的方式来助推项目化阅读。具体活动分为三个阶段:第一阶段,知识奠基分两步。通过任务驱动,家校携

手共进,读文"先学",尝试做笔记;运用"两单两表",链接原有经验,激发探究欲望,聚焦探究需求,确定探究主题,增强学生探究的持续性,拓宽学生探究的角度。第二阶段,课堂教学分三步。检查"先学"成果,交流档案册;精心"后教",联结档案册;总结方法,迁移阅读。"一册一圈",以册助思,深入探究内容;以圈审知,促进探究互动,进行有效、深入的对话,将学生的认知向深处延伸。第三阶段,课后延伸,共享评价。评价表应贯穿教学始终,让学生在探究时有指向性地进行经验联动,推动学生在项目化学习活动中进行深度的探究活动。

本项目的实施对象为六年级学生,活动用时1周,围绕"读懂丁香花"这一主题开展实践活动。本项目一共安排2个课时和1次线上交流,其余时间用于学生课外实践活动。鉴于本项目在活动时间上有着独特性,活动实施过程中采用"批注圈"线上交流活动、线下集体活动、个体学习等多样学习方式。建"批注圈"的方式也遵循多样化原则,可以根据活动内容分组,或是学生自由组合。

主题	活 动 设 计	活 动 形 式	成 果 形 式
花间舞霓虹	丁香花我探寻	计划、调查、整合	思维导图、海报、绘本等
	丁香花我种植	实践、体验、梳理	观察记录表、照片等
	丁香花我了解	查阅、展示、整合	资料收集档案
	丁香结我来解	讨论、梳理、反思	活动作品
	丁香花我来悟	展示、评价	活动作品

(二)工具研发

一册(档案图册):通过评价单、阅读清单、学习单、预习单等多种图示批注,记录与梳理探究的过程,整合学习成果。实施前期,注重组织与规划,引发学生自主阅读;实施中期,强调收集与整理,促进学生的深度思维;实施后期,重视评价与优化,培养独立自主的阅读者。

一圈("批注圈"):通过"小组式批注圈""互诊式批注圈""共享式批注圈"等

多重合作形式,助力学生在探究活动中,通过讨论分析、思辨探究等方式,进行指向性的经验联动,实现深度探究。

告 家 长 书

亲爱的家长:

我们将要开启一个新的学习项目——走进《丁香结》。这个项目包含各种有意思的活动,并且编排了适合不同类型学生的学习内容。它将科学、语文、数学等学科的知识融为一体,让学生在真实的生活中积极地学习。这些活动包括:

1. 了解丁香花;

2. 种植丁香花;

3. 阅读描写丁香花的各类书籍;

4. 运用联结法学习《丁香结》;

5. 学写有关花卉的文章和故事。

通过一段时间的学习,学生将能够更好地理解和运用课文知识。他们将通过实地观察、调查搜集资料、参与各小组活动等系列实践活动,走进自然,触摸自然的心跳,丰富对自然的感受,深入理解作者的情感,进而联系自己的生活,提升思想认识;同时,学会自主、合作、探究的学习方式。在学习过程中,学生需要对自己的学习做出自我评价。最后,学生将要把他们的学习成果展示在海报上,届时我们将邀请您参加展示会。我们非常欢迎您参与整个学习过程,也衷心希望您能提出宝贵的建议。

1. 您对我做的关于《丁香结》的学习计划有什么建议吗? 如果有,请写在下面。

_____

2. 您打算如何督促孩子完成这个项目的学习? 请详细阐述。

_____

您的育儿合作伙伴:×××

××××年××月××日

阅读清单

	《丁香结》前置性阅读清单		
1	图画书	
2	童话故事	
3	诗歌	
4	小说	
5	散文	
6	信息类图书	
7	视频	
8	网络资料	

阅读进度表

《丁香结》前置性阅读进度表				
			姓 名＿＿＿＿＿＿	
日　期	书　名	作　者	起止页码	书　类
＿月＿日				
＿月＿日				
＿月＿日				
＿月＿日				
＿月＿日				
＿月＿日				
＿月＿日				

批注：让阅读有迹可循

阅读任务单

前置性阅读任务单(根据不同资料,可设计自己喜欢的阅读记录卡)	
预测	根据书名,你猜这本书的内容是关于:
问题	读完这本书,你还想解决的问题是:
观点	读完这本书,你认为这本书的观点是:
收获	读完这本书,你学到了:
联系	读完这本书,你想到了(联结生活、联结阅读):
疑问	读完这类书,你对丁香花还有什么新的疑问吗?

教室里布置"我的博物架":一排紫色和白色的丁香花与数枚盘花扣。

观察记录表

＿＿＿＿观察记录表			
观察时间	观察角度	观察所获	我 的 疑 问
	形		
	色		
	香		
	姿		

预习单

一、准备性学习

1. 了解丁香花的特性。

2. 种植一株丁香花,对其进行连续性观察,可用不同的方式写下观察日记。

3. 搜集有关写丁香花的资料,并将其整合。

二、针对性学习

1. 读准字音。你最想提醒大家注意哪个字的读音?用红笔标出其读音。

笨拙　浑浊　参差　单薄　照耀　伏案　幽雅　愁怨　缀满

2. 生字写正确。你最想提醒大家注意哪个字的书写？将其写下并用红笔提示关键笔画。

3. 提出有价值的问题。读完课文,你有哪些问题？

4. 朗读课文,作者从哪几方面写了丁香花？

5. 丁香结引发了你对人生的思考,联系生活实际,说说你对丁香结的理解。

三、拓展性学习

推荐阅读宗璞的《紫藤萝瀑布》和《好一朵木槿花》。

项目评价表

"花间舞霓虹"活动评价表				
评价项目	评比内容	自评	组内评	他评
我会调查研究	1. 了解丁香花的两个特点； 2. 研究丁香花的生长习性。			
我能劳动实践	1. 种植养护丁香花； 2. 观察丁香花,并做好观察记录。			
我能阅读积累	运用批注单和"批注圈"学习课文《丁香结》,读懂丁香结。			
我会感悟反思	1. 至少写一篇活动日记,记录心得； 2. 能整理活动资料、活动成果。			

（三）教学设计

教学目标:

1. 通过本次活动,会写"缀、襟"等生字,会写"宅院、幽雅"等词语。正确、流利、有感情地朗读课文,把握课文主要内容。

2. 运用档案图册,根据所读的内容想开去:品读关键字眼,想象文字呈现的画面,联系生活经验、借助相关的文本、结合作者生平来展开,并能说出自己的理解。

3. 初步培养学生以豁达胸怀对待生活中的"结"的情怀。

教学过程:

一、检查"先学",交流档案图册

(一)以圈为引,形成档案图册

1. 通过前期的自学,请学生以"批注圈"为单位,交流前期阅读所得,择优进行汇报。学生根据自然界中的丁香花、作家眼中的丁香花、歌词中的丁香花、诗歌中的丁香花,形成"批注圈",进行知识交流梳理,形成档案图册。

2. 联结"阅读链接",初识"丁香结"。

(1)出示"阅读链接"中的四句诗,指名学生诵读。

(2)组织交流,发现四句诗中的共同意象(丁香结),导入新课。

(二)以册为导,梳理文本

1. 缘题质疑,整体感知:为什么课题为"丁香结"?

2. 交流分享:"小小的花苞……果然是丁香结。""丁香结,这三个字给人许多想象。……不然,岂不是太平淡无味了吗?"分析体会文本由丁香的物象向意象的过渡。

二、精心"后教",联结档案图册

(一)填一填:课文除了写丁香结,还写了哪些内容?

(二)聚焦"丁香花",品读语句,想象画面。

1. 教师出示学习活动,引导学生发现信息,圈画批注。学习活动:作者除了写丁香结,还写了什么? 边读边想象画面,你感受到了什么? 批注自己感受最深的语句。

2. 学生自由朗读,思考怎样从所读的内容想开去。

教师相机板书:读进去,想象画面;联系生活实际;联系相关资料;联系作者生平。

3. 默读课文,聚焦文中赏丁香花的语段(第1~4自然段),用读进去、想开去的方法对作者赏花部分进行批注式学习,完成学习单。

	颜色	形状	香味	朦胧美
城里丁香图				
城外丁香图				
斗室外丁香图				
雨中丁香图				

（三）反馈要求,聚焦"斗室外丁香图":我带大家欣赏的是丁香花_____,读到_____,想到(我仿佛看到)_____。

提示:

● 抓住颜色,想象画面。(抓住"檐前积雪"这一比喻,想象丁香花的洁白和茂盛;抓住"莹白""绿""红",想象色彩交相辉映的画面。)

● 抓住形状,联结生活。(抓住"十字小白花""一簇""开满一树",想象丁香花的茂盛。)

● 抓住香味,联结生活。(抓住"香气直透毫端",联系生活经验,感悟一种幽雅又沁人心脾的甜香。)

● 抓住朦胧美,联结作者生平。(抓住"人也似乎轻灵得多,不那么浑浊笨拙了""照耀着我的文思和梦想",联结宗璞在斗室内、丁香花旁写下的名篇佳作。)

（四）学生朗读、体悟第3自然段。

（五）小结:作者通过描写丁香花形、色、香等方面来展现它的美,以丰富的用词、形象的修辞,将丁香花描绘得栩栩如生。

（六）学法迁移,合作品读。

> 任务:"批注圈"合作,自主学习
>
> 在"城里丁香图""城外丁香图""雨中丁香图"中,选择你认为最美的一幅丁香图进行批注。

组内交流：用"我带大家欣赏的是丁香花_____，读到_____
_____，我想到（我仿佛看到）_____"的句式进行组内交流，并
修改完善。（批注时间 5 分钟。）

三、总结学法，迁移运用

（一）纵观全文，说说你发现了什么？（提示：作者从颜色、形状、香味、朦
胧美等方面进行描写；运用各种修辞，精准贴切地体现了丁香的美；然后由物
象向意象过渡，升华文本的主题。根据学生回答，形成评价表。）

丁香花小练笔评价表

评 比 内 容	组内评价
能从不同方面进行描写。	
用词精准贴切，还能运用各种恰当的修辞，体现丁香花的特点。	
由物象向意象合理过渡，主题明确。	

（二）迁移运用，创造意象。

今天我们运用读进去和想开去的方法欣赏、体悟了宗璞笔下的《丁香
结》。现在请同学们联结"交流平台"，交流书写其他有象征意义的植物，并尝
试模仿课文的写法，进行有创意的文学表达。

（三）整理档案图册，展评优化。

（四）片段聚焦

档案图册为语言建构与运用奠定基础

师：请同学们以小组为单位，交流丁香花的观察记录表，择优进行汇报。

（学生展示观察记录表，交流评比。）

生：我家南院有一棵紫丁香，花朵小巧精致，散发着清新淡雅的香味，确实
像极了《雨巷》中丁香一样的姑娘。这是我眼中的丁香花。同学们，你们看到的

又是怎样的呢?

生:我听过《丁香花》的歌曲,"你说你最爱丁香花,因为你的名字就是她,多么忧郁的花"。丁香花虽然带着淡淡的忧郁,但是并不娇嫩,一到五月,就会迎着阳光热烈绽放。

生:在古人的笔下,丁香花是愁怨的象征,我收集了不少描写丁香花的佳句——"霜树尽空枝,肠断丁香结""青鸟不传云外信,丁香空结雨中愁""芭蕉不展丁香结,同向春风各自愁"。

生:我查阅资料,了解到丁香花喜阳,可以入药。

……

师:太棒了!你们通过观察、阅读,对丁香花有了自己的感悟,老师要为你们前期的学习点赞。今天让我们跟随作家宗璞,来看看她笔下的丁香花又是怎样的。开始吧!

档案图册有利于学生联想思维的深入发展

师:同学们既然最喜欢第三幅图,那我们就一起来看看第三幅图,哪一小组先来分享?

生:我画出了"积雪""雪色""莹白""参差的绿""红窗"这几个词。我的批注是——"丰富的色彩词构成了一幅色彩鲜明的画面。这里的白很有层次,花开得极盛时,花多叶少,一片莹白中透出参差的绿,可见花团锦簇,绿叶只能从花的缝隙里钻出来"。

师:抓关键词,通过想象画面,深入地品味语言文字的美。好!

生:我画出的是"檐前积雪"和"香气直透毫端"。我的批注是——"作者通过想象,把丁香花比作积雪,写出了丁香花洁白而浓密的美。'香气直透毫端'与诗句'遥知不是雪,为有暗香来'有异曲同工之妙"。

生:我有补充。资料显示,宗璞是在屋内,面对着窗外的丁香花写下了《丁香结》。"香气直透毫端""遮掩着我的窗,照耀了我的文思",写出了丁香花激发了作者的创作灵感,表达了作者对丁香花的赞美。

师:谢谢你!教给我们一条理解文本的妙计——联系作者的生平。这个方法能让你对文本的理解精准而深入!

生:我圈出了这个句子"那十字小白花,那样小,却不显得单薄。许多小花形成一簇,许多簇花开满一树"。我的批注是——"在百科全书中查到了丁香花,它确实小小的,四片对称,开花成簇。作者的描写简洁、准确"。

生:我要补充。作者描写丁香花时,从局部到整体进行了有序的描写,从"一朵"到"一簇",再到"一树"。

师:你们在批注时能联系生活中的观察和阅读积累来品味语言文字之美,太棒了!

(五)反思迁移

1. 以册为导,以圈引路——共享探究路径,促进认知持续

(1)以册为导——"三单三表"激活探究欲望

本项目伊始,每个"批注圈"建立一个档案图册,以"三单三表"将读者细读文本时的心得文字化、书面化,让思考与灵感脱离抽象的写作过程,培养、发展语文学科思维。在项目学习中,学生进行自主阅读、沉心细读、潜心体悟时,教师可以运用直观、可视化的形式激发学生的阅读兴趣。首先,让学生在任务的驱动下明确要读哪些书。然后,利用阅读记录表,促使学生进行持续性、系统化的阅读。阅读任务单旨在引导学生进行整体性阅读、探究性阅读和评析性阅读。例如,通过提问"读完这本书,你想到了什么? 还想解决什么问题?",引导学生进行深度阅读,让他们能够由果溯因地阅读,深入体会文本的人文性。同时,鼓励学生发现问题、自主探究、解决问题,并尝试写简单的读书报告。此外,通过提问"读完这本书,你认为这本书的观点是什么? 你学到了什么?",引导学生既从宏观角度审视文本,又从文本的结构、语言、主题、表达方式等具体角度入手进行赏析,并写下赏析理由。

通过运用"三单三表"提取信息,实现读写结合,读中有写,写中有读。这里的"读"不仅指读文本,还包括读自然,从而多维度、多层次、多样态地做好知识的奠基工作,推动由单篇阅读向多文本阅读拓展,进一步丰富学生的文学底蕴。

(2)以圈引路——"小组式批注圈"共享探究路径

在项目伊始,执教教师根据学生的语文基础、知识掌握情况、表达能力以及个人特点等因素进行分圈。每个"批注圈"内部都包含不同特长的学生,以便他们能够相互学习、共同成长。每个"批注圈"相对均衡的角色设置,也有助于教师有效达成教学目标。

"批注圈"角色与职责

角　色	职　　责	人员安排
组长	1. 整体统筹项目,向项目导师汇报; 2. 分配任务,责任到人; 3. 对每个学生完成任务的情况及学习小组进行评价; 4. 检查项目组成员的工作,召开检查会议。	
档案管理员	1. 负责在规定时间内收发档案图册; 2. 负责学习资料的记录管理; 3. 将档案完善成册。	
查寻员	1. 反馈记录学生遇到的问题; 2. 负责查找各方面的资料。	
汇报员	1. 组织汇报学习成果; 2. 严格控制项目完成的质量。	

2. 以册助思,以圈审知——共享探究思考,促进认知联动

(1) 以册助思——"图表式读书笔记"深入探究内容

针对第一阶段项目开展的反馈单,教师梳理了作家眼中的丁香花、自然界中的丁香花、歌曲中的丁香花,旨在帮学生拓宽视野,联结已知,整合系统思维。在梳理文本内容时教师运用鱼骨图式读书笔记,清晰呈现思路,具象化思维过程。同时,针对不同的丁香花图,教师采用对比归纳的表格式读书笔记,多角度进行对比分析,激发思维的发散性。在第一阶段全方位的知识积淀下,学生根据所读内容,从不同的维度展开想象和联想,与观察、阅读及自我体验产生深度联结和对话,构建对文本的独特理解。这样的阅读无疑是一种有深度、有广度的阅读。

(2) 以圈审知——"互诊式批注圈"引发探究互动

由于个体差异,学生的批注阅读理解自然会有所不同。通过"批注圈"的互动分享,学生的思维可以互相碰撞,激起智慧的火花,成为发散性思维的催化剂。因此,教师可在学生自读自悟的基础上,让学生以"批注圈"为单位进行交流互诊。学生在思维的碰撞中,能提升个人的阅读理解水平,修正并丰富原有的认知,进行二次批注。然后,各"批注圈"之间进行互诊批注,即每个"批注圈"里的汇报员交流分享阅读批注。在互动分享中,学生与学生、学生与教师、学生与教

材展开对话，在思维碰撞中再次优化批注。例如，在阅读理解"檐前积雪"和"香气直透毫端"时，一位学生批注道："作者通过想象，把丁香花比作积雪，写出了丁香花洁白而浓密的美，'香气直透毫端'与诗句'遥知不是雪，为有暗香来'有异曲同工之妙。"另一位学生立刻回应："我有补充。我查阅资料，了解到宗璞是在屋内，面对着窗外的丁香花写下了《丁香结》。'香气直透毫端''遮掩着我的窗，照耀了我的文思'，写出了丁香花激发了作者的创作灵感，表达了作者对丁香花的赞美。"可见，"互诊式批注圈"可让学生的阅读理解有质的提升。

3. 以册理知，以圈拓思——共享探究经验，促进认知延伸

（1）以册理知——"档案式图册"归纳探究记录

语文的学习，不仅仅是积累一些简单的语言材料，更重要的是积累具体的学习方法和策略，以便在语言实践中自觉地迁移运用。因此，在项目探究结束后，教师引导并鼓励学生将个人感受和理解转化为实际成果，自主创新批注形式，以多样式批注为载体，生成个性化阅读成果，如小报式、绘本式批注笔记等，并整理成档案图册。这一过程有助于检测学习成果，将学习、梳理、探究融为一体，为后续的项目化阅读提供范本。在梳理与归纳的过程中，教师应充分信任学生，激发他们的学习兴趣与热情，给予足够的时间与空间，鼓励他们自主思考、合作分享，从而在习得知识的同时提升能力，养成良好的学习习惯。

（2）以圈拓思——"共享式批注圈"共享探究经验

可以利用线上线下相结合的方式评选批注小达人。比如，利用教室墙壁、学校走廊及网络平台等空间来分享学习成果。在这样开放的"学习场"中，学生可以组建多元"批注圈"，集思广益，拓宽思维广度，实现跨学段、跨学科的学习力提升，真正成为学习的小主人。

第三节　跨学科学习批注策略教学

语文综合性学习是小学语文课程的独特组块，属于跨学科学习任务群。"新课标"中指出：跨学科学习任务群旨在引导学生在语文实践活动中，联结

课堂内外、学校内外，拓宽语文学习和运用领域；围绕学科学习、社会生活中有意义的话题，开展阅读、梳理、探究、交流等活动，在综合运用多学科知识发现问题、分析问题、解决问题的过程中，提高语言文字运用能力。可见，在语文跨学科学习中，多学科知识与技能是学习的内容与方式，最终目标是提高学生的语文核心素养。

在实际教学中，教师时常把握不好跨学科的度，不知该如何做到跨学科学习既不缺位，又不越位。另外，跨学科学习内容涵盖面较广，课时又有限，而且难以在学业质量检测中体现出来，导致不少教师在意识上不重视，在行动上不落实。学生的学习成果往往只是短暂展示，未能达到最佳效果。那么，如何破解跨学科学习的这一困境？

一、跨学科学习中的点赞式批注

（一）条件分析

五年级下册第三单元是综合性学习单元，是统编小学语文教材首次以单元整组的形式设置的"大综合单元"，主要由前言和具体活动板块组成，具体活动板块又分为"活动建议"和"阅读材料"两部分。单元目标是："感受汉字的趣味，了解汉字文化。学习搜集资料的基本方法。学写简单的研究报告。"鉴于汉字文化博大精深，本单元适合采用项目化主题学习的方式，以任务为导向，以学习主题为载体，整合各种学习资源、各学科知识和方法开展探究活动。具体可分为三个阶段：第一阶段，阅读材料，确定主题，组建学习圈；第二阶段，各学习圈制订计划，分别根据主题开展学习探究；第三阶段，运用"点赞＋批注"模式展示成果、评价表彰。在整个学习过程中，教师要及时关注学生的学习困难，给予适当的支持与帮助。这样，既能牢牢把握语文跨学科学习的核心要求，又能让学生在合作探究中高效学习，达成教学目标，提升学生的语文能力。

点赞是一种交往互动的新方式，像握手、鼓掌一样传递着温暖。在跨学科学习的评价中，点赞更是承载着"你们的学习成果很丰富""这样的展示真新颖""对你们的研究内容很感兴趣""你们研究的方法值得借鉴"等肯定的信息。此时，点赞本身成了一种批注，留下了点赞者思维和情感的印迹。同时，关注、支持和肯定的评价也激发了学习圈中每一个成员为达成共同学习目标而合作的动力，从而形成了一个有机的整体，增强了团体的凝聚力。在点赞的基础上，融合评价式的批注,可以使个体的观点能够更清晰地表达。

点赞式批注课堂以学习圈为组建形式,充分发挥团体内聚力,开展主题式项目化探究,并运用点赞、批注的评价手段,激发学生学习的主动性,实现全员在各环节的积极参与,使每个学生的学习收获最大化。这符合读写教室"选择、差异、分享"的理念,为跨学科学习提供了有效的学习路径。

(二)工具研发

点赞式批注课堂的主要工具:评价表,"三卡一单"(点赞卡、建议卡、收获卡和改进单)。

1. 评价表

学习成果评价表为学生跨学科学习提供了学习参照、有效评价、交流分享和不断完善的标准。首先,要紧扣跨学科学习主题和语文要素设计精确合理的评价表,并将其前置,让学生明确评价内容与标准,有针对性地展开学习过程。然后,学生应参照学习成果评价表,对同学(无论是同一学习圈还是不同学习圈)的学习成果进行多元化互评,这样有助于相互学习、取长补短,获得最大的学习收益。

比一比谁的赞多

——《遨游汉字王国》学习圈成果展示评价表

评价方式	项目	评 价 标 准	1	2	3	4	5	6
小组互评	参与合作	成员人人参与,相互合作						
	资料整理	资料搜集丰富,整理完善						
	展示形式	展示形式多样,积极互动						
	成果质量	学习成果丰厚,富有创意						
同学评价	参与合作	成员人人参与,相互合作						
	资料整理	资料搜集丰富,整理完善						
	展示形式	展示形式多样,积极互动						
	成果质量	学习成果丰厚,富有创意						

评价方式	项目	评 价 标 准	1	2	3	4	5	6
教师评价	参与合作	成员人人参与,相互合作						
	资料整理	资料搜集丰富,整理完善						
	展示形式	展示形式多样,积极互动						
	成果质量	学习成果丰厚,富有创意						
合计								

2."三卡一单"

"三卡一单",指的是点赞卡、建议卡、收获卡和改进单。点赞卡和建议卡用在"字廊漫步"学习阶段,学生可以在评论区给感受深刻的小组进行点赞或提出建议。通过这种方式,学生能够集思广益,增进学习收获。收获卡和改进单用在收获分享阶段,小组共享点赞卡和改进单的内容后,以同伴的评价为启发,加以改进,为后续的学习做铺垫。

《遨游汉字王国》学习单

同学们,结合刚才学习圈的汇报,现在让我们漫步汉字王国,浏览展示的展板,参考学习成果展示评价表,给你认为学习成果最佳的小组送出你的赞,再进行评价。如果有好的建议,就写在建议卡上。计时10分钟,相信你会有自己的收获和思考。

点赞卡		
小组	点评人	
点赞内容		
点赞理由		

建议卡		
小组	点评人	
建议内容		
建议理由		

（三）教学设计

教学目标：

1. 通过小组阶段性学习成果分享互动,让学生感受汉字的趣味,了解汉字的起源和演变,学习欣赏汉字书法艺术,能学写简单的书写规范字的研究报告。

2. 通过点赞卡、建议卡、收获卡、改进单等批注评价,在共享学习成果的同时,能不断反思与改进,促进后续汉字的学习探究。

3. 激发自主参加、勤于实践、敢于探索的热情,提升搜集并处理信息、提出和解决问题及小组合作的能力。

教学过程：

一、回顾导入,明确要求

（一）回顾导入。前两周我们开始了《遨游汉字王国》的综合性学习,大家根据自己的兴趣分别组成了六个学习圈小组,每个小组确定了一个主题。在小组长的带领下,我们通过阅读材料、搜集资料、采访参观、合作探究等方式,对汉字有了比较丰富的了解。这堂课就让我们来分享交流自己的学习成果吧!

（二）明确要求。在本节课中,每个小组将通过现场汇报和展板展示等方式展示合作学习成果,每个同学将根据学习成果评价表对其他小组的展示进行点赞和学习,也可以提出自己的意见和疑问,与他们进行互动,使自己的学习成果更丰厚。展示结束后,我们将对获赞数最多、收获最大的小组进行表彰。

二、小组展示,互动交流

（一）在黑板上出示学习成果评价表,由点赞人和评论员对其他五组进行评价,在展示过程中点赞。

每个学习圈的小组成员进行角色分工并挂不同颜色的角色牌：宣讲师（红色）、互动者（橙色）、小助手（黄色）、点赞人和评论员（绿色）、小问号（蓝色）、小博士（紫色）等。

（二）小组展示汇报,穿插观察员评价,汇报和评价时注意礼貌用语。

1. "字谜大本营"小组：建议从字谜的分类、猜谜的方法、编谜的诀窍、猜谜互动等方面进行展示汇报。

2. "谐音俱乐部"小组：建议从谐音的诞生、歇后语中的谐音、讲谐音笑话等方面进行互动展示汇报。

3. "造字研究院"小组：建议从汉字的产生、造字法、记忆汉字方法等方面进行互动展示汇报。

4. "历史探案馆"小组：建议从汉字各阶段的演变规律、姓氏名片、姓氏写法等方面进行互动展示汇报。

5. "艺术欣赏家"小组：建议从书法（书法流派及特点、书法字帖的产生、书法班师生练字秘诀等）、生活中的剪纸字、印章种类等方面进行互动展示汇报。

6. "汉字纠察队"小组：建议从生活中的错别字、采访分析原因、统计图表、撰写研究报告及倡议书等方面进行互动展示汇报。

三、字廊漫步，批注评价

（一）字廊漫步。结合刚才小组的汇报，现在让我们漫步汉字王国，浏览感兴趣的展板，要求：

1. 参考学习成果评价表，在你认为优秀的小组的点赞区送出你的赞。（每人给2个赞，每个小组不同颜色。）

2. 请你选择一个小组的学习成果进行批注评价，红色点赞卡写赞赏之处，蓝色建议卡写改进意见。（点赞卡和建议卡可以都写，也可以选择其中一张。）

3. 计时八分钟。（六个小组的成果展板于左右两边分立。）

每组组员评论不同的内容：小组合作、资料搜集、内容梳理、探究发现、展示形式、版面设计评价。（分别用红、橙、黄、绿、蓝、紫笔书写。）完成后，请小组代表统计点赞数。

（二）交流互动。点赞特别多的小组让点赞人说说理由，其他成员进行补充。

写建议卡的同学说说建议，同时让被写的小组发表看法。

四、分享收获，表彰激励

（一）分享了其他学习圈小组的学习成果，阅读了大家的建议，现在你又有什么新的收获，或者你又有什么新的改进设想？请小组合作，写在收获卡和改进单上。

（二）交流。

（三）表彰获赞最多的两个小组，颁发汉字学习最佳成果奖。

（四）片段聚焦

动态分享中点赞，让学习津津有味

师：下面有请"汉字纠察队"小组分享学习成果，大家掌声欢迎。

生（齐）：大家好！我们是"汉字纠察队"，是一个专门研究规范使用汉字的小队。

生（宣讲师）：先让我们来看一看生活中的错别字现象吧！比如，某菜场把"草莓"误写为"草毒"；某医院的宣传标语中，误把"坚定"写成"竖定"。再看同学们的作业本中，也有不少的错别字。这些现象表明，我们在生活中有时会写错别字。

生（小助手）：我们也对全班 38 名同学规范使用汉字的情况进行了调查。请看统计图，"黄、胥、得、赞"四个字中，"黄"字的错误率最低；"赞"字最容易写错，有同学会把下面的"贝"字写成"见"。

生（互动者）：接下来，我们来聊一聊同学们写错别字的经历吧！

生：比如《景阳冈》中"截断"的"截"，我在书写时经常会把下面的四横少写一横。

生（互动者）：有些字笔画多，结构复杂，很容易写错。那么，大家认为还有哪些原因会导致我们写错别字呢？

生：我认为主要是因为我们不专心、粗心大意造成的。

生：还有些字字形比较相似，我们没有仔细比较区别，所以容易搞错。

生（宣讲师）：我们小队将调查搜集到的资料进行了梳理、分析和概括，撰写了一份错别字研究报告。我们发现，写错别字的主要原因包括读音相似、字形相近、不清楚意思、写错笔画等。汉字是我们国家的瑰宝，我们应该成为规范用字的宣传者。我们倡议，写字要专心认真，准备一本错字本，多加巩固。还要当"啄木鸟纠错小标兵"，在生活中发现错别字要及时纠错。让我们从我做起，从现在做起，共同规范使用汉字。

生（互动者）：现在，大家还有什么疑问吗？

生：在生活中，我们应该如何当好"啄木鸟纠错小标兵"呢？

生（互动者）：要当好"啄木鸟纠错小标兵"，首先要熟练掌握汉字的正确写法。然后，在生活中，看到错别字要敢于纠错，同时劝导他人规范使用汉字。另外，我们还可以把易错字集中起来，撰写倡议书，制作海报，分发给大家，积极宣传，号召大家共同规范用字。

生（齐）：这就是我们小组的学习成果，感谢大家！

师：谢谢"汉字纠察队"小组的分享！对照评价表，大家认为他们有哪些值得点赞的地方？

生：他们调查了同学们的作业情况，并制作了统计图，使结果更加直观和清晰。

生：他们还扩大了调查范围，包括街头用字情况，使资料更加全面。

师：是呀，同学们都发现了，"汉字纠察队"小组用了一种新的搜集资料的方法，可以概括为——生活调查。在调查基础上统计、研究、写倡议书，这是他们小组的出彩之处。那么，在进行生活调查时，你们有哪些注意事项想提醒大家？

生：边调查边拍一些照片，会更真实。

生：还要注意安全，特别到街头调查时，要遵守交通规则。

生：我们未成年人最好在家长的陪同下进行活动，这样既可以确保安全，也可以得到家长的指导和帮助。

师：大家的建议都很有价值。那么，对于"汉字纠察队"小组的分享，你们还有什么建议？

生：如果他们能够更流利地介绍，就会更好。

师：相信经过进一步的练习，他们的分享会更加熟练。

静态展示中批注，让学习意犹未尽

师：刚才大家漫步在"汉字王国"的展板中，为你们认为学习成果最棒的小组送上了赞,并张贴了自己的点赞卡或建议卡。老师浏览了一圈,发现"字谜大本营"小组获得的点赞卡比较多,说一说你点赞的理由是什么。

生:我评价的角度是内容梳理。"字谜大本营"小组不仅详细列出了字谜的种类、猜字谜的方法,还分享了编字谜的窍门等,内容分类清晰且丰富,所以我为他们点赞。

生:我评价的角度是探究发现。"字谜大本营"小组通过自己的探究,探索出了编字谜的方法。比如,编"幻"这个字的字谜,他们通过与"幼"字进行比较,巧妙地编出了"幼儿力不全"这样的谜面。这种编字谜的方法很新奇,让我很有收获,所以给他们点赞。

师:谢谢你们,你们的理由很充分,其他小组也可以学习借鉴。当然,老师也发现"历史探案馆"小组的建议卡比较多,建议越多说明你们进步的空间越大。那么,你给他们提了什么建议呢?

生:"历史探案馆"小组的版面设计很新颖,图文并茂,值得我们学习。不足之处就是资料搜集比较少,内容上欠丰富。比如,他们用思维导图搜集整理了十大朱姓名人的资料,其中朱自清的资料还可以增加一些他的代表作品。

生:"历史探案馆"小组中除了有四位姓朱的同学,还有姓唐、姓何、姓陈的同学。我建议给这三个姓氏也分别做一张名片,研究姓氏的由来、发展、写法等。这样,小组中的每个同学不仅仅是参与了学习,还对自己的姓氏有了深入的了解。

师:谢谢你们,两位同学都有自己的思考。听了他们的意见,"历史探案馆"小组的同学有什么想法?

生:我觉得我们在版面设计上确实有较多空白的地方,再搜集一些资料,版面会更加充实。我们采纳他们的建议。

师:看来,他们的建议给了你们一些启发。请大家在组长的带领下再认真阅读自己的展板。现在,你们又有什么新的收获,或者又有什么新的改进设想?请小组合作,将这些想法写在收获卡或改进单上。

师:我看到"谐音俱乐部"小组已经张贴好收获卡和改进单,让我们先来听听他们的收获和改进想法。

生:我们小组的收获是,在这次综合性学习中,我们学会了多种搜集资料的方法,如网络搜索、查找图书、请教他人、生活调查等。多种方法结合使用,让我们的资料搜集得更加全面,也更有说服力。

生:我们小组主要依赖网络来搜索资料,包括谐音古诗、歇后语等。依靠网络搜集有内容翔实的优势,但也存在内容过多的问题,这导致我们设计的板块不够清晰。因此,我们计划对资料进行进一步整理,每个类别只挑选两三个代表性的内容。同时,我们还会添加一些自己的探究发现以吸引同学们,更好地与大家分享交流。

(五)反思迁移

本节课为《遨游汉字王国》学习圈成果交流展示课,总体采用点赞式批注课堂的模式,在小组静态展示与动态汇报时,以圈内和圈际多元评价的方式,进行点赞,用点赞卡、建议卡、收获卡、改进单等进行批注式评价,让学生在共享学习成果的同时,不断反思和改进,促进他们综合学习能力的发展。

1. 多重角色体验,激发学习动力

在课堂上,学生的角色并非固定不变,而是随着教学活动的深入不断转换。在听取他人汇报时,他们可以是互动者(互动问答)、点赞人(送出大拇指)、评论员(给予评价)、小问号(提出疑问)、小博士(补充看法)中的一员。轮到本小组汇报时,他们又转变为宣讲师(交流汇报)、小助手(协助展示)、互动者(与其他小组互动),相互合作。在"字廊漫步"环节,他们是点赞人,也是评论员,给学习成果出色的小组贴上点赞卡或建议卡。在小组再次讨论时,他们进行反思和改进。这种多角色的设定,有动有静,有个体活动也有团体活动,再加上醒目的角色牌、鲜艳的批注荧光笔和各色卡单,不仅增强了学生的体验感,也极大地激发了他们对综合性学习的兴趣。

2. "点赞+批注"模式,凸显跨学科特点

小组合作展示汉字学习成果时,融入其他小组评论员的点赞、小组之间的互动交流以及师生的补充完善,凸显了跨学科学习的鲜明特色。第一个片段中,围绕"规范使用汉字"这一主题,"汉字纠察队"小组的宣讲师、小助手通过生活调查搜集资料、运用统计图归类易错字、撰写研究报告和倡议书等多种方式,充分展示了他们在规范使用汉字方面的学习成果。随后,通过与其他小组的互动,参与者对汇报内容进行了深入的质疑与解惑。这种互动方式不仅拓宽了学生的视野,更使学习成果得以传播和深化。在总结阶段,教师有针对性地引导学生围绕

"了解搜集资料的方法,并能灵活运用"这一目标展开讨论与归纳。学生们积极参与,纷纷分享自己的见解,不仅回顾了教材中提到的网络搜索、查找图书、请教他人等方法,还根据自身的学习探究经历,补充了"生活调查"这一重要途径。这种基于生活实践的经验总结,不仅加深了学生对知识的理解和记忆,还使他们的学习体验更为丰富多元,有效提升了他们解决问题的能力,真正实现了高效学习的目标。

3. "三卡一单"工具,实现共享评论

在组长的带领下,每个小组都细致地回顾了其他小组的点赞卡和建议卡,进行了深入的探讨。他们积极采纳了合理的建议,并填写了收获卡和改进单。收获卡是对此次学习活动的归纳总结,为以后的学习实践提供了经验;改进单则为小组进一步的学习指出了更明确的目标和方法,便于开启下一阶段的学习,以期取得更为丰硕的成果。以"谐音俱乐部"小组为例,他们在阅读批注后再次进行了深入的讨论与反思。他们意识到,在搜集资料时,结合多种方法能够获取更全面、更有说服力的信息。然而,他们也发现展示的内容过于丰富,导致板块不够清晰。因此,他们决定在下一阶段对资料进行重新整理,以突出重点。此外,他们还计划添加一些自己的探究发现,以便更好地与大家分享和交流。

在这一过程中,"三卡一单"让评价更为透明,通过共享多方评论、凝聚集体智慧,学生的思维变得更加开放多元。这不仅让学生进一步了解了汉字文化,树立了文化自信,增加了文化底蕴,同时也提升了他们的语言表达能力以及合作、反思、实践、倾听、共情等能力,真正实现了跨学科学习的目标。

当然,在点赞式批注课堂实施过程中,除了要充分发挥正面激励的积极作用,也不可忽视无效点赞的情况。例如,某些学生可能因个人情感因素,如与某小组成员关系亲密,或出于随大流的心理,无视既定的评价标准,盲目点赞。这样不仅有失公允,而且背离了点赞的初衷,弱化了点赞式批注课堂的效能。因此,在评价前,教师应预先进行必要的提醒与教育,同时在评价过程中引导学生阐述点赞的理由,并评判其合理性,促进点赞式批注课堂良好秩序的建立。

二、拓展跨学科学习中的深度批注

(一)条件分析

综合性学习主要体现为语文知识的综合运用、听说读写能力的整体发展、语文课程与其他课程的整合、书本学习与生活实践的紧密结合。教材在三年级下册第三单元安排了以"中华传统节日"为主题的综合性学习,引导学生搜集、整理、展示中华传统节日和相关习俗,感受中华优秀传统文化的魅力。在学习活动中,教师要利用好教学资源,引导学生合理规划进程,采用自主、合作、探究的学习方式开展各项活动,提升语文学习能力。

（二）工具研发

工具:三色笔,便利贴,批注海报。

（三）教学设计

教学目标:

1. 小组分工合作,用不同方式搜集资料,介绍我国的传统节日,能记录、交流、整理这些节日的相关风俗。

2. 结合单元语文要素,选择自己最感兴趣的一个传统节日,写一篇习作,把过节的过程写清楚、写具体。

3. 能对照综合性学习活动评价标准,进行自评和对其他小组的展示活动做出评价,提出改进建议。

4. 以适当的方式展示综合性学习的成果,了解和感受中华优秀传统文化的魅力,激发学生热爱并弘扬中华优秀文化的情感。

教学过程:

一、跨学科激趣,开启节日探寻之旅

（一）借助学生已有的学习和生活经验,读词语猜节日,看画面说习俗,观视频排顺序,用他们喜闻乐见的形式激发学习兴趣,引发进一步探究中华传统节日的兴趣。

（二）自主阅读活动提示,在相互交流中明确学习任务,知道搜集资料的范围和途径。

（三）本着自由组合的原则,组建学习小组,同一研究小组的成员共同商讨、制订计划、分解任务,为合作学习做好准备。初步熟悉研究报告的基本形式,把搜集来的资料整理成研究报告的形式。

（四）结合所学的三首古诗描述的节日，根据时间顺序依次列出我国主要的传统节日。每个传统节日都有各种各样独特的习俗。先让学生在小组内商量，选择一个传统节日，然后确定调查的项目，如节日名称的来历、过节的时间、节日的习俗等。调查的方法可以是上网查找资料、阅读百科全书、询问长辈、观看视频、参观民俗展览馆、收集图片等。调查完要把了解到的信息利用写笔记、拍照片、画图画、写文章等方式记录下来。接着，组里的同学集体制作一张表格，分门别类地写清楚调查的项目，调查任务落实到人，课后各自调查，最后把调查到的内容综合起来，填入表格中。

"中华传统节日之端午节"资料搜集整理计划

内　　容	节日时间	节日习俗	节日故事	节日诗词	节日歌曲	节日体验	……
搜集途径	翻看日历	询问长辈	查阅书籍	请教师长	网络搜索	亲身经历	……
记录方式							
完成人员							
完成时间							

搜集整理资料自评表

内　　容	评　价　标　准	自我评价
查找资料	1. 能围绕小组选定的节日查找资料； 2. 能自己从书上、网上或其他途径查找资料，并遵守相关规定（如公共资料不得破坏或占为己有、文明上网等）。	☆☆☆
整理资料	1. 查找、保存的资料比较丰富，能清晰呈现； 2. 初步整理资料，练习向小组其他成员介绍自己搜集的资料，如果很多，尝试摘录要点。	☆☆☆

缩小调查范围以后，学生对所要调查的传统节日就有了明确的方向，调查的时候就能有目的地根据要求去查找资料，从而激发他们进行调查探究的

兴趣。小组完成"中华传统节日"研究报告,将搜集到的资料做成便利贴,贴进表格中,方便进行批注。

二、交流评价,多种方式批注

（一）指导交流方法。

三年级的学生第一次进行跨学科综合性学习,对于交流过程中进行"说、听、问、答"的方法还不是十分熟练,教师提出明确的评价标准将有利于交流的顺畅进行。对于"说",提供参考句式,有助于学生进行言之有序的表达。

说	出示资料,陈述要点。
听	仔细倾听,适当记录。
问	进行提问,提出建议。
答	虚心接受,及时补充。

（二）组织进行交流。

在此基础上,组织学生组内轮流介绍,对照评价标准相互评价,为每个学生提供充足的学习空间和均等的表达机会。

1. 根据小组的研究报告,进行现场交流,互相指出可以改进的地方。

2. 组员可以用星级评价标准对研究报告完成程度进行评价。

3. 交流结束后,组员利用三色笔对自己小组的研究报告再度批注、完善。

小组交流资料自评表

内容	评 价 标 准	自我评价
发言	有条理地介绍搜集的资料,能虚心接受别人的建议。	☆☆☆
倾听	倾听专注,不随意打断别人的发言。	☆☆☆
交流	积极参与评价,既充分肯定,又提出合理的建议。	☆☆☆

（三）确定展示方式。

小组讨论展示方式时，难免会出现意见不一的问题，教师要及时干预，对于典型问题，进行有针对性的集体指导，助力学生提升与人合作的能力，培养团队互助的精神。

三、小组汇报，深度批注

（一）明确评价标准。

进行团队学习成果展示前，教师出示"展示互评表"，引导学生有针对性地进行评价。

为了让学生有评价的依据，教师事先把评价的标准制作成课件，课堂上用多媒体播放。对于个人习作展示，可以结合"一家人一起过节的过程是否写清楚""过节的习俗写得是否具体""所写的事与过节是否有联系"三个标准进行评价。对小组展示交流，可以结合参与度、自信心、形式、质量等方面进行互相评价。最后，教师对本次活动中某些方面表现突出的学生和小组进行总结表扬，并指出在学习活动中存在的一些问题和修改意见。

展示互评表

习作内容	评 价 标 准		同伴评价
过节过程	围绕一个意思，把一段话写清楚	能写清楚一家人过节的过程。	☆☆☆
过节习俗		能准确写出过节的习俗。	☆☆☆
印象深刻的事		所写的事与过节密切相关。	☆☆☆

（二）小组成果展示。

展示时，要充分调动每个学生的参与积极性，让每个人都有展示自我的机会，鼓励他们用丰富多样的形式进行展示（如海报、歌曲、诗歌、美食、游戏等）。

（三）组织互动评价。

评价环节以鼓励为主，教师可以根据学习小组在汇报过程中的不同表现,给学生颁发各类小奖章(如最佳表演奖、最新创意奖、最美合作奖等)。

(四)引发拓展探究。

教师还可以引导学生去了解我国少数民族的节日(如火把节、泼水节等),激发他们的学习兴趣,培养探索意识。

四、习作指导,文本展示

(一)明确习作的选材要求。

提示:

1. 与过节有关;

2. 可以是自己过节的过程,也可以是节日中发生的印象深刻的故事。

(二)引导选定写作材料。

提示:

所选事例如果仅仅发生在节日这天,而与过节没有关系,是不符合习作要求的。

(三)进行习作指导。

以本小组的研究报告为素材,进行写作训练。教师在进行具体指导时,先引导学生回忆写清楚一件事的要素——起因、经过、结果,再重点指导如何围绕一个意思把一段话写清楚,可参考课文《赵州桥》的第3自然段或《端午粽》的写作手法,使学生学会在写作时按时间顺序(先……接着……然后……最后……)写。

(四)个人习作展示。

学生完成习作后,组织他们围绕评价标准在组内进行互评(用三色笔进行批注),推荐优秀习作在全班交流,在此基础上,进一步修改完善(用三色笔再次深度批注)。

(四)片段聚焦

师:现在掌声有请端午节研究小组分享他们的传统节日研究报告。

生(齐):大家好!我们是"中华传统节日之端午节研究小组"。

生:我负责的是文学部分。经过网络搜索,我发现与端午相关的诗词有很多,最终挑选了两首最喜欢的做成了便利贴。

端 午 即 事

[宋] 文天祥

五月五日午,赠我一枝艾。

故人不可见,新知万里外。

丹心照夙昔,鬓发日已改。

我欲从灵均,三湘隔辽海。

浣溪沙·端午

[宋] 苏轼

轻汗微微透碧纨,明朝端午浴芳兰。流香
涨腻满晴川。

彩线轻缠红玉臂,小符斜挂绿云鬟。佳人
相见一千年。

师:端午节于我们中国人而言是非常重要的传统节日。老师也好想读一读有关端午的诗词呢。

生:我负责的是历史部分。这是我找到的关于端午节的历史资料。端午节,又称端阳节、龙舟节、重午节、天中节等,时间在每年农历五月初五,是集拜神祭祖、祈福辟邪、欢庆娱乐和饮食于一体的民俗大节。端午节源于自然天象崇拜,由上古时代祭龙演变而来。此外,端午节还与战国时楚国诗人屈原的传说紧密相连,成为纪念他的节日;也有纪念伍子胥、曹娥、介子推等说法。端午节的起源涵盖了古老星象文化、人文哲学等方面内容,蕴含着深邃丰厚的文化内涵。

师:原来端午节的由来是这样的,我们至今仍然保留着戴香囊、吃粽子、赛龙舟的习俗。

生:我负责的是音乐美术部分,这是我画的赛龙舟的手绘画。

师:你的绘画作品让人仿佛亲临龙舟赛事的现场,真了不起!

生:我负责的是劳动实践部分。我和妈妈一起学习了包粽子和做香囊。这是包粽子的照片。这是我做的香囊,我想送给我最好的朋友。

师：真是心灵手巧，有机会可以把你包粽子、做香囊的手艺教给全班同学。

生：我负责的是自然科学部分。我发现端午节的习俗里蕴含着很多有趣的科学知识呢！例如，粽叶是制作粽子的必要材料，富含叶绿素和氨基酸等成分，具有防腐作用。雄黄是硫化物类矿物，具有解毒杀虫、截疟等功效，常用于治疗蛇虫咬伤、虫积腹痛等疾病。艾草是药用植物，具有祛湿、镇痛、消炎、止咳等多种作用，常用于医疗保健。

生（齐）：这就是我们小组的学习成果，谢谢大家！

（五）反思迁移

"中华传统节日"主题活动是一次充满创意和深度的语文综合性学习活动。活动旨在通过深入研究和理解传统节日文化，激发学生对传统文化的热爱和尊重。这次的学习任务要求学生在了解传统节日及其习俗的基础上，写一篇习作，同时还要学会综合性学习的方法，展示综合性学习的成果。

1. 批注工具巧激趣

为了提升学生的学习兴趣，本次活动采用了多种批注工具，如三色笔、便利贴、批注海报、研究报告等。特别是传统节日研究报告，它充分发挥了综合性学习跨学科的特点。每个学生都有自己的研究领域，通过各种渠道深入挖掘本小组本学科类目的传统节日知识。这种人人皆是专家、人人皆是评委的学习方式，极大地激发了学生的学习热情。

2. 深度批注引纵深

在完成传统节日研究报告的过程中，学生们负责搜集整理自己负责方向的相关知识。以端午节历史部分为例，负责的学生了解到端午节纪念的是屈原，但在批注过程中，也有组员补充了纪念伍子胥、曹娥、介子推等的说法。在进一步的群体批注中，学生们探讨了这些人的共同特征，得出结论：他们都是具有人性闪光点的历史人物，人们为了纪念他们而过端午节。这种深度批注使学生对端午节的文化内涵有了更深刻的认识。

3. 跨学科学习拓宽度

本次学习活动利用综合性学习研究报告，以便利贴再批注的方式，让学生通过自主学习实践，在综合开放的环境下实现知识与能力、过程与方法、情感态度与价值观三个维度的整合，拓展了学习的宽度。

本次综合性学习中还存在很多不足与遗憾。由于时间限制，并非所有传统节日小组都有机会在课堂上展示研究成果。例如，一个中秋节研究小组的学生特别学习了根据苏轼《水调歌头·明月几时有》改编的歌曲，但未能在课堂上表演。不过，这一遗憾在后来的班队活动课中得到了弥补。

第七章
批注校园文化的构建

优秀的校园文化离不开与时俱进的教学创新与发展,而培养独立而成熟的读写者离不开良好校园文化的营造。批注策略教学从课堂拓展到校园,从语文学科辐射到全学科,从部分班级推广到全校学生,逐渐形成人人学批注、人人用批注、人人会批注的学习氛围,"留下深深浅浅的脚印,写满成长的故事"。

第一节　批注校园环境的营造

校园环境对学生和教师成长的重要性不言而喻。一个良好的校园环境可以为师生提供积极、健康的学习和工作环境,促进他们全面发展。对于学生而言,校园是他们成长的重要场所,积极向上的校园氛围可以激励他们不断追求卓越,培养他们的创新精神和团队协作能力。对于教师而言,校园环境同样至关重要。一个优质的校园环境可以为教师提供良好的工作环境和资源支持,提高他们的工作效率和教学质量。同时,校园中的学术氛围可以帮助教师不断学习和成长,提高他们的专业素养和教育教学能力。学校是传承和发展文化的重要场所。崧厦小学强调打造适宜全校师生批注式阅读学习的环境,以学生为主,让学生通过自主阅读与写作,成为独立而成熟的读写者。在这样的校园里,批注式学习已经成为一种常态。在课堂上,老师会引导学生对课本上的知识点进行批注,帮助学生更好地理解和记忆。学生在阅读书籍时,也会对自己感兴趣的内容进行批注,以此深入地理解和掌握书中的知识。无论是学生还是教师,他们都是批注式学习的积极参与者,都从这种批注式的校园文化中受益。批注校园环境就像一只无形的手,引领师生的思维在知识的海洋中遨游,为校园生活注入活力和乐趣。

一、班级专属批注教室环境的营造

教室是学生最主要的学习场所,是帮助学生构建知识体系和领悟人生意义的地方。"读写教室"鼓励教师充分利用现有条件,个性化设计教室环境,并积极引导学生参与其中,让教室的每一个角落,包括每面墙和每扇窗都能"说话"。在进行班级"读写教室"的布置时,每位教师都会邀请学生共同参与,从桌椅的摆放,到功能区的划分,再到独立阅读区、交流讨论区、成果展示区等的设计,都融入师生的共同智慧和创意。

(一)班级批注阅读区的布置

布置班级批注阅读区是一个简单而又有效的方法,可以为学生提供一个舒适、安静的阅读环境,帮助他们培养阅读习惯,提升阅读能力。

1. 营造温馨的氛围。选择一个相对安静的地点,以便学生能够集中精力阅读。同时,要确保该区域有足够的采光,让学生能够在明亮的环境中阅读。布置一些温馨的元素,如绿植、照片墙等,让阅读区更加温馨和舒适。为学生提供舒适的座位,如软垫、靠椅或摇椅等,让他们能够放松身心并享受阅读的乐趣。此外,还可以在区域中放置一些小桌子,方便学生放置书籍及其他阅读材料。

2. 放置丰富的材料。为学生提供存放书籍的空间,并依据学生的年龄和阅读偏好将书籍分类摆放,以便学生能够轻松找到他们感兴趣的读物。为了满足不同学生的需求,需要补充多样化的阅读材料,包括文学、科普、历史等类别的书籍。同时,也鼓励学生将自己的书籍带到学校,与同学分享,增加阅读区的书籍种类和数量。

3. 增添批注的工具。在阅读区的墙面上展示有关阅读的标语和批注的海报,以激发学生的阅读热情和兴趣。批注海报不仅能够起到装饰作用,还可以作为教学工具,帮助学生理解并掌握批注式阅读的方法。综上所述,构建一个班级批注阅读区需要综合实施多个方面的举措。这些举措将有助于为学生提供一个良好的阅读环境,培养他们的阅读习惯,提升他们的阅读能力。

（二）班级批注展示墙的布置

布置班级批注展示墙是鼓励学生进行深度阅读和思考，展示批注和阅读成果的一个很好的方式。展示墙上贴满了各种学生绘制的有关读写内容的海报、图表等创意作品，真正做到了让教室的每一面墙都"开口说话"。展示自己的作品能够激发学生的阅读和创作兴趣，因此他们能做到常读写、常更新。

1. 确定展示空间。选择一面足够宽敞的墙面，确保有足够的空间展示学生的批注和阅读成果。可以选择教室的侧面或后方，以使学生能够方便地查看和交流。

2. 制定展示规则。制定明确的展示规则，包括展示时间、展示内容、展示方式等，以确保学生能够有序地展示自己的批注和阅读成果。

3. 准备展示材料。为学生准备一些展示材料，如磁贴、便利贴、彩色笔等，以使他们能够方便地将自己的批注和阅读成果展示在墙上。

4. 鼓励个性化展示。鼓励学生根据自己的兴趣和风格进行个性化展示，如绘制思维导图、制作手抄报、粘贴照片等，以增加批注墙的多样性和趣味性。

5. 定期更新内容。定期更新墙面的内容，确保学生能够持续展示自己的批注和阅读成果。可以设置一个固定的时间表，如每周或每月更新一次，以便学生有足够的时间准备作品。

6. 给予反馈和鼓励。定期对学生的批注和阅读成果进行评价和反馈，给予他们鼓励和建议。这可以帮助学生进一步提高他们的阅读能力和批注技巧。

总之，布置教室批注展示墙需要从多个方面综合考虑，为学生营造一个良好的批注阅读环境，促进他们的阅读和思考能力的提升。

二、校园公共场所批注环境的营造

营造校园公共场所的批注氛围，可以为学生提供一个积极、互动的学习环境，促进他们的思考和表达能力的提升。学校可以从多个方面入手，包括设立批注区域、鼓励批注活动、提供批注指导、展示优秀批注作品、营造互动氛围、定期更新内容以及保持整洁和秩序等。

（一）校园公共长廊批注环境的营造

校园公共长廊是一个非常适合进行批注交流的场所。崧厦小学有一条长约

80 米的长廊,它不仅是师生从校门至教学楼的必经之路,更是学校的中心轴,贯穿东西两大课间活动区。学校在此设有移动式展板,展出优秀的学生批注作品。各个年级轮流展出作品,供全体师生观摩、评析。每学期,学校会制订计划,设定方向,并在执行过程中根据实际情况进行适度的调整。学生稿件的质量由教师严格把关,展示者介绍自己作品的创作思路、过程和遇到的困难。评委老师和其他学生共同参与其中,倾听、打分、评比,形成积极互动的学习氛围。每当有新的批注作品展出时,长廊就会变得热闹非凡。午休期间,这里更是成为全校师生关注的焦点。师生们不仅能看到优秀的批注作品,还能深入了解每个班级不同学生的批注观点,这为全校师生提供了一个动态的批注交流平台。

1. 设立展示板。在长廊的墙壁上设立专门的展示板,用于展示学生的批注作品和交流的观点。这些展示板包括黑板、白板、海报等,方便学生和教师用书写、绘画和贴纸等形式进行交流。定期展示优秀批注作品,让学生看到其他同学的批注成果和思考过程,激励他们互相学习和借鉴,提高他们的批注水平和思考能力。

2. 鼓励互动和交流。营造互动氛围,通过定期举办批注交流活动,如批注比赛、研讨会、读书会等,鼓励学生和教师积极参与批注交流,展示批注作品,分享阅读体验和学习心得。

3. 制定展示规则。制定明确的展示规则,包括展示时间、展示内容、展示方式等。同时,要确保展示板整洁有序,便于师生进行批注交流。

4. 定期更新内容。定期更新展示板上的内容,确保学生和教师能够接触到最新的阅读材料和批注观点。

5. 传授批注教学以及批注学习的方法和技巧。为学生和教师提供批注方法和技巧的指导和培训,帮助他们掌握正确的批注方法和技巧。如时不时在班级推荐的基础上评选出"批注小达人",让其轮流在批注长廊值日,与不同班级的学生分享自己的批注心得,传授所学的批注学习策略或技巧。同时,可设置批注教学优秀教师轮岗制度,在长廊里定期开展批注教学茶话会等活动。

6. 促进团队协作。鼓励学生和教师组成团队,一起进行批注交流,提升学生合作学习的能力。

7. 给予反馈和鼓励。定期对师生的批注作品和观点进行评价和反馈,给予他们鼓励和建议,帮助他们进一步提高自己的批注能力和思考水平。

批注长廊配备桌椅、文具、书籍等物品,方便学生随时进行批注和记录。同时,要保持长廊的整洁有序,及时清理损坏的资料。这样,可以为学生提供一个舒适有序的学习环境,提升他们的学习成效。

(二)校园公共书吧批注环境的营造

校园公共书吧是一种宝贵的资源,为学生提供了一个理想的学习空间,兼具专注、互动和创造力的特质,通过实施多种措施,进一步促进学生的批注式学习交流。

1. 设立主题阅读区域。根据不同年级学生的兴趣和需求,精选相应的主题阅读材料。例如,六年级的学生可以通过鲁迅的作品,深入感受中国现代文学和思想的魅力。这样的设置不仅能让学生更加专注于特定领域的知识和技能学习,同时也激发了他们的阅读兴趣。

2. 展示主题阅读海报。在书吧的主题阅读区域,定期展示学生的批注阅读海报,内容涵盖了作者介绍、作品梗概、批注技巧、学习笔记等内容。这些海报不仅能帮助学生更深入地理解和掌握相关的知识和技能,还可以成为他们共享学习成果、相互学习交流的平台。

3. 放置批注学习工具。三色笔、卡纸、便利贴等工具可以让学生随时进行批注和记录,帮助他们更好地理解和记忆相关内容,以及共同交流合作,制作学习海报。

4. 提供舒适的阅读环境。合理区分静区与动区,静区适合学生独立批注阅读,动区适合学生边批注边交流,可以促进学生的思考和表达能力的发展。

5. 定期更新书籍和资料。这可以让学生接触到最新的阅读材料和研究成果,帮助他们拓展自己的视野和知识面,还可以激发他们的阅读兴趣和动力,促使他们保持持续的学习和思考状态。

6. 定期评价和反馈。对学生的批注作品和观点进行评议,给予他们鼓励和建议,可以帮助学生进一步提高自己的批注能力和思考水平,增强学生对于批注学习的自信心和积极性。

三、智能网络批注环境的拓展

智能网络批注环境的拓展将为学校教育带来许多积极的影响。学校将优质的批注教学微课、教学实录、批注策略指导视频以及专家讲座等资源推送到校园智能网络批注平台上，将为全校师生和家长提供一个共同学习和交流的平台，有助于提高教学质量并增强学生的学习效果。

首先，批注教学微课是针对特定主题或知识点进行深入讲解的短视频。这些微课通常由经验丰富的教师或专家制作，旨在帮助学生更好地理解和掌握相关内容。学校将这些微课资源推送到校园智能网络批注平台上，学生可以在任何时间、任何地点进行学习，不受时间和地点的限制。

其次，教学实录是对教师实际授课过程的记录。这些实录能够展示教师的授课技巧、教学方法以及学生的学习情况，为其他教师提供参考和借鉴。学校将这些实录资源推送到校园智能网络批注平台上，全校师生都可以观摩和学习，从中汲取经验和启示。

最后，批注策略指导专家讲座是针对批注学习方法的深入探讨和指导。这些讲座通常由教育专家或学者主讲，他们分享自己的经验和见解，为学生提供批注学习的指导和建议。学校将这些讲座资源推送到校园智能网络批注平台上，学生可以了解更多关于批注学习的知识和技巧，进而提升自己的学习效果。

智能网络批注环境的拓展方式有：

第一，资源整合。通过打通"智慧校园管理系统"各个环节，将各种现代化媒体平台整合在一起，如国家中小学智慧教育平台、浙江省之江汇教育广场以及钉钉云课堂等，形成一个立体的智慧阅读共享网络，为师生和家长提供更加便捷、高效的学习和交流方式。

第二，个性化学习。学生可以通过网络访问学校资源库，选择并调用自己所需的学习资源，进行在线批注。这种个性化的学习方式有助于激发学生的学习兴趣，提高学习积极性。

第三，家长参与。家长可以利用微信、钉钉等工具将学生的批注学习录像分享至班级群，经教师审核后保存到校园电脑网络硬盘中。这不仅能丰富教学资源，还能让家长更深入地参与学生的学习过程，促进家校之间的合作。

第四，多元化评价。学校可以通过微信公众号展示学生的批注作品，并进行总结表彰，以宣传、推广阅读工作。此外，家长还可以在留言板上发表对教师批注课堂实践的评价，以及分享育儿学习资源的批注心得等。这种多元化的评价方式有助于全面评估学生的学习成果。

第五，亲子阅读。学校可以开展"共读一本好书"等批注阅读活动，鼓励家长和学生进行同步批注式阅读。这不仅能增进亲子关系，还能培养学生的阅读兴趣和习惯。

第二节　"批注嘉年华"的实施

为促进学校批注教学的横向推广和纵向发展，崧厦小学于2023年4月起开展"校园读书节暨首届批注嘉年华"活动。通过一系列展示、分享、评比等活动，深化"读写教室"和"读写校园"建设，构建批注数字化学习资源库，为培养独立而成熟的阅读者营造更加浓厚的校园批注文化氛围。

一、"批注嘉年华"的实施背景

第一，批注教学从课堂到校园的推广需要。此前，批注教学主要局限于语文课堂。我们期望通过此次"批注嘉年华"活动，将批注教学的理念与实践从课堂延伸至整个校园，营造浓厚的批注学习氛围。

第二，批注教学从语文学科向其他学科的推广需要。先前，批注教学主要聚焦于语文学科。我们希望通过此次"批注嘉年华"活动，将批注教学的理念和方法从语文学科扩展到其他学科，鼓励学生在所有学科的学习过程中自觉运用批注，借助批注的优势提升学习效率。

第三，批注教学从部分班级到全校学生的推广需要。批注教学先前主要在部分批注实验班级进行。我们期望通过此项"批注嘉年华"活动，将批注教学的理念和方法从实验班推广到全校所有班级，形成人人学批注、人人用批注、人人会批注的学习氛围。

二、"批注嘉年华"的具体实施过程

"批注嘉年华"的具体实施过程中，我们从教师和学生两个层面进行了多维度的推进。在教师层面，主要进行了批注教学展示和批注技能展评；在学生层面，主要进行了批注作品展评以及校"十佳批注小达人"的评比。整个活动历经

启动、评选、展示三个阶段。

（一）启动阶段

1. "批注嘉年华"活动方案预设

为确保本次"批注嘉年华"活动的顺利开展，我们安排了不同年级的教师和学生从不同角度开展批注活动，具体预设方案如下：

参　与　人　员		批注活动内容
"读写教室"项目组成员		总结、提炼批注方法和心得，制作批注教学微课并参与评比。
全体教师	二年级语文教师	收集批注教学中的教学经验（也可以是在批注阅读学习过程中的心得），形成文字材料，后期进行评比、推广。
	三、四年级语文教师	关注批注教学中的批注工具设计，可以是有关批注的海报、量表、展示卡等。
	五、六年级语文教师，其他学科教师	自选一本书进行批注阅读，在阅读过程中进行精彩批注。
全体学生	一、二年级学生	在整本书阅读过程中，进行精彩批注。
	三、四年级学生	在平时阅读过程中，设计批注成果海报，后续进行评比、展示。
	五、六年级学生	关注平时的课外阅读，写读书笔记，后续进行优秀读书笔记评比、展示。

2. "批注嘉年华"活动方案公布

学校于 2023 年 4 月初通过教师钉钉工作群、学校微信公众号，面向全体师生和家长发布了"校园读书节暨首届批注嘉年华"活动方案，明确了教师和学生在本次活动中的任务和职责，以便提前准备，确保"批注嘉年华"活动取得预期成效。

3. "校园读书节"活动启动

学校特邀作家吕瑜洁老师为学生作《阅读，改变人生》的主题讲座。吕老师结合自己的学习经历,从"为何要阅读""如何阅读""如何选择一本好书"三个方面与学生分享心得。她特别强调了阅读的重要性,告诉学生阅读是站在巨人的肩膀上成为更好的自己,鼓励他们要珍惜当下,不要在最好的岁月辜负最美的自己。

4. 全校营造读书、批注氛围

全体语文教师以本次"批注嘉年华"为契机,积极开展全年段"共读一本好书"以及各班每月自选一本好书共读的活动,营造浓厚的读书、批注氛围。

(1)"共读一本好书"系列活动。学校开展了全年段"共读一本好书"的阅读活动。各年段教师经商讨确定本学期要精读、批注的书籍,采用师生共读、亲子共读、全年级共读等多种模式,推进批注阅读。通过各年段"共读一本好书"活动(一年级《小巴掌童话精选集》、二年级《了不起的狐狸爸爸》、三年级《中国古代寓言》、四年级《青铜葵花》、五年级《俗世奇人》、六年级《鲁滨孙漂游记》),学生共同批注、交流,热情高涨。

(2)各班自选好书阅读。各班在"共读一本好书"的基础上,每月再自选一本好书进行阅读。共阅读、同批注、多交流,将对提升班级整体的阅读能力起到积极的推动作用。

(二)评选阶段

为更好地把优秀的批注作品遴选出来供全校师生学习和赏析,学校特制订了各项批注活动的评比标准。

批注活动	评 比 标 准	评 选 形 式
批注教学微课	1. 视频质量:图像是否稳定、构图是否合理、镜头运用是否恰当、录制声音是否清晰。 2. 视频片头是否显示标题、作者和适用学段,主要教学环节是否有字幕提示。	"读写教室"项目组成员每人上交一件作品。校"读写教室"项目组教师组成评委组,对上交的作品根据评选标准进行评选。
批注微观点评选	1. 批注观点是否新颖、见解是否独到。 2. 是否具备可借鉴性、可推广性。	一、二年级语文教师上交一件作品,由评委组进行评选。

批注活动	评 比 标 准	评 选 形 式
教师批注工具评选	1. 批注工具是否有效促进批注教学。 2. 是否具备可借鉴性、可推广性。	三、四年级语文教师上交一件作品，由教务处组织部分语文骨干教师进行评选。
教师整本书阅读批注评选	1. 是否有阅读过程中让你动情的地方。 2. 是否有对文中人和事的评价。 3. 是否有引发你对生活中的人和事的联想。 4. 是否有阅读中的疑问和不同见解。 5. 是否有读完文章后的收获。 6. 是否有好词好句赏析。 7. 是否有使用批注符号。 8. 是否有较多的批注次数。	五、六年级语文教师和其他学科教师自选一本书进行批注阅读。上交批注精彩页面，由教务处组织部分语文骨干教师进行评选。
学生整本书精彩批注评选	评比标准同上。	一、二年级在班级评比基础上择优选送两本书上交（作品可以是亲子共读的成果），由教务处牵头组织评选。
学生批注海报评选	1. 主题明确：评价海报是否具有明确的主题，是否能够清晰地传达海报所要表达的信息。 2. 内容丰富：评价海报的内容是否丰富，是否包含了足够的信息和细节，是否能够吸引观众的注意力。 3. 色彩搭配：评价海报的颜色搭配是否协调，是否能够吸引观众的眼球，是否能够增强海报的视觉效果。 4. 字体设计：评价海报的字体设计是否得当，是否能够清晰地传达信息，是否能够增强海报的视觉效果。 5. 版面布局：评价海报的版面布局是否合理，是否能够让观众轻松地阅读和理解海报的内容。 6. 创意性：评价海报是否具有创意性，是否能够给人留下深刻的印象，是否能够吸引更多的观众。	三、四年级在班级评比基础上择优选送两张作品（尺寸为 $60\ cm \times 90\ cm$），海报由教务处牵头组织评选，根据以上标准进行综合考虑，以得出客观、全面的评价结果。

批注活动	评比标准	评选形式
学生读书笔记评选	1. 封面、封底是否整洁、不卷角。 2. 笔记内容是否围绕批注的主题。 3. 书写是否工整，字迹是否清楚。 4. 字体是否规范、无涂改。 5. 笔记数量是否达到至少每周一次要求。	五、六年级在班级评比基础上择优选送两份作品，由教务处牵头组织评选，根据评价标准进行综合考虑，得出客观、全面的评价结果。
"十佳批注小达人"评选（二至六年级）	1. 批注作品占比50%。 2. 批注课堂表现占比20%。 3. 综合投票结果占比30%。	1. 各班在班级评选的基础上，按学校规定上交作品，推荐相关学生及作品至教务处。 2. 教务处根据评比标准，初选出质量较高的若干作品进行展示。 3. 教务处组织教师代表、学生代表对展示在长廊中的作品进行投票，最终评选出校"十佳批注小达人"。

（三）展示阶段

在这次"批注嘉年华"活动中，学生展现出了积极的探究精神和思考能力，真正成为课堂学习的主导者。师生们共同致力于达成"成为独立且成熟的读写者"这一目标，并通过积极参与和精心准备，创作了大量优秀的作品，赢得了各种荣誉。

1. 教师成果

教师成果主要包括：批注教学微课奖、批注观点奖、批注工具展示奖、批注阅读奖等。

2. 学生成果

学生的批注学习成果主要包括：

（1）一、二年级整本书精彩批注展示。

（2）三、四年级优秀批注海报展示。

（3）五年级优秀读书笔记展示。

3. 举行首届"十佳批注小达人"颁奖典礼

评比十佳"批注小达人"的目的,在于激励学生运用批注策略,逐步发展成为独立而成熟的读写者。在首届"批注嘉年华"活动中,学生合作探究、勇于思考,朝着"成为独立而成熟的读写者"这个目标努力着、前行着。

三、"批注嘉年华"活动的影响

(一)教师批注教学心得

培养学生具有独立阅读能力是语文教学的重要目标。"读写教室"项目组以"批注式阅读教学"为研究课题,尝试从提问式批注入手,进行多策略释疑式批注、互动分享式批注、探讨解惑式批注,培养学生独立深入阅读的能力。在研究过程中,教师们也形成了自己独到的批注观点。

对于低年级学生来说,他们在阅读能力、经验积累等方面处于起步阶段。如何让批注与他们的身心发展特点相适应?首先,要让他们掌握批注符号,用于圈画生字、标出自然段、画有新鲜感的词句等。其次,要引导他们关注文中的"小泡泡",将其作为有效切入点,有意识地进行想象,并关注课文重点语句用词的精妙之处以及文章的写法。最后,要依托课后习题,充分利用统编教材的优势,巧妙地将批注融入其中,以提升学生的阅读能力。(顾娟玲老师批注观点)

在朗读教学中,运用批注策略使朗读可视化,能直接而有效地提升学生的朗读能力。批注策略创造了更多师生共同尝试与交流的契机,通过明确而规范的指引,帮助学生养成良好的阅读批注习惯,促进了师生、生生之间的互学共融,为学生最终成为独立而成熟的读写者提供了有力支持。(陈飞娅老师批注观点)

在科普性文章中,作者的观点是如何形成的?他们参考了哪些资料?通过拓展同主题资料阅读,在群文阅读的基础上再理解作者观点,进行梳理和批注,你会发现一切都会水到渠成。此外,这样的教学方式还能全面锻炼学生的理解、摘要、分析、表达等综合性语文能力。这真是一种既高效又实用的教学方法,老师们不妨一试!(徐少卿老师批注观点)

(二)学生批注学习心得

在批注教学策略实施过程中,全体学生学批注、用批注,掌握了一些批注工具的使用方法。下面是几位"批注小达人"分享的批注学习心得。

访谈一（沈子楠——校"十佳批注小达人"之一）

主持人：你能分享一下你批注的心得吗？

沈子楠：在阅读书籍时，我会用各种批注符号标记书中的重要内容。对引发我思考、有共鸣或存在疑问的地方，我会随手在书中的空白处或便利贴上写下批注来帮助自己更深入地思考。这些批注方便我回顾精读，也方便我以后查找翻阅。边读书边批注让我更加专注于阅读过程，促使我边读边思，极好地锻炼了我的思维能力，也让我与作者产生了更深入的对话和交流。

主持人：为什么想到用海报的形式分享你的收获？

沈子楠：我觉得海报是一种直观且富有创意的表达方式，能够很清晰地呈现我的思路。比如我在海报中呈现了我三次阅读《青铜葵花》产生的不同感想，呈现了我对主人公性格品质的理解，也呈现了我梳理自己阅读批注后的发现。另外，我觉得海报图文结合、色彩漂亮，能更好地与同学们分享我的阅读批注成果，激发其他同学对阅读的兴趣和热情。

访谈二（罗阳——校"十佳批注小达人"之一）

主持人：你的爸爸妈妈会和你一起做阅读批注吗？

罗阳：是的，我们经常一起分享批注经验，我们每个人都拥有专属于自己的批注三色笔、批注便利贴等批注工具。最近我们一起阅读了《俗世奇人》，我用蓝笔进行批注，我爸用红笔进行批注，我妈用黄笔进行批注，这样的阅读分享特别有趣！

访谈三（胡天麒——校"十佳批注小达人"之一）

主持人：你平时爱看哪些书，有什么批注的经验能跟大家分享吗？

胡天麒：这学期，我读了"四大名著"。其中，我对《西游记》中的孙悟空特别感兴趣，于是就画了角色树。每读完一个章节，我都会用简洁的小标题来概括孙悟空的经历，并在旁边加上批注，连成一条情节线。这样，孙悟空的特点就更加鲜明地呈现出来了。我喜欢用画角色树、情节线的批注方法来探究人物的形象。

通过本次"批注嘉年华"活动，学生的批注热情高涨，批注教学也真正从课堂拓展到了整个校园，从单一的语文学科走入了全部学科，从部分班级推广到了全校学生。教师们积极投入，举办了诸多活动，如录制批注微课、分享批注心得、展示批注工具以及示范精彩批注页面等。学生参加了整本书精彩批注评比展示、批注海报评比展示、优秀读书笔记评比展示、"十佳批注小达人"评选等一系列活动。这些活动无疑为学校批注文化的建设注入了新的活力,将其推向了新的高峰。全校师生在这浓厚的批注氛围中稳扎稳打,共同探索批注教学的发展之路。

第三节　　批注校园里师生的成长

批注策略教学会对师生产生怎样的影响?这些影响是否会延伸到学生的其他学科学习及日常生活中?为了解答这些问题,崧厦小学"读写教室"项目组在2023年6月设计了一份详尽的调查表,旨在全面了解项目组教师和实验班级对此教学策略的看法和体验。以下是对调查结果的小结和分析。

一、对教师开展的调查研究

(一)调查表的设计说明

如下所示,问卷内容主要围绕"批注使用的频率""学生对批注的兴趣""批注结果的表达与交流""批注教学成效""对批注策略的期待"等方面,共设计了21个问题。特别值得一提的是,最后一个问题采用了开放式问答的形式,鼓励教师自由表达观点和感受。通过这样的设计,能够全面深入地了解教师对批注教学策略的兴趣、习惯、方法、效果以及未来的期待等。以下是一位高年段教师的调查问卷答卷示例。

关于"批注教学"实施成效的调查问卷

老师:

您好!我校在浙江师范大学专家团队的指导下,开展了批注式教学实践研究,并取得了初步的成效。为了解和总结前期实验的经验,深化"童慧课堂"教学,促进批注式教学策略的应用,特组织开展问卷调查。本次调查问卷不署名,主要采用选择题形式,请老师们根据问卷要求如实填写。谢谢您的参与和支持!

一、批注使用的频率

1. 你使用频率如何?(　A　)

A. 一般每节课都使用　　B. 偶尔使用　　　　　　C. 不使用

2. 一节课中,你一般使用几次批注方法?(　C　)

A. 1次 B. 2次 C. 3次及以上

二、学生对批注的兴趣

1. 你的学生喜欢用常用的批注方法吗？（ A ）

A. 喜欢使用 B. 偶尔会用 C. 不喜欢用

2. 你的学生喜欢老师教授的批注形式吗？（ A ）

A. 喜欢 B. 部分喜欢 C. 不喜欢

3. 你的学生最喜欢用的批注工具是什么？（ A ）

A. 符号、涂色 B. 思维导图 C. 海报、量表

4. 你的学生在批注后能在课堂上较好地表达吗？（ B ）

A. 能 B. 多数能 C. 不能

5. 你的学生会关注批注评价吗？（ B ）

A. 多数学生会关注 B. 少数学生会关注 C. 不关注

三、批注结果的表达与交流

1. 你的学生喜欢哪种交流形式？（ B ）

A. 课堂展示作业并评价

B. 口头介绍批注结果

C. 课后展示批注成果或笔记

2. 学生一般喜欢哪种途径（范围内）的交流？（ B ）

A. 全班 B. 小组 C. 同桌或个别学生之间

3. 你认为使用批注式教学后，学生课堂交流积极性和水平有提高吗？
（ B ）

A. 明显提高 B. 有提高，但不明显 C. 没有

4. 阅读批注后，你的学生能积极表达吗？（ B ）

A. 能 B. 少数能 C. 不能

5. 你认为开展批注式教学后，学生表达水平有提高吗？（ B ）

A. 明显提高 B. 有提高，但不明显 C. 没有

四、批注教学成效

1. 实施批注式教学后，你的学生学习方式有改变吗？（ A ）

A. 自主学习、预习、复习习惯形成了

B. 学生学习方式有了改进,但还不明显

C. 没有改变

2. 批注式教学有利于引导、促进学生对文本的解读吗?(A)

A. 有利于   B. 有时有利于   C. 不利于

3. 你认为实施批注式教学以来,学生的阅读速度有提升吗?(A)

A. 有,很明显   B. 有,但不太明显   C. 没有

4. 你认为批注式教学能引导和帮助学生深度阅读吗?(A)

A. 能   B. 能,但还不够明显   C. 不能

5. 你的班级中,学生对批注方法能熟练使用吗?(B)

A. 能   B. 部分能   C. 不能

五、对批注策略的期待

1. 你最期待哪方面的批注策略指导?(C)

A. 理论和实践结合方面 B. 理论方面   C. 课堂实践方面

2. 你认为目前批注教学课堂实践中,最缺乏的是什么?(C)

A. 操作方法   B. 参考书籍   C. 案例借鉴

3. 你认为影响学生运用批注的主要问题是什么?(B)

A. 提高对批注作用的认识

B. 具体方法指导

C. 批注习惯养成

4. 请说说开展批注教学给你最大的体会和收获:

　　学生对于文本的分析能力越来越强了,无论是修辞手法、描写角度,还是说明方法。部分同学能很好地进行批注,并感受它们相应的表达效果。批注教学从某种程度上也可以解放教师。教师只需在学生交流反馈时适时引导、点拨即可,同时,还能慢慢见证学生能力的成长。

(二)调查汇总情况及分析

　　我们对项目组全体教师进行了问卷调查。从汇总情况来看,教师逐渐喜欢上了用批注策略开展阅读教学,对批注工具的使用也越发熟练,教学效果明显。但是,他们对批注后的交流及二次批注的应用较少,理论学习与转化尚显不足,对批注的期待仍停留在操作层面上,在一定程度上影响了批注策略教学的深度

实践。

教师批注策略实施成效调查汇总表

项目	批注使用的频率	学生对批注的兴趣	批注结果的表达与交流	批注教学成效	对批注策略的期待
A	100％	100％	25％	75％	0
B	0	0	75％	25％	45％
C	0	0	0	0	55％

（三）调查后的交流情况

通过与部分项目组教师进行交流，我们发现他们的理念在潜移默化中发生了显著的变化。如实验班的屠亚芳老师在初次尝试批注教学后，有了新的认识："我曾经觉得批注这个方法是不用教的。我小时候爱看书，读着读着，就会自然而然地预测下面的情节。但是，自从教了四年级上册第六单元后，我改变了自己的想法。并不是所有学生都会自然而然地进行批注，教师的确需要明明白白教给学生一些批注的基本方法，掌握批注的方法能更好地帮助学生阅读理解，提升语文素养。"

此外，项目组姜丽凤老师撰写了体会文章《我与批注的不解之缘》，以细腻的笔触描绘了她作为批注策略研究和实践者的心路历程。这篇文章不仅展现了批注策略的深入实践，更成为项目组批注故事的经典之作，为后来者提供了宝贵的参考与启示。

二、对学生参与研究的调查

（一）调查表的设计说明

如下所示，对学生的调查从"对批注的认知""对批注的兴趣""批注的形式""批注的工具""批注式学习成效"等方面进行，共设计了 8 个问题，涵盖了兴趣、习惯、工具、方法、效果五个维度。考虑到年段特点和批注的阶段性要求不同，项目组特别设计了低、中、高年段三张调查表。以下列举的是中年段四（1）班学生的调查问卷及结果汇总。

关于"批注教学"实施成效的调查问卷

亲爱的小朋友：

你好！请你根据下面的问题实事求是地自主选择其中的一个选项填入括号内。不清楚的地方可以问老师，完成后及时上交，谢谢！

1. 你知道什么是"批注"吗？（选 A 45 人，选 B 0 人，选 C 0 人）

A. 知道

B. 有点知道，但不是很清楚

C. 不知道

2. 你在使用批注策略的阅读课中，一般会使用几次批注？（选 A 0 人，选 B 2 人，选 C 43 人）

A. 1 次　　　　　　B. 2 次　　　　　　C. 3 次及以上

3. 你喜欢老师教的批注形式（如使用便利贴、做标记、编码等）吗？（选 A 43 人，选 B 2 人，选 C 0 人）

A. 喜欢　　　　　　B. 部分喜欢　　　　　　C. 不喜欢

4. 你最喜欢用的批注工具是什么？（选 A 1 人，选 B 32 人，选 C 12 人）

A. 符号、涂色　　　　　　B. 思维导图　　　　　　C. 海报、量表

5. 批注后，你最喜欢哪种交流形式？（选 A 5 人，选 B 30 人，选 C 10 人）

A. 全班　　　　　　B. 小组　　　　　　C. 同桌或个别学生之间

6. 与原来相比，你在预习、复习、课堂讨论时更主动了吗？（选 A 30 人，选 B 15 人，选 C 0 人）

A. 更主动了

B. 主动些了，但还不明显

C. 不主动

7. 你认为现在自己在阅读文章时的速度比原来有提高吗？（选 A 30 人，选 B 15 人，选 C 0 人）

A. 有，很明显　　　　　　B. 有，但不太明显　　　　　　C. 没有

8. 你能熟练使用老师教授的批注方法吗？（选 A 40 人，选 B 5 人，选 C 0 人）

A. 熟练　　　　　　B. 基本熟练　　　　　　C. 不熟练

（二）调查汇总情况及分析

结合上述对四（1）班学生的调查情况，我们汇总了二年级和四年级学生调查情况。统计结果显示，使用批注工具、有批注意识、喜欢及熟练使用批注方法的学生占比较高。然而，随着年段的升高，批注后交流、有批注习惯、阅读速度快的学生占比相对较低，这与批注的难度增加、要求提高等因素有关。总体上，这些变化体现了批注在学习中所带来的积极影响。

二年级学生批注策略实施成效调查情况汇总表

项目	会用三色笔	每节课进行批注	喜欢老师教的批注方法	会与同学交流批注结果	熟练使用老师教的批注方法	关注同学的批注内容
比例	94.9%	100%	100%	62%	100%	94.9%

四年级学生批注策略实施成效调查情况汇总表

项目	认识批注	每节课使用3次及以上批注	喜欢老师教的批注形式	最喜欢思维导图这一批注工具	喜欢批注后小组交流的方式	学习批注后，预习、复习、课堂讨论更主动了	阅读速度明显提高	熟练掌握批注方法
比例	100%	100%	95.6%	71.1%	67%	67%	67%	89%

（三）调查后的交流情况

在与学生进行深入交流后，项目组精心挑选了几个学生代表来分享他们的真实体会。

我学会批注以后，理解课文变得更容易了，口语表达水平也提高了，思维导图我也运用得很好。（于欣雨）

批注可以清晰地标记出重点，帮助我们学习理解。（许明蕙）

批注也是一种非常好的表达方法，它让我能够更深入地探索课文的内涵，感受文字背后的魅力。我十分喜欢批注。（陆佳滢）

综上所述，批注策略教学不仅在阅读、思维、学习方式等方面对学生产生了深远的影响，更在某种程度上引领了传统学习方式的变革，为课堂的深度改革奠定了坚实的基础。这些来自学生的真实声音，无疑为我们进一步推进教学改革提供了宝贵的参考与启示。

三、展望：批注教学的未来

（一）已取得的成果

截至 2023 年 2 月 28 日，学校项目组已经取得一系列成果：省、市、区三级批注专项课题成功立项（2 个批注课题荣获区一等奖），10 篇论文在全国核心期刊发表，13 个批注工具微课成功开发；2023 年，我们举办了首届"批注嘉年华"活动，评选出首批校"十佳批注小达人"，并展示优秀批注作品；"读写教室"的深度研究得到了上虞区教体局、浙江师范大学、《小学语文教师》杂志的关注，相关研究成果由上海教育出版社出版；批注教学成果先后在西宁、衢州、金华、宁波、绍兴等地的课堂和艺术节上展示。

（二）未来研究的方向

王国均教授在第三届全国"读写教室"共同体研讨会上，从六个方面指出了今后研究的方向：

1. 根据心理学家对"理想读写者"所做的研究，需要探索每一个读写策略的独特意义、价值和功能。

2. 探究读写策略连续体的要素、结构与系统。

3. 将更多学习科学的原理应用到学生的拼音、识字、口语交际以及读写活动中。

4. 培养出更多既有儿童文学读写经验又有学习科学理论修养的"读写教练"。

5. 用量化研究方法来证明"读写教室"的教学成效。

6. 让更多的教研员和教师尝试批注的教学研究成果，让教育管理工作者理解"读写教室"研究成果的意义和价值。

（三）下一步的行动

着眼于"培养独立而成熟的读写者"这一目标，批注策略教学的研究未来可期。下一阶段，我们将加大多样化的批注工具的开发力度，开发一系列具有可操作性的微课课程，利用网络化平台，推广批注工具的使用范围；继续加快批注步骤的中国化、学段化探索；贯彻"新课标"理念，加强批注大单元的构建和"X＋批注"多阅读策略课堂范式的开发;着力打造良好的批注文化,建设批注环境,开展批注大师评选、批注小专家评比等活动,广泛推介批注海报、"批注圈",构建富有特色的批注校园。未来,当人类的认知、协作和知识构建过程得到智能机器的加持时,那将是一个充满批注的时代。

参考文献

［1］布莱恩·古德温,托妮亚·吉布森,克里斯汀·鲁洛.惟学无际——基于脑科学构建学习模式和设计教学方案［M］.徐玲玲,茅心怡,译.北京：中国科学技术出版社,2023.

［2］陈红梅."X＋批注"：批注单元的"多阅读策略教学"［J］.教育研究与评论（小学教育教学）,2022(03)：17－23.

［3］陈佳丽.小学高学段批注式阅读教学现状及改进策略研究［D］.扬州大学,2022.

［4］陈望南.谢枋得和《文章轨范》［J］.中山大学学报（社会科学版）,1996(02)：128－134.

［5］陈先云."阅读策略"单元进教材始末［M］//北大语文论丛编委会.北大语文论丛（第 1 辑）——语文阅读策略：理论与实践.北京：商务印书馆,2023：77－89.

［6］陈怡,段红.批注：让思维"可见"——以统编教材四（上）第六单元"批注"阅读策略教学为例［J］.基础教育论坛,2022(26)：28－30.

［7］杜健芳.基于知识建构的社会性批注研究［D］.华东师范大学,2016.

［8］高新民,熊桂玉.理解与解脱——佛教解释学之我见［J］.哲学动态,2013(11)：39－47.

［9］谷屹欣.阅读策略：理论基础、教学模式与有效策略［M］//北大语文论丛编委会.北大语文论丛（第 1 辑）——语文阅读策略：理论与实践.北京：商务印书馆,2023：3－53.

［10］孔颖达,等.毛诗正义［M］.上海：上海古籍出版社,1990.

［11］兰丹,魏小娜.PISA2018 阅读策略体系构建及教学启示［J］.语文建设,

2017(31)：30－33.

[12] 李长吉,王鉴.中国古代课程论著作《程氏家塾读书分年日程》论鉴[J].教育学报,2022,18(01)：64－73.

[13] 李正宇.敦煌古代的标点符号[J].寻根,2010(03)：82－94.

[14] 刘天杰.论禅宗的"话语流变"与阐释困境[J].宜春学院学报,2013,35(08)：45－49.

[15] 刘羡华."批注式阅读"教学[J].语文教学与研究,1989(03)：3－4.

[16] 倪燕,朱婷.批注式阅读教学反思研究[J].语文建设,2014(16)：19－22.

[17] 莎伦·H.菲珀.牛教师教阅读[M].于泽元,译.重庆：西南师范大学出版社,2016.

[18] 沈杰.谢枋得《文章轨范》简论[J].四川师范学院学报(哲学社会科学版),1998(06)：119－123.

[19] 苏珊·A.安布罗斯,米歇尔·W.布里奇斯,米歇尔·迪皮埃特罗,等.聪明教学7原理：基于学习科学的教学策略[M].庞维国,徐晓波,杨星星,等译.上海：华东师范大学出版社,2012.

[20] 王国均.直接而简明教学加指导——阅读策略单元的课堂教学方式初探[J].语文教学通讯,2022(18)：23－26.

[21] 王浩.指向思维发展的阅读批注单元学程建构——以四年级上册第六单元为例[J].语文建设,2022(16)：27－31.

[22] 吴承学.现存评点第一书——论《古文关键》的编选、评点及其影响[J].文学遗产,2003(04)：72－84＋143.

[23] 夏伍华.批注策略教学的价值与实施路径[J].小学语文教师,2023(01)：4－8.

[24] 夏雪梅.项目化学习设计：学习素养视角下的国际与本土实践[M].北京：教育科学出版社,2021.

[25] 杨泽林.句读源流[J].郑州大学学报(哲学社会科学版),1987(03)：6－12.

[26] 张秋娥.宋代文章评点研究[D].武汉大学,2010.

[27] 珍妮佛·塞拉瓦洛.美国学生阅读技能训练[M].刘静,高婧娴,译.北京：北京科学技术出版社,2018.

［28］钟启泉.教学设计［M］.上海：华东师范大学出版社,2022.

［29］周步新.小学阅读策略的学与教［M］.宁波：宁波出版社,2021.

［30］朱声琦.古书的句读及其符号［J］.南京师大学报（社会科学版）,1981(01)：
66－67.

后　记

　　小学语文统编教材中加入了"预测""提问""提高阅读速度""有目的地阅读"等四个阅读策略单元和"批注"方法单元，能帮助学生掌握多种有效的阅读认知策略，提高学生解决问题的能力，也使小学语文教学界意识到学习科学对语文教学变革的重要性。对于统编教材新引入的阅读策略，师生在实践教学过程中会产生"学习内驱力不足""产生式缺陷"等困惑和迷思。

　　"读写教室"项目旨在深刻反思儿童读写现状，培养人们积极应对新挑战的意识，在教育实践中逐步建构起一种未来语文教学新常态。2021年4月开始，浙江师范大学团队进驻崧厦小学，"读写教室"的批注项目全面启动。在浙江师范大学王国均教授团队的引领下，项目团队开展了以"批注策略教学"为突破口的"读写教室"研究。通过尝试"一批二梳三发现"单策略、"X＋批注"多策略组合、"批注圈"等方式，搭建有力的教学支架，优化内部负荷，减少外部负荷，构建阅读策略教学新样态，破解阅读策略教学的迷思。

　　经过三年的实践与努力，项目组的多篇论文在专业核心刊物上发表，一位教师成为《小学语文教师》封面人物，批注课题立项为浙江省教研课题。崧厦小学被评为浙江省现代化学校、浙江省书香校园、浙江省文明校园，项目团队被评为"浙江好人"科研团队。

　　我们在批注策略教学的实践研究以及本书的写作过程中，得到了许多领导和专家的大力支持。浙江师范大学教育集团总经理沈夏林与首席专家张振新多次来校指导；王国均、钟晨音两位老师作为常驻专家，持续进行了三年的学术支持；《小学语文教师》杂志执行主编杨文华老师一直关注着我们的研究进展，并对本书提出了详尽的指导意见；上虞区小语教研员周颖老师在百忙之中亲临现场指导本课题研究；小语界老前辈周一贯先生一直关注"读写教室"实践并指导批注策略的实践;浙江师范大学教师教育学院刘万伦教授与著名特级教师施民贵、莫国夫、施燕红、陈红梅等专家纷纷来校指导帮助;本书责任编辑王凯莉老师和殷有为老师为此书的出版付出了大量心血。在此一并表示衷心感谢!

崧厦小学的教师们既是批注策略教学的实践者,又是本书写作重要的参与者。各章的撰写人分别是:第一章,王国均、夏伍华;第二章,夏伍华、姜丽凤、徐益锋;第三章,夏伍华、姜丽凤、陈飞娅、陶圆圆、朱丹骅、屠亚芳;第四章,夏伍华、姜丽凤、李瑄瑜、倪亚君、吴洁;第五章,夏伍华、朱婷婷、陈菲菲、倪亚君、徐少卿、陶圆圆;第六章,夏伍华、姜丽凤、屠亚芳、徐益锋、余静、徐莉瑛;第七章,夏伍华、倪丽美、王秋忠。

本书可以说是"读写教室"在乡村学校实践和研究成果的一个总结,希望能对学校一线教师和学校管理者深度开展阅读策略教学实践有一定的帮助。本书写作过程中引用了很多研究者的研究成果,在此表示感谢。由于我们的学识水平有限,缺陷、错误在所难免,恳请专家、读者批评指正。

图书在版编目（CIP）数据

批注：让阅读有迹可循 / 夏伍华等著. —上海：
上海教育出版社，2024.6. —（读写教室丛书）.
ISBN 978-7-5720-2678-2

Ⅰ. G623.202

中国国家版本馆CIP数据核字第2024W9X740号

策　　划　杨文华

责任编辑　殷有为　王凯莉

封面设计　蒋　妤

批注：让阅读有迹可循
夏伍华等　著

出版发行　上海教育出版社有限公司
官　　网　www.seph.com.cn
地　　址　上海市闵行区号景路159弄C座
邮　　编　201101
印　　刷　上海龙腾印务有限公司
开　　本　700×1000　1/16　印张 16
字　　数　252 千字
版　　次　2024年6月第1版
印　　次　2024年6月第1次印刷
书　　号　ISBN 978-7-5720-2678-2/G·2359
定　　价　68.00 元

如发现质量问题，读者可向本社调换　电话：021-64373213